바이블 매트릭스

바이블매트릭스

6

부활/휴거, 예수님의 재림시기 예측(c.AD 10740년)과 재림의 목적/방법

차원용 지음

B I B L E M A T R I X

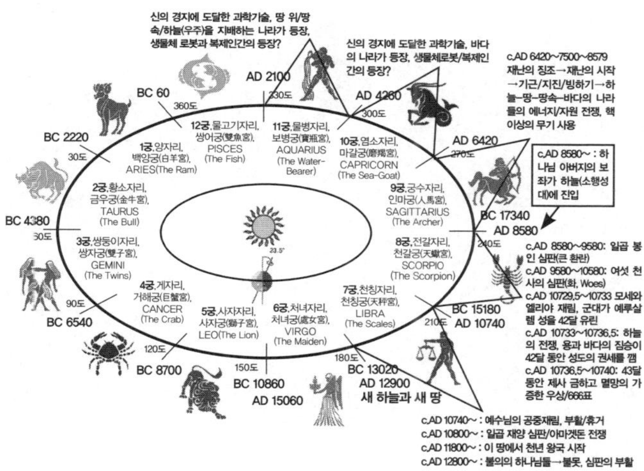

갈모산방

이 책을 바칩니다
감사의 글과 용서의 글

구원과 영생을 약속해 주시고, 지식(지혜)과 사랑으로 인도해 주신 예수님 하나님께 감사를 드리며 이 책을 바칩니다. 다시 오실 예수님의 재림시기 예측과 재림의 목적과 재림의 방법에 대해 과학적인 접근으로 서술함에 있어서, 잘못 서술한 부분이 많을 줄 압니다. 죄를 다 용서하여 주시고 예수님의 생명책에 이름을 기록하여 주시옵고 삭제하지 말아 주옵소서! 이 세상을 살면서 지은 죄를 다 용서하여 주시고, 동시대에 같이 살았던 사람들에게 제가 지은 죄를, 그 사람들이 다 용서할 수 있도록 권면하여 주시고, 저도 또한 그들을 다 용서하게 하소서! 하나님 아버지와 예수님 하나님과 성령님의 이름으로 기도합니다. 아멘^^

이 책을 성경과 함께 읽는 모든 분들의 이름을 생명책에 기록하여 삭제하지 말아 주시옵고, 구원과 영생의 축복이 함께 하시기를, 하나님 아버지와 예수님 하나님과 성령님의 이름으로 기도합니다. 아멘^^

차원용

차례

1부

하늘로 올라간(승천한) 사람들, 예수님의 죽음→지옥강림→승천, 부활과 휴거란

구약에는 이 땅에서 죽어야 할 존재이지만(mortal beings), 하늘로 올라간 사람들이 기록되어 있는데, 바로 에녹(Enoch, BC 3492(B)~BC 3127(B)), 모세(Moses, BC 1526~BC 1406)와 선지자(Prophet)인 엘리야(Elijah, 엘리야의 예언 사역, BC 875~BC 848)이다. 도대체 이 분들은 왜 하나님들이 하늘로 데리고 갔으며, 어떠한 방법으로 하늘로 올라가셨을까? 그리고 신약에는 육체로 오신 예수님이 십자가에 못 박혀 죽으시고 장사되신 후 3일 동안 흔적이 없는 것처럼 보인다. 이 3일 동안 예수님은 어디를 다녀오신 것일까? 그리고 장사된지 3일 만에 이 땅의 육체(몸)로 부활하시고 40일 동안을 이 땅에 더 계시면서 12제자들과 음식을 잡수시며 격려하고 가르치셨다. 그리고 예루살렘 오른쪽에 위치한 감람산(橄欖山, 올리브산, Mount of Olives)에서 하늘의 몸, 즉 영적인(신령한) 몸(spiritual body)으로, 에녹이 서술한 열 번째[1], 즉 최고 높은 하늘로 승천하시어, 하나님 아버지 보좌의 우편에 앉으셨다. 도대

---

1 자세한 것은 『바이블 매트릭스』 시리즈 1권의 『우주창조의 비밀』의 3부 1장 5절의 "에녹(Enoch)의 10개의 하늘들"을 참조하라.

체 어떻게 어떤 방법으로 하늘로 올라가셨을까? 예수님의 공중재림시에 있을 첫째 부활(Resurrection)과 휴거(Rapture)는 어떻게 이루어지는 것일까? 왜 첫째 부활에 참여해야 복을 받는 것일까?

1장

하나님들의 몸, 하늘로 올라간 사람들, 예수님의 모세와 엘리야와의 대화, 두 증인

1절 하나님들과 천사들도 인간과는 다른 형체(육체, 몸, body)가 있다

많은 분들이 하나님들은 육체가 없는 영적으로만 존재하는 분이라고 생각하고 있는데, 그건 아주 잘못된 생각이다. 이미 『바이블 매트릭스』 시리즈를 통해 많은 과학적 증거를 소개했듯이, 하나님들도 우리와는 다른 형체(육체, 몸, body)를 갖고 계신다.

1. 하나님들의 형상과 하나님들의 모양대로 비슷한(닮은) 인간을 창조

『바이블 매트릭스』 2권의 『인간창조와 노아 홍수의 비밀』의 2부 3장인 "신과 원숭이의 유전자 조작으로 젊은 신들의 노동을 대체할 인간을 창조하다"와 『바이블 매트릭스』 4권의 『하나님들의 과학기술과 우리가 창조해야 할 미래(하)』의 2부 12장 1절인 "배아복제기술 이상으로 신과 원숭이의 유전자를 융합해 인간을 창조"에서 이미 소개했듯이, 「창세기」 1장 26절을 보면 하나님들도 육체를 갖고 있다는 것을 알 수 있다. 하나님들(엘로힘, Elohim)의 '형상(image=selem=영=spirit)'과 '모양(likeness=dmut=육체=육신=flesh)'대로, 즉 하나님들과 비슷한 영과 육체를 가진 아담을 창조하신 것이다. 이 말의 뜻은 하나님들의 형상과 모양이 절대로 없어지지 않도록 피로 엮인 혈연을 통해 그 형상과 모양이 인간에게 찍혔다는 것이다.

「창세기」 1:26 - 하나님이 가라사대 우리의 형상(image=selem=영=spirit)을 따라 우리의 모양(likeness=dmut=육체/육신=flesh)대로 우리가 사람을 만들고…(Then God said, "Let us make man in our image, in our likeness…)(NIV).

1:27 - 하나님이 자기 형상 곧 하나님의 형상대로 사람을 창조하시되 남자와 여자를 창조하시고(So God created man in his own image, in the image of God he created him; male and female he created them).

이것은 대단히 중요한 내용이다. 많은 분들이 하나님은 모양(육체=육신)이 없는 영적(형상=이미지=영)인 존재라고 생각하지만, 사실은 하나님들도 인간과 비슷한 육체와 영을 가진 존재들이다. 인간이 하나님들처럼 보이고 행동하도록 창조되었기 때문이다. 단지 주의할 것은 하나님들의 육체는 지구의 육체와는 전혀 다른 환경이나 대기의 행성에서 오셨으므로, 즉 시스템이 다른 곳에서 오셨으므로, 육체는 우리와 비슷하지만, 우리와 같은 방법의 식사를 하는 것이 아니라 다른 방법으로 식사를 하셨다는 것이다.

2. 하나님들의 식사법, 번제, 소제, 향기로 에너지(미네랄)를 마시다

『바이블 매트릭스』 4권의 『하나님들의 과학기술과 우리가 창조해야 할 미래(하)』의 2부 12장 3절인 "하나님들의 식사법, 번제, 소제, 향기로 에너지를 마시다"에서 이미 소개했듯이, 우리 인간은 지구의 육체이기 때문에 고기를 날로도 먹고 삶아서도 먹고 배추나 고추를 날로도 먹고 삶아서도 먹는다. 하나님들은 하늘의 어느 우주공간에 속한 몸이기 때문에 이 땅에 오시면 우리 인간과 같이 직접 먹는 것이 아니라, 모든 고기와 음식을 불살라 향기를 코로 마셨던 것이다. 인간과 하나님들의 음식드는 방법이 달라도 공통점이 하나가 있다. 그것은 영양분, 즉 에너지를 먹고 마시고 흡입한다는 것이다. 그럼 이 때의 에너지란 무엇일까? 인간은 영양분, 즉 다양한 단백질을 포함하고 있는 고기가 필요하고, 포도당을 포함한 탄수화물이 필요하며, 기름을 포함한 지방(지질)이 필요하고, 각종 비타민을 포함한 야채가 필요하다. 또한 물도 필요하다. 이를 5대 영양소(the five major nutrients)라고 하는데, 이들은 우리 육체가 살아가기 위해 필수적인 것이다. 이들 속에 들어 있는 더 근본적인 에너지는 무엇일까? 하나님들과 인간들이 필요로 하는 근본적인 에너지는 무엇일까?

그것은 바로 무기질(無機質)인 미네랄(mineral)이다. 앞의 5대 영양소에 미네랄을 합쳐 6대 영양소라고 하는데, 따라서 미네랄은 식물이나 동물에 풍부하게 존재하는 것이다. 번제이건 소제이건 화목제이건 속죄제이건 천사들과 하나님들은 우리가 먹는 음식을 불을 살라 향기를 만들어 향기 속에 영원히 존재하는 미네랄(에너지)을 코로 흡입하신 것이다. 이는 지금까지 밝혀진 과학에 근거해 추정한 것이다. 따라서 물병자리(AD 2100~)나 염소자리(AD 4260)에 진입하면 더 근원적인 에너지가 발견될 것으로 예측된다.

3. 시스템이 다른 육의 몸(a natural body)과 영적인 몸(a spiritual body)

물고기는 물에서 산다. 물에는 5%의 산소가 있다. 그런데 물고기가 물에서 나오면 죽을 수밖에 없다. 왜냐하면 산소의 분포도가 다르기 때문인데, 우리 지구의 대기(공기)에는 질소(78%), 산소(21%), 아르곤(0.9%), CO_2(0.04%), 수소(0.01%) 등이 있는데, 특히 산소가 21%이기 때문에 물고기가 물에서 나오면 죽는 것이다. 다시 말해 시스템이 다르기 때문에 육체의 구성, 즉 물고기는 아가미로 호흡하는 이유이다.

마찬가지로 움직이는 동물이나 사람이나 물고기가 다 같은 육체(flesh)가 아니라 제각각 다르다. 그러므로 대기와 환경 등 시스템이 서로 다른 우주공간에 사는 인간이 있다면 그 또한 육체(flesh) 또는 형체(몸, body)가 다 다를 것이다. 이것을 바울(Paul, AD 5~68) 사도는 「고린도전서」 15장에서 '하늘에 속한 몸/형체(heavenly bodies)'도 있고 '땅에 속한 몸/형체(earthly bodies)'도 있다고 했다. 땅에 속한 몸을 '자연적인/육의 몸(a natural body)'이라 하였고, 하늘에 속한 몸을 '영적인/신령한 몸(a spiritual body)'이라 했다. 이 때 육의 몸이란 우리 인간의 몸이요, 영적인 몸이란 하늘에 계시는 하나님들과 천사들의 몸을 말하는 것이다.

「고린도전서」 15:39 - 육체는 다 같은 육체가 아니니 하나는 사람의 육체요 하나는 짐승의 육체요 하나는 새의 육체요 하나는 물고기의 육체라(All flesh is not the same: Men have one kind of flesh, animals have another, birds another and fish another.)(NIV)

40 - 하늘에 속한 형체도 있고 땅에 속한 형체도 있으나 하늘에 속한 자의 영광이 따로 있고 땅에 속한 자의 영광이 따로 있으니(There

are also heavenly bodies and there are earthly bodies; but the splendor of the heavenly bodies is one kind, and the splendor of the earthly bodies is another.)

44 - 육의 몸으로 심고 신령한 몸으로 다시 사나니 육의 몸이 있은즉 또 신령한 몸이 있느니라(it is sown a natural body, it is raised a spiritual body. If there is a natural body, there is also a spiritual body.)

여기서는 하나님들과 천사들도 모두 하늘에 속한 몸, 즉 영적인 몸(신령한 몸)이 있다는 것을 강조하고, 보다 자세한 내용은 본권 1부 3장의 "부활/휴거(변형)의 상태와 신분, 부활/휴거의 방법, 예수님 재림시의 육체? 영적인 몸?"에서 다루기로 한다.

4. 시스템이 다른 곳에 가려면? 다시 태어나서(부활/휴거), 우주선/공간/웜홀 이동

지구 대기 상공 100km를 벗어나면 거기는 산소가 없는, 즉 대기가 없는 무중력 상태이다. 지구와는 시스템이 다른 곳이다. 이러한 시스템이 다른 곳에 가는 방법에는 세 가지가 있을 것으로 필자는 생각하고 있다.

첫째, 인간의 육체(몸)로 가는 방법이 있다. 지구 상공 365km에 위치한 무중력의 국제우주정거장(ISS)에 인간의 몸으로 가려면 우주복을 입고 우주선을 타고 가야 한다. 마찬가지로 달이나 화성이나 목성이나 해왕성이나 다른 별에 인간의 몸으로 가려면 우주복으로 몸을 보호하고 우주선을 타고 가야 한다. 또한 이러한 행성과 별들에는 산소가 없는 무중력의 상태뿐만 아니라 『바이블 매트릭스』 1권의 『우주창조의 비밀』에서 밝혔듯이 우주의 온도가 영하 272.3도라는 사실을 기억하자. 그래서 인간이 우주로 나가 살 수 있는 생명체서식지(Habitalble Zone)의 지구와 같은 환경의 행성을 지금 찾고 있는 것이다.

따라서 이 지구에 하나님들이 천상의 형체(몸), 즉 영적인 몸으로 오시려면 마찬가지로 우주복을 입고 우주선을 타고 오셔야 한다. 과거에 이 땅에 오셨던 하나님들도 모두 우주복을 입고 우주선을 타고 오셨다고 가셨다. 아니면 지금의 우리가 아는 우주선보다 빠른 공간이동/순간이동/원격이동(텔레포트, teleport, teleportation)의 기술과 우리가 아직도 모르는 운반광선(Transportation or Transfer Light)을 이용했을 수도 있다. 만약 블랙홀(Black Hole)에 하나님 아버지와 예수님이 계신다면 블랙홀-웜홀(Wormhole)-화이트홀(White Hole)을 이용했을 수도 있다.[2] 또한 차후에 이 땅에 오실 하나님들은 하나님들의 과학기술이 진보되어 몸에 착 달라붙는 우주복을 입고 오실 수도 있을 것이다. 마찬가지로 언젠가는 우리 인간들도 하나님들이 사용했고 사용할 우주공학기술을 발견하여 우주로 나가 살게 될 것이다.

둘째, 아예 다른 행성을 지구의 대기와 환경에 맞게 식민지화(植民地化, Colonization) 하는 것이다. 오닐(Gerard K. O'neill)은 『고도의 선구자(The High Frontier)』(1977)에서 우주에 오닐기지를 건설하자고 제안했다. 오닐은 지구와 태양계 내에 수만 명의 사람이 살 수 있는 기지를 구축하자고 제안했으며, 태양계 내의 수천 개의 소행성들의 물질을 잘 이용하고 이곳에서 재배방법을 개발하면 무한한 식량과 에너지를 얻

2 자세한 것은 『바이블 매트릭스』 1권의 『우주창조의 비밀』의 3부 2장 4절 4-6절인 "블랙홀-화이트홀-웜홀을 통해 초공간으로 탈출하기"를 참조하라.

을 수 있다고 제안했다. 이것이 영화 〈슈퍼맨(Man of Steel, 2013)〉에 등장하는 테라포밍 또는 텔리포밍(Teraforming or Teleforming) 기술이다. 자기가 사는 행성의 대기와 환경과 토양대로 다른 행성을 식민지화하는 기술이다. 이런 식민지화된 행성에 가기 위해서는 이동시에만 우주선과 우주복이 필요하고 도착해서는 그대로 지구의 몸으로 들어가 살 수 있을 것이다. 실제로 우리 인간들은 2500년경에 200만 개의 오닐기지를 건설할 것으로 추측된다. 구약의 하나님들은 이 땅에 오셔서 이러한 식민지화하는 기술을 사용하시지는 않았지만, 예수님의 재림시에는 이럴 가능성을 배제할 수 없는데, 그게 c.AD 11800년에 이 땅에 세워질 천년 왕국이다.

셋째, 다른 시스템의 대기와 환경에 맞도록 다시 태어나야 한다. 다시 태어난다는 것은 그 시스템에 맞도록 몸이 변형(변화, transfiguration, change, transformation)되거나, 죽었다가 그 시스템에 맞는 몸으로 부활해야 함을 의미한다. 어떻게 다시 태어날 수 있을까?

그 방법은 「요한복음」 3장의 "예수와 니고데모(Jesus Teaches Nicodemus)"의 대화에 기록되어 있다. 이 당시 사두개파(사두개인, Sadducees)와 바리새(사이)파(바리새인, Pharisees)는 산헤드린(공회, Sanhedrin 또는 Jewish Council)을 구성하는 회원이었다. 그런데 사두개인은 부활(resurrection)도 없고 천사(angels)도 없고 영(spirits)도 없다고 주장한 반면, 바리새인은 다 있다고 인정하였다. 바로 니고데모는 바리새인으로 산헤드린, 즉 유대인의 관원(Jewish ruling council)이었다.

「사도행전」 23:8 - 이는 사두개인은 부활도 없고 천사도 없고 영도 없다 하고 바리새인은 다 있다 함이라(The Sadducees say that there is no resurrection, and that there are neither angels nor spirits, but the Pharisees acknowledge them all.)(NIV)

「요한복음」 3:3 - 예수께서 대답하여 가라사대 진실로 진실로 네게 이르노니 사람이 거듭나지 아니하면 하나님 나라를 볼 수 없느니라(In reply Jesus declared, "I tell you the truth, no one can see the kingdom of God unless he is born again.")(NIV)

3:4 - 니고데모가 가로되 사람이 늙으면 어떻게 날 수 있삽나이까 두 번째 모태에 들어갔다가 날 수 있삽나이까("How can a man be born when he is old?" Nicodemus asked. "Surely he cannot enter a second time into his mother's womb to be born!")

3:5 - 예수께서 대답하시되 진실로 진실로 네게 이르노니 사람이 물과 영으로 나지 아니하면 하나님 나라에 들어갈 수 없느니라(Jesus answered, "I tell you the truth, no one can enter the kingdom of God unless he is born of water and the Spirit.)(NIV); Jesus answered, Verily, verily, I say unto thee, Except a man be born of water and of the Spirit, he cannot enter into the kingdom of God.(KJV); Jesus replied, "I assure you, no one can enter the Kingdom of God without being born of water and the Spirit(1). / (1)Or and spirit. The Greek word for Spirit can also be translated wind; see 3.8(New Living); "I am telling you the truth," replied Jesus, "that no one can enter the Kingdom of God without being born of water and the Spirit.(Good News)

3:6 - 육으로 난 것은 육이요 영으로 난 것은 영이니(Flesh gives birth to flesh, but the Spirit gives birth to spirit.)(NIV); That which is born of the flesh is flesh; and that which is born of the Spirit is spirit.(KJV); Humans can reproduce only human life, but the Holy Spirit gives birth to spiritual life(1). / (1)Greek what is born of the Spirit is spirit(New Living); A person is born physically of human parents, but is born spiritually of the Spirit.(Good News)

니고데모가 밤에 예수님께 와서 가로되, "랍비여 우리가 당신은 하나님께로서 오신 선생인 줄 아나이다. 하나님이 함께 하시지 아니하시면 당신의 행하시는 이 표적을 아무라도 할 수 없음이니이다"라고 말한다. 이에 예수님께서 대답하여 가라사대 "진실로 진실로 네게 이르노니 사람이 거듭나지 아니하면 하나님 나라를 볼 수 없느니라(In reply Jesus declared, "I tell you the truth, no one can see the kingdom of God unless he is born again.")고 대답하신다. '다시 태어나야(born again)' 하늘나라에 들어갈 수 있다는 것이다.

이에 미련한 니고데모는 예수님께 가로되, "사람이 늙으면 어떻게 날 수 있삽나이까 두 번째 모태에 들어갔다가 날 수 있삽나이까"라고 묻는다. 늙어서 다시 태어나려면 어머니 모태, 즉 자궁에 어떻게 들어갈 수 있느냐고 묻는다. 이에 예수님께서는 "사람이 물(water)과 영(the Spirit)으로 나지 아니하면 하나님 나라에 들어갈 수 없느니라, 육(flesh)으로 난 것은 육(flesh)이요 영(the Spirit)으로 난 것은 영(spirit)이니)"라고 대답하신다. 육은 육을 낳는 다는 것은 인간은 인간의 몸을 가진 아들딸들을 낳는다는 말이고, 영적인 몸을 가진 하나님들은 영적인 몸을 가진 아들딸들을 낳는다는 말이다. 필자가 보기에는 영문성경 Good News가 그리스어를 영어로 가장 잘 번역한 것 같다.

이 땅의 육은 썩어 없어지므로 하늘나라에 들어갈 수 없다는 것이다. 하늘나라의 몸(육)은 썩지 않기 때문이다. 따라서 하늘나라에 들어

가려면, '영적인/신령한 몸'으로 다시 태어나야 함을 말하는 것이다. '휴거(Rapture)',즉 '산 자의 변형(The Transfiguration/Transformation of who are living)'이나 '죽은 자의 부활(The Resurrection of the Dead)'을 의미하는 것이다. 지금 육(혈과 살과 뼈)을 가진 살아있는 니고데모의 몸이 하늘의 몸인 영적인 몸으로 '변형(transfiguration, transformation)' 또는 '변화(Change)'되어야 하늘나라에 들어갈 수 있다는 것이다. 아니면 죽었다가 하늘나라 시스템에 맞는 영적인 몸으로 부활해야 들어갈 수 있다는 것이다.

여기서는 지구와 시스템이 다른 하늘나라에 들어가려면 물과 영으로 다시 태어나야 하는 휴거와 부활의 의미만을 보고, 물이 무엇인지 영이 무엇인지, 그 자세한 내용은 본권 1부 3장의 "부활/휴거(변형)의 상태와 신분, 부활/휴거의 방법, 예수님 재림시의 육체? 영적인 몸?"에서 다루기로 한다.

단, 「요한복음」 3장 5절과 6절에서 'the Spirit or spirit'를 한글성경에서는 모두 '성령'이라 번역하고 있는데, 이는 잘못 번역한 것이다. '영'이라 번역해야 옳다. 따라서 필자가 '영'으로 수정하였다.[3]

---

3 우리말 성경에는 '성령'으로 번역했는데, 영문성경을 보면 모두 'the spirit'라 되어 있어, 필자가 '영'으로 대체하였다. 이때 영이란 형식지의 과학기술을 말하는 것이다. 자세한 것은 『바이블 매트릭스』 5권의 『성령으로 무장하신 예수님의 과학기술』의 1부 2장 1절인 "영(Spirit or Spirits)이란?"과 2절인 "성령(Holy Spirit)이란"을 참조하라.

2절 하늘로 올라간(승천한) 사람들, 에녹/모세/엘리야

1. 에녹(Enoch), 산 자의 변형으로 우주선을 타고 승천

하늘로 올라간 최초의 인간은 대홍수 이전(pre-Diluvial)의 족장(Patriarch)이었던 에녹(Enoch)이다. 성경연대기로 아담(Adam)은 BC 4114(B)년에 태어났으며, 아담의 계보에서 에녹은 일곱 번째 족장으로 BC 3492(B)년에 태어났고, BC 3127(B)년에 하나님들(엘로힘)이 데려갔다.[4] 에녹은 대홍수 시기의 영웅이었던 노아(Noah)의 증조할아버지(greatgrandfather)였다. 「창세기」 5장 24절을 보면 에녹은 이 세상에서 죽지 않고 산채로 하나님이 그를 데려갔다고 기록하고 있다. 어떤 이유로 어떻게 산채로 데려갔는지는 기록되어 있지 않지만, 상황으로 볼 때 하나님들(엘로힘)이 에녹을 데려간 곳은 분명 하늘나라였다.

「창세기」 5:24 - 에녹이 하나님과 동행하더니 하나님이 그를 데려가시므로 세상에 있지 아니하였더라(Enoch walked with God; then he was no more, because God took him away)(NIV)

이를 구체적으로 보려면 성경의 다른 구절을 보아야 한다. 바로 「유다서」 1장 14절~15절에는 에녹이 '하나님은 경건하지 않은 사람들(불경한 자, Ungodly men)을 심판하시고 정죄하실 것'이라는 하나님의 말씀을 예언하고 가르쳤다는 내용의 구절이 나오는데, 이는 위경인 「에녹1서(Ethiopian Enoch or 1 Enoch)」 2장 1절을 인용한 것이다.

---

4 자세한 것은 『바이블 매트릭스』 2권의 『인간창조와 노아 홍수의 비밀』의 부록인 "성경연대기(아브라함 기준의 아담의 족보)"를 참조하라.

「유다서」 1:14 - 아담의 칠 세 손 에녹이 사람들에게 대하여도 예언하여 이르되 보라 주께서 그 수만의 거룩한 자와 함께 임하셨나니(Enoch, the seventh from Adam, prophesied about these men: "See, the Lord is coming with thousands upon thousands of his holy)(NIV).

1:15 - 이는 뭇 사람을 심판하사 모든 경건치 않은 자의 경건치 않게 행한 모든 경건치 않은 일과 또 경건치 않은 죄인의 주께 거스려 한 모든 강퍅한 말을 인하여 저희를 정죄하려 하심이라 하였느니라(to judge everyone, and to convict all the ungodly of all the ungodly acts they have done in the ungodly way, and of all the harsh words ungodly sinners have spoken against him.")

「에녹1서」 2:1 - 보라 그는 수만 명의 성인들과 함께 올 것이니, 이는 저들을 심판하기 위함이요, 악한 자들을 멸망시키고, 죄지은 자들과 불경한 자들이 행한 모든 것을 정죄하기 위함이라(Behold, he comes with ten thousands of his saints, to execute judgment upon them, and destroy the wicked, and reprove all the carnal for everything which the sinful and ungodly have done, and committed against him)(Luarence, 인터넷 공개)[5]

또한 저자 미상의 「히브리서」 11장 5절에는 에녹이 어떻게 해서 죽지 않고 하나님이 데려갔는지에 대한 이유를 설명하고 있는데, 이는 모두

---

5 Laurence, Richard(tr), 〈The Book of Enoch : Chapters 1-60 ; also referred to as "Ethiopian Enoch" or "1 Enoch"〉, Internet Publishing.
http://reluctant-messenger.com/1enoch01-60.htm
Laurence, Richard(tr), 〈The Book of Enoch : Chapters 61-105 ; also referred to as "Ethiopian Enoch" or "1 Enoch"〉, Internet Publishing.
http://reluctant-messenger.com/1enoch61-105.htm

위경인 「에녹2서(Slavonic Enoch or 2 Enoch)」(Luarence, 인터넷 공개)[6] 와 「희년서(Book of Jubilees)」(Charles, 2002)[7]를 인용한 것이다.

「히브리서」 11:5 - 믿음으로 에녹은 죽음을 보지 않고 옮기웠으니 하나님이 저를 옮기심으로 다시 보이지 아니하니라 저는 옮기우기 전에 하나님을 기쁘시게 하는 자라 하는 증거를 받았느니라(By faith Enoch was taken from this life, so that he did not experience death; he could not be found, because God had taken him away. For before he was taken, he was commended as one who pleased God)(NIV).

「에녹2서」에는 에녹이 365세에 하나님(God), 즉 엘로힘(Elohim)이 그를 데려가기 전에, 열 번째 하늘나라(the tenth heaven)로의 여행 기록을 적고 있다. 첫 번째 하늘을 거쳐 열 번째 하늘인 아라보스(Aravoth)에 도착해(「에녹2서」 22:1), 60일 동안 히브리어로 아라바트(Aravat), 즉 창조의 아버지(Father of Creation)(「에녹2서」 20:3)의 얼굴을 뵙는다. 이는 「출애굽기」 6장 3절에 등장하는 히브리어로 엘샤다이(El-Shaddai)의 의미인 전능의 하나님(God Almighty)을 뵙고, 창조와 대홍수, 그리고 미래의 심판(judgment) 등의 비밀을 듣고, 그것들을 총 366권의 책에 기록을 하고, 이 땅에 내려와, 30일 동안 366권의 책과 하나님의 말씀을 그의 아

---

6 자세한 내용은 『바이블 매트릭스』 1권의 『우주창조의 비밀』의 3부 1장 5절의 "에녹의 10개의 하늘들"을 참조하라.
Laurence, Richard(tr), 〈The Book of the Secrets of Enoch : Chapters 1-68 ; also referred to as "Slavonic Enoch" or "2 Enoch"〉, Internet Publishing.
http://reluctant-messenger.com/2enoch01-68.htm

7 Charles, R.H.(tr), 〈The Book of Jubilees Or the Little Book of Genesis〉, Wipf & Stock Publishers, July 2002. Internet Publication : http://reluctant-messenger.com/book_jubilees.htm

들들과 사람들에게 전파하고, 예언자로서의 역할을 충실히 한 것으로 기록되어 있다. 그러다가 30일 후인 365세에, 그가 태어난 날과 시간에, 다시 하늘나라로 올라간 사실이 상세히 기록되어 있다.

또한 히브리어로 쓰여진 「희년서」(Charles, 2002)의 4장 17절~20절에는 에녹이 최초의 글을 깨친 인간이었으며, 따라서 지식과 지혜가 충만하고 하늘의 징조(signs)와 계절들(seasons)을 인간들에게 가르쳤으며, 마지막 심판의 날까지 일어날 일들을 하나님으로부터 계시를 받아 증거(testimony)로 기록했다는 표현이 나온다. 또한 「희년서」 4장 21절에는 '에녹이 므두셀라를 낳은 후 300년 동안 하나님의 천사들과 동행했으며, 천사들은 그에게 땅과 하늘에 있는 모든 것을 보여주고 태양의 규칙까지 보여주었으며 에녹은 그 모든 것을 기록했다(…And he was moreover with the angels of God these six jubilees of years, and they showed him everything which is on earth and in the heavens, the rule of the sun, and he wrote down everything)고 기록하고 있다.

따라서 「창세기」 5장 24절의 '에녹이 하나님과 동행하다 그를 데려갔다'라는 성경의 말씀을 자세히 이해할 수 있다. 그러나 하나님이 어떻게 하늘로 데려갔는지는 기록이 없어 알 수가 없으며, 에녹이 하늘 나라로 살아있는 육체로 간 것은 분명하지만, 이것이 예수님의 재림시에 있을 '휴거(携擧, Rapture)', 즉 '산 자의 변형(The Transformation/Transfiguration of who are living)'을 말하는 것인지는 알 길이 없다.

그러나 필자가 보건대 에녹은 엘로힘이 하늘나라로 데려가기 전에 천사들과 하늘나라를 다녀왔다고 했다. 두 명의 우주복을 입은 사자(천사)들이 그들의 날개(체루빔 등의 우주로봇)로 에녹을 데리고 가서

10개의 하늘나라를 보여주었다는 것은, 인간의 몸으로 체루빔이라는 우주선에 태워 갔다는 것으로 볼 수 있다. 또한 하늘나라에 다녀와서 에녹이 365세에 엘로힘이 그를 데려갔으므로, 그는 세상에 있지 아니하였더라고 기록된 것으로 보아, 에녹은 '산 자의 변형'으로 하늘나라 시스템에 맞게 변화되어 우주선에 탑승해 하늘나라로 승천했다고 볼 수도 있다.

2. 모세 승천기(Moses), 인간의 몸으로 우주복을 입고 우주선을 타고 승천

모세(Moses, BC 1526~BC 1406)는 이집트를 탈출(출애굽)하면서 여호와 하나님(야훼)으로부터 가나안 땅을 밟기 전에 죽을 것이라는 말을 듣는다. 그 이유는 세 번의 야훼 명령을 이스라엘 백성들이 거역했기 때문이다.

첫 번째 거역의 내용은 이렇다. 홍해를 건넌 후 수르(술) 광야(Wilderness of Shur)를 지나 지금의 시나이 반도(Sinai Peninsula)의 홍해 위쪽인 마라(Marah)를 거쳐 그 아래 지역인 엘림(Elim)에 이른다(「출애굽기」 15:22~27). 엘림을 지나고 엘림과 시내산(Mt. Sinai or Horeb) 사이의 신 광야(Wilderness of Sin)를 거쳐(「출애굽기」 16:1), 르비딤(Rephidim)에 장막을 쳤으나, 물이 없어, 이스라엘 백성들이 여호와를 원망하고 시험하자, 이에 여호와께서 모세에게 지시하여, 모세가 호렙 산(시나이 산)의 반석을 지팡이(Staff)로 치니 물이 나오는 기적이 일어난다. 이 것이 첫 번째 맛사(Massah, '하나님을 시험하다'는 뜻) 또는 므리바(Meribah, '이스라엘 자손이 여호와와 다투다'는 뜻)의 기적이다(「출애굽기」 17:1~7).

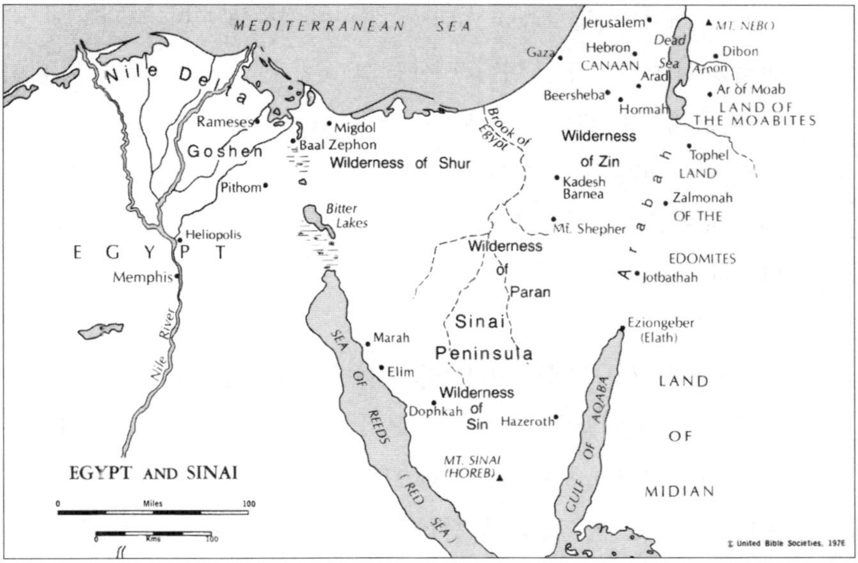

이 때 '반석을 치니 물이 나오는 기적'이란 오늘날의 과학으로 말하면 '지하수 탐지기'를 말하는 것이다. 여호와께서는 이와 같은 지하수 탐지기를 가지고 어디에 물이 있는지 수맥을 탐지하신 것이다. 오늘날 석유탐사에 사용하는 것과 같은 탐지기술이라고 생각하면 된다.

두 번째 거역의 내용은 이렇다. 시내산의 시내광야(Desert of Sinai)를 떠나 하세롯(Hazeroth)을 거쳐 세벨 산(Mt. Shepher)을 거쳐 시나이 반도 중간쯤에 있는 파란 광야(Wilderness of Paran)에 진을 치고(「민수기」 10:11~2 & 12:16), 각 지파 족장 12명을 뽑아 40일간의 가나안 땅을 탐지한다(「민수기」 13:17~26, 「신명기」 1:19~33). 세일 산(Mt. Seir)을 지나 바란 광야의 북쪽지역과 신 광야(Wilderness of Zin)의 남쪽 지역인 가데스바네아(Kadesh Barnea)에 진을 치고, 가나안 탐지 후 보고 과정에서, 가나안 땅에는 네피림(Nephilim)의 자손인 키가 4미터의 거인인

(Giant)[8] 아낙(Anak, Anakim, Anakite) 자손이 사는 곳이며, 젖(milk)과 꿀(honey)이 흐르는 땅이 아니라, 사람 살 곳이 못 되는 땅이라고 악평을 한 자들 때문에(「민수기」 13:25~33, 「신명기」 1:28), 하나님의 벌을 받아 탐지한 날수 40일이 40년으로 바뀌고(「민수기」 14:34), 가나안 점령이 늦춰져 40년간의 광야생활(Wilderness or Desert, Shur & Sin & Paran & Zin, BC 1446~BC 1406)을 한다(「출애굽기」 16:36).

세 번째 거역의 내용은 이렇다. 모세가 가데스바네아(Kadesh Barnea)에 거주할 때 지팡이로 반석에서 물이 나오는 두 번째 기적을 이룬다(「민수기」 20:1~13). 이것이 유명한 므리바 물(Waters of Meribah)의 기적이다. 므리바는 이스라엘 백성이 야훼와 다투었다(quarreling)는 뜻으로, 이는 모세와 아론(Aaron, 모세의 형)이, 야훼 하나님의 명령을 거역하고, 이스라엘 백성의 목전에서 야훼의 거룩함을 나타내지 아니한 죄의 대가로, 요단강을 건너지 못함을, 즉 가나안 땅에 들어가기 전에 죽는다는 야훼 하나님의 저주이시다(「민수기」 20:1~13, 「신명기」 31:2).

야훼 하나님께서 모세를 모압(Moab) 평지의 아바림산(Mt, Abarim) 또는 느보산(Mt. Nebo)의 비스가(Pisgah) 꼭대기에 오르게 하여, 이스라엘 자손에게 줄 땅을 확인케 한 후, 형인 아론과 같이 죽어 열조로 돌아갈 것을 명한 후, 후계자로 눈의 아들(Son of Nun)인 여호수아(Joshua, 지도자 재위, BC 1406~BC 1390)를 임명하고 안수토록 한다(「민수기」 27:12~23, 「신명기」 3:23~29, 「신명기」 34장, 「여호수아」 1:1~3). 결국 모세는

---

8 네피림(Nephilim)과 거인들(Giants)에 대한 자세한 내용은 『바이블 매트릭스』 2권인 『인간 창조와 노아홍수의 비밀』의 5부인 "홍수의 비밀(I), 신들의 문제, 네피림(Nephilim)"을 참조하라.

40년의 광야생활이란 벌의 대가와, 두 번의 반석에서 물이 나게 하는 므리바 물의 기적으로, 가나안 땅이란 목전을 앞두고, 요단강(Jordan)을 건너지 못하고, 모압 땅에서 120세에 죽게 된다(BC 1406).

그런데 여기에서 한 가지 문제가 발견된다. 모압 땅에서 죽은 모세는 벧브올(Beth Peor) 맞은편 모압 땅에 있는 골짜기에 장사되었지만, 오늘날까지 그 묘를 아는 자가 없다라고 성경은 기록하고 있다는 점이다. 분명 장사되었지만 묘가 없다? 묘가 없다는 것은 시체가 없다는 것이 아닌가? 게다가 "모세의 죽을 때 나이 일백이십 세나 그 눈이 흐리지 아니하였고 기력이 쇠하지 아니하였더라"고 기록된 점으로 보아 죽을 때가 안 되었는데, 여호와 하나님께서 죽였다는 것은 차후에 모종의 할 일이 남아 있어 데려갔다는 것이 아닌가? 그렇다면 하늘로 인간, 즉 육체의 몸으로 몸을 보호하는 우주복을 입고 하나님들의 우주선을 타고 승천한 것이 아닐까?

「신명기」 34:4 - 여호와께서 그에게 이르시되 이는 내가 아브라함과 이삭과 야곱에게 맹세하여 그 후손에게 주리라 한 땅이라 내가 네 눈으로 보게 하였거니와 너는 그리로 건너가지 못하리라 하시매(Then the LORD said to him, "This is the land I promised on oath to Abraham, Isaac and Jacob when I said, 'I will give it to your descendants.' I have let you see it with your eyes, but you will not cross over into it.")(NIV)

34:5 - 이에 여호와의 종 모세가 여호와의 말씀대로 모압 땅에서 죽어(And Moses the servant of the LORD died there in Moab, as the LORD had said.)

34:6 - 벧브올 맞은편 모압 땅에 있는 골짜기에 장사되었고 오늘까지 그 묘를 아는 자 없으니라(He buried him in Moab, in the valley opposite Beth Peor, but to this day no one knows where his grave is.)

34:7 - 모세의 죽을 때 나이 일백이십 세나 그 눈이 흐리지 아니하였고 기력이 쇠하지 아니하였더라(Moses was a hundred and twenty years old when he died, yet his eyes were not weak nor his strength gone.)

「유다서」 1장 9절에는 모세가 죽은 후 승천에 관한 얘기가 나오는데 '천사장 미가엘이 모세의 시체에 대하여 마귀와 다투어 변론할 때에 감히 훼방하는 판결을 쓰지 못하고 다만 말하되 주께서 너를 꾸짖으시기를 원하노라 하였거늘(But even the archangel Michael, when he was disputing with the devil about the body of Moses, did not dare to bring a slanderous accusation against him, but said, "The Lord rebuke you!)'(NIV) 이라는 구절이 나온다.

이는 정경의 구약에는 어디에도 언급되지 않은 내용이다. 또한 「마태복음」 17장 3절에는 승천한 모세와 엘리야(Elijah)가 예수님 앞에 나타나 예수님과 이야기하는 장면이 나온다(「마태복음」 17:3, 「마가복음」 9:4, 「누가복음」 9:30). 이는 다음 절인 3절에서 자세히 다루기로 한다. 여하튼 이 장면은 모세가 승천했다는 것을 보여주는 것이다. 이는 위경인 모세 승천기(Assumption of Moses 또는 Testament of Moses)에는 구체적으로 언급되어 있지 않지만, 정황으로 볼 때 잃어버린 나머지 장들에서 인용한 것으로 보인다.[9]

그렇다면 모세는 인간의 몸(육체로)으로 몸을 보호하는 우주복을 입고 하나님들의 우주선을 타고 하늘로 승천하신 것이 분명하다. 분명 죽

9 http://biblelight.net/assumpt.htm

어 장사되었다 했으나 시체가 없는 것으로 보아, 예수님처럼 죽었다가 '부활(Resurrection)', 즉 '죽은 자의 부활(The Resurrection of the Dead)'을 말하는 것인지? 아니면 예수님 재림시에 있을 '휴거(携擧, Rapture)', 즉 '산 자의 변형(The Transformation/Transfiguration of who are living)'을 말하는 것인지 알 수가 없으나, 차후에 등장하는 「다니엘」 12장과 「요한계시록」 11장의 두 증인(The Two Witnesses), 즉 두 선지자(two prophets)를 고려한다면 모세는 인간, 즉 육체의 몸으로 우주복을 입고 하나님들의 우주선을 타고 승천한 것으로 보인다. 두 증인에 대해서는 다음 절인 3절에서 자세히 다루기로 한다.

3. 우주복 입고 우주선(불말/불수레/회오리바람)을 타고 인간의 몸으로 승천한 엘리야(Elijah)

또한 성경에서 죽지 않고 바로 하나님 나라로 옮겨진 또 다른 사람을 찾을 수 있다. 그는 선지자 엘리야(Elijah, 엘리야의 예언 사역, BC 875~BC 848, 북이스라엘에서 활동)로 그도 이 세상에 무덤이 없는 사람이다. 「열왕기하」 2장에는 엘리사(Elisha)가 보는 앞에서 엘리야가 승천하는 장면(Elijah Taken Up to Heaven)이 나온다.

2장 1절에는 "여호와께서 회(오)리바람(a whirlwind)으로 엘리야를 하늘에 올리고자 하실 때"란 구절이 등장한다. 이 때 회오리바람이란 오늘날의 헬리콥터가 이륙하고 착륙할 때 회전하는 날개 때문에 나오는 바람이라 생각하면 이해하기 쉬울 것이다. 그러나 헬리콥터 이상의 소형 우주선일 가능성이 높다. 이렇게 본다면 이것은 우주선의 이륙에 관한 묘사로 회오리바람이란 우주선의 분사파이프에서 나오는 불꽃과 연기에 의한 바람이라고 이해할 수 있다.

그리고 2장 11절에는 마침내 "두 사람이 행하며 말하더니 홀연히 불수레와 불말들이 두 사람을 격(분리)하고 엘리야가 회리바람을 타고 승천하더라"는 구절이 나온다. 여기에서 '불수레(a chariot of fire)'는 불을 뿜는 우주선을 말하고, '불말(horses of fire)'은 우주선의 분사파이프에서 나오는 불꽃과 연기를 말하는 것이다. 원래 지상의 수레는 말이 달리며 끈다. 그러나 천상의 수레는 불수레로 표현하는데, 하늘의 수레는 불이 빠르게 나아가며 끌기 때문이다. 다시 말해 우주선은 로켓 엔진이 점화하면서 분사파이프의 추진력으로 이륙한다.

2장 16절의 '여호와의 신(Spirit of the LORD)'이란 여호와의 영[10]으로 불말, 즉 여호와 하나님의 우주선을 말하는 것이다. 우주선을 타고 승천한 엘리야를 보고, 오십인의 종들이 어느 산이나 골짜기에 던지셨을까 걱정하고 수색하는 웃지 못할 장면이 기록되어 있다.

「열왕기하」 2:1 - 여호와께서 회리바람으로 엘리야를 하늘에 올리고자 하실 때에 엘리야가 엘리사로 더불어 길갈에서 나가더니(When the LORD was about to take Elijah up to heaven in a whirlwind, Elijah and Elisha were on their way from Gilgal.)(NIV)

2:3 - 벧엘에 있는 선지자의 생도들이 엘리사에게로 나아와 이르되 여호와께서 오늘날 당신의 선생을 당신의 머리 위로 취하실 줄을 아나이까 가로되 나도 아노니 너희는 잠잠하라(The company of the prophets at Bethel came out to Elisha and asked, "Do you know that the

10 영(Spirit or Spirits)에 대해서는 『바이블 매트릭스』 5권의 『성령으로 무장하신 예수님의 과학기술』의 1부 2장 1절인 "영(Spirit or Spirits)이란? 하나님 아버지의 지식=과학기술"을 참조하라.

LORD is going to take your master from you today?" "Yes, I know," Elisha replied, "but do not speak of it.")

2:5 - 여리고에 있는 선지자의 생도들이 엘리사에게 나아와 이르되 여호와께서 오늘날 당신의 선생을 당신의 머리 위로 취하실 줄을 아나이까 엘리사가 가로되 나도 아노니 너희는 잠잠하라(The company of the prophets at Jericho went up to Elisha and asked him, "Do you know that the LORD is going to take your master from you today?" "Yes, I know," he replied, "but do not speak of it.")

2:11 - 두 사람이 행하며 말하더니 홀연히 불수레와 불말들이 두 사람을 격하고 엘리야가 회리바람을 타고 승천하더라(As they were walking along and talking together, suddenly a chariot of fire and horses of fire appeared and separated the two of them, and Elijah went up to heaven in a whirlwind).

2:16 - 가로되 당신의 종들에게 용사 오십 인이 있으니 청컨대 저희로 가서 당신의 주를 찾게 하소서 염려컨대 여호와의 신이 저를 들어가다가 어느 산에나 어느 골짜기에 던지셨을까 하나이다 엘리사가 가로되 보내지 말라 하나("Look," they said, "we your servants have fifty able men. Let them go and look for your master. Perhaps the Spirit of the LORD has picked him up and set him down on some mountain or in some valley." "No," Elisha replied, "do not send them.")

2:17 - 무리가 저로 부끄러워하도록 강청하매 보내라 한지라 저희가 오십 인을 보내었더니 사흘을 찾되 발견하지 못하고(But they persisted until he was too ashamed to refuse. So he said, "Send them." And they sent fifty men, who searched for three days but did not find him.)

2:18 - 엘리사가 여리고에 머무는 중에 무리가 저에게 돌아오니 엘리사가 저희에게 이르되 내가 가지 말라고 너희에게 이르지 아니하였

2013년 5월 28일 우주인 3명을 태우고 카자흐스탄(Kazakhstan)에 있는 러시아의 바이코누르(Baikonur) 우주기지에서 이륙하는 소유즈(Soyuz) 우주선(NASA, 28 May 2013).[11]

느냐 하였더라(When they returned to Elisha, who was staying in Jericho, he said to them, "Didn't I tell you not to go?")

그렇다면 엘리야는 살아있는 인간의 육체로 몸을 보호하는 우주복을 입고 하나님들의 우주선을 타고 하늘로 승천하신 것이 분명하고, 차후 3절에서 살펴볼 「다니엘」 12장과 「요한계시록」 11장의 두 증인(The Two Witnesses), 즉 두 선지자(two prophets)를 고려한다면 엘리야는 인간, 즉 육체의 몸으로 우주복을 입고 하나님들의 우주선을 타고 승천한 것으로 보인다.

---

11 NASA - Expedition 36 Soyuz Launch(28 May 2013)
http://www.nasa.gov/multimedia/imagegallery/image_feature_2519.html

4. 성경의 병거, 불말, 홍마/흑마/백마는 소형 우주선이나 유무인 정찰기

성경에는 병거(전차, 마차), 즉 수레(chariot)와 말, 마병, 군대 등의 단어가 나온다. 땅의 군대는 주로 인간으로 구성된 이스라엘 백성들과 적군들이 주도하는데, 이 때의 군대를 보면, 말들(horses)이 수레들을 끌고, 말들 위에는 말을 모는 마병들(horsemen)이 앉았으며, 그리고 군대(troop)가 그 뒤를 따른다(「출애굽기」 14:10 등 다수). 그래서 성경은 하나님의 군대, 즉 우주선의 모습을 그대로 땅의 군대의 모습처럼 표현하고 있다. 단, 다른 것은 '수레'가 '불수레(a chariot of fire)'로 바뀌고 '말'이 '불말(horses of fire)'로 바뀐다는 점이다.

'불수레'는 불을 뿜는 우주선을 말하고, '불말'은 우주선의 분사파이프에서 나오는 불꽃과 연기를 말하는 것이다. '회(오)리바람(a whirlwind)'이란 우주선의 이륙에 관한 묘사로 우주선의 분사파이프에서 나오는 불꽃과 연기에 의한 바람을 말하는 것이다. '영광'이란 불꽃 색채(광채)의 거대한 우주선 또는 우주복을 말하는 것이고, '구름'이란 우주선이나 우주복의 로켓이 착륙할 때의 굉장한 폭발음(우뢰)과 함께 우주선이 불빛을 점멸하면서 접근하는 불꽃과 번개와 연소가스, 즉 구름에 휩싸인 것을 말하는 것이다.

'병거가 천천이요 만만이라'는 것은 그만큼 하나님들의 우주선과 기타 독수리(항공기) 등의 공격용 무기가 많다는 것이다. 오늘날의 과학으로 말하자면 수많은 항공기와 무기를 실은 미국의 항공모함과 같은 것으로, 단지 항공모함이 아니라 거대한 항공모함우주선을 말하는 것이다. '말들은 독수리보다 빠르도다'라는 것은 우주선들이 지금의 날아다니는 항공기나 전투기보다 빠르다는 것이다. 성경에 등장하는

1969년 달 탐사에 나선 미국항공우주국(NASA)의 '이글(Eagle)' 탐사선. 대장(Commander)인 닐 암스트롱(Neil A. Armstrong)과 비행사(Pilot)인 에드윈 알드린(Edwin E. "Buzz" Aldrin Jr.)이 탑승했으며, 이들은 달에 성공적으로 착륙하고 달 표면을 걸었다(NASA, 20 Jul 1969).[12]

'독수리(eagle)'는 전투기를 의미하는 것이고 동시에 이보다 빠른 우주선이나 유무인 정찰기를 의미하기도 한다.

1969년 미국항공우주국(NASA)이 닐 암스트롱(Neil A. Armstrong)과 에드윈 알드린(Edwin E. "Buzz" Aldrin Jr.)의 두 우주인을 싣고 달 탐사선에 나섰는데, 이 우주선의 이름도 '이글(Eagle)', 즉 독수리였다.

「시편」 68:17 - 하나님의 병거가 천천이요 만만이라 주께서 그 중에 계심이 시내 산 성소에 계심 같도다(The chariots of God are tens of thousands and thousands of thousands; the Lord has come from Sinai into

---

12 NASA - "Eagle" In Lunar Orbit(20 Jul 1969)
http://grin.hq.nasa.gov/ABSTRACTS/GPN-2000-001210.html
http://grin.hq.nasa.gov/IMAGES/SMALL/GPN-2000-001210.jpg

his sanctuary.)(NIV)

「이사야」 66:15 - 보라 여호와께서 불에 옹위되어 강림하시리니 그 수레들은 회리바람 같으리로다 그가 혁혁한 위세로 노를 베푸시며 맹렬한 화염으로 견책하실 것이라(See, the LORD is coming with fire, and his chariots are like a whirlwind; he will bring down his anger with fury, and his rebuke with flames of fire.)

「예레미야」 4:13 - 보라 그가 구름같이 올라오나니 그 병거는 회리바람 같고 그 말들은 독수리보다 빠르도다 우리에게 화 있도다 우리는 멸망하도다 하리라(Look! He advances like the clouds, his chariots come like a whirlwind, his horses are swifter than eagles. Woe to us! We are ruined!)

「스가랴」 6장에는 네 병거(Four Chariots)가 등장하는데, 놋산(mountains of bronze), 즉 빛을 발하는 구리로 무장했다는 것을 의미한다. 홍마, 흑마, 백마, 얼룩마! 이들을 '하늘의 네 바람(the four spirits of heaven)', 즉 '하늘의 네 영'이라 표현하면서 여호와 앞에 섰다가 온 세상으로 나간다고 표현하고 있다. 여호와께서 보내는 모든 것은 '영(spirit)'이라 했다. 이는 여호와께서 '바람'과 같은 소형 우주선이나 날 수 있는 유무인 정찰기 또는 헬리콥터를 온 땅에 보낸다는 뜻이다. 온 땅에 두루다니면서 세상에 일어나고 있는 일들을 정찰하고 관찰하신다는 얘기이다.

「스가랴」 6:1 - 내가 또 눈을 들어 본즉 네 병거가 두 산 사이에서 나왔는데 그 산은 놋산이더라(I looked up again--and there before me were four chariots coming out from between two mountains--mountains of bronze!)

6:2 - 첫째 병거는 홍마들이, 둘째 병거는 흑마들이(The first chariot had red horses, the second black),

6:3 - 세째 병거는 백마들이, 네째 병거는 어룽지고 건장한 말들이 메었는지라(the third white, and the fourth dappled--all of them powerful.)

6:4 - 내가 내게 말하는 천사에게 물어 가로되 내 주여 이것들이 무엇이니이까(I asked the angel who was speaking to me, "What are these, my lord?")

6:5 - 천사가 대답하여 가로되 이는 하늘의 네 바람인데 온 세상의 주 앞에 모셨다가 나가는 것이라 하더라(The angel answered me, "These are the four spirits of heaven, going out from standing in the presence of the Lord of the whole world.)

6:6 - 흑마는 북편 땅으로 나가매 백마가 그 뒤를 따르고 어룽진 말은 남편 땅으로 나가고(The one with the black horses is going toward the north country, the one with the white horses toward the west, and the one with the dappled horses toward the south.")

6:7 - 건장한 말은 나가서 땅에 두루 다니고자 하니 그가 이르되 너희는 여기서 나가서 땅에 두루 다니라 하매 곧 땅에 두루 다니더라(When the powerful horses went out, they were straining to go throughout the earth. And he said, "Go throughout the earth!" So they went throughout the earth.)

「요한계시록」 6장은 '일곱 봉인에 담긴 심판(The Seals)'으로 '큰 환난(Great Distress, Great Tribulation)'(「마태복음」 24:15~28; 「마가복음」 13:14~23; 「누가복음」 21:20~24)이 어떻게 이루어지는지를 예수님의 12제

대전시 소재 국방벤처기업이 지능형무인비행로봇인 '멀티콥터'를 개발했다. 8개의 프로펠러를 가진 세계 최초의 무인항공기술과 4세대 통신망(LTE)으로 2013년 5월 29일, 서울 용산전쟁기념관에서 157km 떨어진 대전에 있는 '멀티곱터'의 실시간 이 · 착륙의 임무비행을 데모했을 뿐만 아니라 무인비행로봇에 탑재된 카메라에서 찍은 선명한 영상을 실시간으로 전송하는 것을 데모했다. 지구 반대편에 있는 무인비행로봇도 원격조정이 가능하다(아주경제, 29 May 2013).[13]

자 중 예수님이 가장 사랑하는 네 번째 제자인 요한(John, AD 6~100)이 AD 85~96년에 끝날에 이루어질 예수님의 말씀과 예언을 기록한 것이다. 여기에도 백마(흰 말, a white horse), 홍마(붉은 말, a red horse), 흑마(검은 말, a black horse), 청황마(청황색 말, a pale horse)가 등장하는데 이도 또한 소형 우주선이나 날 수 있는 유무인 정찰기 또는 헬리콥터를 온 땅에 보내 큰 환란을 일으켜 이 세상을 심판한다는 뜻이다. 자세한 것은 본권 2부 1장 2절의 2-2인 "일곱 봉인 심판(=환란), 노아의 홍수와 소돔과 고모라의 몇 백배"와 『바이블 매트릭스 7권』의 『「다니엘」과 「요한계시록」을 과학적 관점으로 해석』의 2부인 「요한계시록」 6장을 참조하라.

13 아주경제 - 대전시, 국방벤처기업 지능형 비행로봇 '멀티콥터' 비행(29 May 2013)
http://www.ajunews.com/kor/view.jsp?newsId=20130529000368

3절 두 증인(선지자)은 누구? 모세와 엘리야→예수님과 똑같은 방식의 죽음→부활→변형→승천

1. 예수님→영적인 몸으로 변형, 우주선에서 모세와 엘리야와의 대화

자, 이번에는 예수님께서 이 땅에서 영광스런 모습으로 변형(Transformation/Transfiguration)되시어, 이미 인간의 몸으로 승천하여 이 땅에 우주선을 타고 오신 모세(Moses)와 엘리야(Elijah)와 대화하시는 장면을 보자. 결국 예수님은 모세와 엘리야를 대동하시고 이 땅에 오신 것이다. 우선 「마태복음」 17장 1절에서 13절, 「마가복음」 9장 2절에서 13절, 「누가복음」 9장 28절에서 36절의 내용을 보자. 우선 '높은 산(a high mountain)'에 제자들을 데리고 오르신다. 왜 '높은 산'일까? 이는 어느 산일까? 이 산을 알려면 예수님의 동선(動線)을 파악해야 한다.

「마태복음」 17:1 - 엿새 후에 예수께서 베드로와 야고보와 그 형제 요한을 데리시고 따로 높은 산에 올라가셨더니(After six days Jesus took with him Peter, James and John the brother of James, and led them up a high mountain by themselves.)(NIV)

예수님께서 고향으로 돌아가셔서 저희 회당(their synagogue)에서 가르치시나 고향에서 배척을 당하신다(「마태복음」 13:53~58; 「마가복음」 6:1~6; 「누가복음」 4:16~30). 이 때 고향이란 갈릴리 호수(Lake Galilee) 왼쪽에 위치한 갈릴리 지방의 나사렛(Nazareth)을 말한다. 태어나신 곳은 유대(Judea)의 베들레헴(Bethlehem)이지만, 나사렛은 아주 촌구석의 미천한 곳으로, 예수님의 인간 어머니 마리아(Mary)와 인간 아버지 요셉(Joseph)의 고향이며, 예수님이 어릴 적 자란 곳이다.

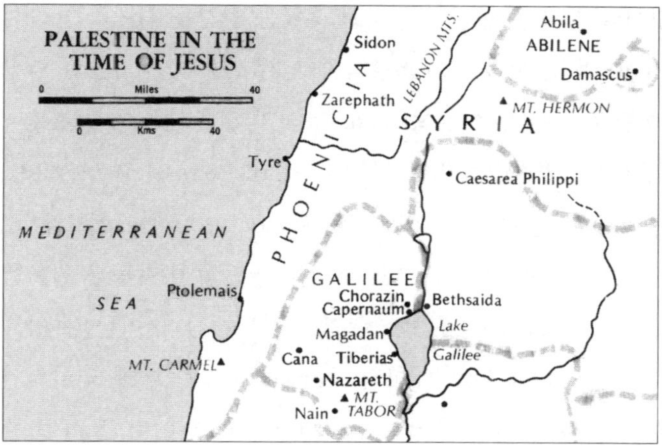

그 후 예수님은 고향인 나사렛을 떠나 두로(Tyre)와 시돈(Sidon) 지방으로(「마태복음」 15:21), 그 다음 갈릴리 호숫가의 산인 태보산(Mt. Tabor)으로(「마태복음」 15:29), 그 다음 배로 갈릴리 왼쪽 호숫가의 중간에 있는 마가단(Magadan)으로(「마태복음」 15:39), 그 다음 배로 갈릴리 호수 건너편으로(「마태복음」 16:5), 그 다음 갈릴리 지방 북쪽에 위치한 시리아(Syria) 국경지대인 가이사랴 빌립보(Caesarea Philippi) 지방에 이르시고(「마태복음」 16:13), 엿새 후에 예수님께서 베드로와 야고보와 요한을 데리고 가이사랴 빌립보와 시리아의 다마스커스(Damascus) 사이에 있는 '높은 산'인 바로 허몬산/헤르몬산(Mt. Hermon)에 오르신다.

바로 허몬 산은 「에녹1서(Ethiopian Enoch or 1 Enoch)」에 등장하는 산으로(「에녹1서」 7:7~8, Charles, 1893, p. 63; Luarence, 인터넷 공개)[14], 이곳에는 젊은 신들의 우주선 전용 착륙장이 있었던 산이다. 지구궤도를 돌던 모선에서 일을 하던 300명의 젊은 신들을 이기기(Igigi) 신들이라 하는데, 이들의 주 임무는 지구에서 캐낸 금을 신들의 고향인 니비루(Nibiru) 행성으로 전달하거나, 우주 궤도를 추적하고 지구의 기후를 관찰하는 것이었다. 또한 인간이 창조된 후에는 인간을 감시하는 감시자들(Watchers)이었다. 이들 중 200명의 이기기 신들이 자기들의 역활과 위치를 이탈하고, 젊은 마르둑(Marduk) 신의 결혼식에 참석하고자, 아담의 6대손이자 에녹의 아비인 야렛(Jared, BC 3654(B)~BC 2692(B)) 시대에 지구의 허몬산/헤르몬 산(Mount Hermon or Armon, 히브리어로 'herem', 이는 저주(Curse)라는 뜻임)으로 내려와 인간의 여자들과 결혼함으로써 거인(Great/Giant man)을 낳고 문제를 야기시켰다. 이들은 「창세기」 6장 4절에 기록되어 있는 네피림(Nephilim)이다.[15] 실제 역사적인 연대를 말하자면 지금으로부터 BC 100000년 전의 일이며, 노아의 홍수(BC 13020)가 일어나기 전의 일이다.

그렇다! 예수님께서 제자들을 데리고 오르신 산은 허몬산(헤르몬산)으로 이곳은 우주착륙장이었다. 이미 살펴본 바와 같이 모세와 엘리야는 인간의 몸으로 우주복을 입고 우주선을 타고 하늘로 승천하셨다고 했다. 이제 모세와 엘리야는 예수님과 함께 이 땅의 지구 상공에 오셨는데, 예수님은 빛으로 변형되어 인간으로 오셨고[16], 모세와 엘리야는

---

14 Charles, R.H.(ed. and trans.), 〈The Book of Enoch〉, Oxford: Clarendon Press, p. 63, 1893. http://reluctant-messenger.com/book_of_enoch.htm
Laurence, Richard(tr), 〈The Book of Enoch : Chapters 1-60 ; also referred to as "Ethiopian Enoch" or "1 Enoch"〉, Internet Publishing.
http://reluctant-messenger.com/1enoch01-60.htm
Laurence, Richard(tr), 〈The Book of Enoch : Chapters 61-105 ; also referred to as "Ethiopian Enoch" or "1 Enoch"〉, Internet Publishing.
http://reluctant-messenger.com/1enoch61-105.htm

15 자세한 것은 『바이블 매트릭스』 2권 『인간창조와 노아홍수의 비밀』의 5부인 "홍수의 비밀(I), 신들의 문제, 네피림(Nephilim)"을 참조하거나 『바이블 매트릭스』 4권 『하나님들의 과학기술과 우리가 창조해야 할 미래(상)』의 1부 5장인 "창세기 6장의 네피림(Nephilim)은 바로 이기기(Igigi) 신들"을 참조하라.

16 자세한 것은 『바이블 매트릭스』 5권 『성령으로 무장하신 예수님의 과학기술』의 2장 3절 3-8의 "성령=빛으로 잉태하신, 빛으로 오신 예수님"을 참조하라.

인간의 몸이지만 무중력 상태의 우주공간에서 우주선을 타고 있어야 하므로 우주복을 입고 오신 것이다. 예수님께서 모세와 엘리야를 우주선에서 만나 하늘의 소식을 전해듣고 상의하시고 대화하는 장면을 제자들에게 보여주기 위해서, 그리고 예수님의 죽음과 부활과 승천을 직접 제자들에게 보여주기 위해 허몬산에 오르신 것이다. 또한 동시에 예수님의 재림시에 있을 '휴거(携擧, Rapture)', 즉 '산 자의 변형'이 어떻게 일어나는 것인지를 제자들에게 직접 보여주기 위해서이다.

그런데 인간의 육체로 오신 예수님이 우주복을 입은 모세와 엘리야와 대화를 하려면 우주선으로 들어가셔야 한다. 또한 우주선에는 영적인 몸으로 우주복을 입고 오신 다른 하나님들도 계실 것이다. 그래서 우주선 안의 영적인 몸으로 우선 '변형'이 되셔야 한다. 제자들이 모세와 엘리야를 금방 알아보았다는 것은 구약의 우주선과 우주복이 더욱 인간 친화적으로 발전했다는 것을 알 수 있다. 지금의 우주복을 입었다면 그 안에 인물이 누구인지 알 수가 없다. 그러나 금방 알아보았다는 것은 모세와 엘리야가 입은 우주복이 혁신되어 아주 얇아 졌다는 것을 의미한다. 따라서 변형이란 영적인 몸으로 우주선으로 들어가셨다는 것을 의미하고 거기서 하얀 우주복으로 갈아 입었다는 것을 의미한다. 바로 '얼굴이 해같이 빛나며 옷이 빛과 같이 희어졌더라'가 바로 변형과 우주선과 우주복을 잘 설명해주고 있다. 변형의 방법에 대해서는 본권 1부 3장의 "부활/휴거(변형)의 상태와 신분, 부활/휴거의 방법, 예수님 재림시의 육체? 영적인 몸?"에서 다루기로 한다.

'홀연히 빛난 구름'이란 우주선이 접근할 때의 굉장한 폭발음(우뢰)과 함께 우주선이 불빛을 점멸하면서 접근하는 것(불꽃, 번개)과 연소가스(구름)에 휩싸인 것을 말하는 것이다. '구름 속에서 소리가 나서'라는 것은 스피커나 확성기, 즉 초음파 나팔을 의미하는 것으로 많은 하나님들이 우주복을 입고 나타나셔서 '이는 사랑하는 나의 아들이라… 저의 말을 들으라'라고 말씀하셨다는 얘기이다.

「마태복음」 17:2 - 저희 앞에서 변형되사 그 얼굴이 해같이 빛나며 옷이 빛과 같이 희어졌더라(There he was transfigured before them. His face shone like the sun, and his clothes became as white as the light.)

17:3 - 때에 모세와 엘리야가 예수로 더불어 말씀하는 것이 저희에게 보이거늘(Just then there appeared before them Moses and Elijah, talking with Jesus.)

17:4 - 베드로가 예수께 여짜와 가로되 주여 우리가 여기 있는 것이 좋사오니 주께서 만일 원하시면 내가 여기서 초막 셋을 짓되 하나는 주를 위하여, 하나는 모세를 위하여, 하나는 엘리야를 위하여 하리이다(Peter said to Jesus, "Lord, it is good for us to be here. If you wish, I will put up three shelters--one for you, one for Moses and one for Elijah.")

17:5 - 말할 때에 홀연히 빛난 구름이 저희를 덮으며 구름 속에서 소리가 나서 가로되 이는 내 사랑하는 아들이요 내 기뻐하는 자니 너희는 저의 말을 들으라 하는지라(While he was still speaking, a bright cloud enveloped them, and a voice from the cloud said, "This is my Son, whom I love; with him I am well pleased. Listen to him!")

그러나 한 가지 질문이 있다. 예수님은 왜 모세와 엘리야와 함께 오셨을까? 단지 모세와 엘리야와의 대화를 제자들에게 보여주기 위해서 오셨을까? 이 질문에 대한 근원적인 답을 다음 절에서 제시해보기로 한다.

2. 「요한계시록」의 두 증인→예수님과 똑같은 방식의 죽음→부활→변형→승천

자 근원적인 답을 찾기 위해서는 「요한계시록」 11장의 두 증인(The Two Witnesses), 즉 두 선지자(two prophets)가 누구인지를 살펴볼 필요가 있다. 「요한계시록」 11장에는 두 증인(선지자)이 일곱 번째 천사가 나팔을 불기 전에 하늘에서 이 땅에 내려와 예언과 증거(testimony)를 마칠 때에 무저갱(Abyss)에서 올라오는 짐승(beast), 즉 무저갱을 다스리는 왕(king)[17]이 두 증인과 전쟁을 일으키고, 두 증인을 죽여, 예수님께서 십자가에 못 박히신 예루살렘(골고다, Golgotha, 해골의 곳)에 삼일 반이나 둔다는 계시의 기록이 나온다.

그렇다면 마지막 때에 하늘에서 두 사람이 내려온다는 것인데 이 두 사람은 어느 분들일까? 이것을 필자가 알아내는 데 상당한 연수가 걸렸다. 우선 성경의 예언 기록을 따라가며 설명해 보도록 하자.

「요한계시록」 11:3 - 내가 나의 두 증인에게 권세를 주리니 저희가 굵은 베옷을 입고 일천이백육십 일을 예언하리라(And I will give power to my two witnesses, and they will prophesy for 1,260 days, clothed in sackcloth."(NIV); And I will give power unto my two witnesses, and they shall prophesy a thousand two hundred and threescore days, clothed in sackcloth.(KJV); And I will give power to my two witnesses, and they will be

17 짐승은 왕을 말하므로 무저갱을 다스리는 왕을 말한다. 짐승과 무저갱과 두 증인에 대해서는 본권 2부 1장의 1절과 2절, 2부 3장 2절의 2-7인 "모세/엘리야의 재림, 한 때 두 때 반 때를 지나서(c.AD 10729.5~10733)", 그리고 『바이블 매트릭스』 7권 『「다니엘」과 「요한계시록」을 과학적 관점으로 해석』의 2부인 「요한계시록」 11장을 참조하라.

clothed in burlap and will prophesy during those 1,260 days."(New Living)

「요한계시록」의 두 증인(선지자)은 마지막 때에 예수님께서 최후의 예언과 증거를 위해 하늘에서 이 땅으로 내려보내 일천이백육십일 동안 예언을 하게 한다. 이 때 두 사람은 굵은 베옷(clothed in sackcloth)을 입는다고 했다. 그간 필자는 『바이블 매트릭스』 시리즈를 통해 천사들이나 하나님들은 '눈같이 하얀(흰) 옷(clothes were white as snow or dressed in white)'이나 '찬란한 옷(clothes that gleamed like lightning)'이나 '하얀 린넨(white linen)'이나 '린넨(dressed in linen)'을 입으신다고 했다. 다시 말해 우주복을 입으신다고 했다. 그런데 두 증인(두 선지자)은 우주복이 아니라 굵은 베옷, 즉 인간의 옷을 입을 것이라고 기록하고 있다는 것이다. 따라서 분명 하늘에서 내려온 이 두 증인은 인간이라는 것이다. 우주공간에서는 우주복을 입고 우주선에 탑승해야 하지만, 지구로 내려온 두 사람은 인간의 육체를 가졌기 때문에, 이 땅에 내려오면 우주복을 입을 필요가 없다. 그렇다면 하늘로 올라간 에녹, 모세, 엘리야 중 두 사람이 내려온다는 것이 아닌가?

「요한계시록」 11:5 - 만일 누구든지 저희를 해하고자 한즉 저희 입에서 불이 나서 그 원수를 소멸할찌니 누구든지 해하려 하면 반드시 이와 같이 죽임을 당하리라(If anyone tries to harm them, fire comes from their mouths and devours their enemies. This is how anyone who wants to harm them must die.)(NIV)

11:6 - 저희가 권세를 가지고 하늘을 닫아 그 예언을 하는 날 동안 비 오지 못하게 하고 또 권세를 가지고 물을 변하여 피 되게 하고 아무 때든지 원하는 대로 여러 가지 재앙으로 땅을 치리로다(These men have power to shut up the sky so that it will not rain during the time they are prophesying; and they have power to turn the waters into blood and to strike the earth with every kind of plague as often as they want.)

두 증인은 막강한 권세를 갖는데, 저희를 죽이고자 하는 자들은 두 증인의 입에서 나오는 불로 죽임을 당하고, 예언하고 증거하는 일천이 백육십일 동안 하늘을 닫아 비오지 못하게 하고, 물을 변하여 피가 되게 하고(원자자유전환기술), 원하는 대로 여러가지 재앙으로 땅을 친다. 이는 모세가 이집트를 탈출할 때 여호와 하나님께서 모세를 통해 보이신 '애굽에 내린 10개의 재앙'과 '지팡이가 뱀이 되고 물이 피가 되고 티끌이 이가 되다'[18]와 비슷한 일이 일어난다. 그렇다면 하늘로 올라간 모세가 내려오신다는 것이 아닌가?

「요한계시록」 11:7 - 저희가 그 증거를 마칠 때에 무저갱으로부터 올라오는 짐승이 저희로 더불어 전쟁을 일으켜 저희를 이기고 저희를 죽일 터인즉(Now when they have finished their testimony, the beast that comes up from the Abyss will attack them, and overpower and kill them.(NIV); And when they shall have finished their testimony, the beast that ascendeth out of the bottomless pit shall make war against them, and shall overcome them and kill them.(21st Century King James); When they complete their testimony, the beast that comes up out of the bottomless pit(1) will declare war against them, and he will conquer them and kill them. / (1)Or the abyss, or the underworld (New Living)

---

18 자세한 내용은 『바이블 매트릭스』 4권 『하나님들의 과학기술과 우리가 창조해야 할 미래(하)』의 2부 9장인 "애굽에 내린 10개의 재앙, 인간(신)과 동물/곤충의 인터페이스(BBI)"를 참고하라.

11:8 - 저희 시체가 큰 성 길에 있으리니 그 성은 영적으로 하면 소돔이라고도 하고 애굽이라고도 하니 곧 저희 주께서 십자가에 못 박히신 곳이니라(Their bodies will lie in the street of the great city, which is figuratively called Sodom and Egypt, where also their Lord was crucified. (NIV); and their bodies will lie in the street of the great city, where their Lord was crucified. The symbolic name of that city is Sodom, or Egypt. (Good News Translation); And their bodies will lie in the main street of Jerusalem(1), the city that is figuratively called "Sodom" and "Egypt," the city where their Lord was crucified. / (1)Greek the great city(New Living)

두 증인이 일천이백육십 일 동안 증거를 마칠 때에 무저갱을 다스리는 왕(짐승)이 올라와서 두 증인과 더불어 전쟁을 일으켜 저희를 이기고 두 증인을 죽인다. 아마도 하늘에서 내려오시고 막강한 권능을 가지셨으니 두 증인을 외계인으로 간주하여 이 땅의 사람들은 대적을 하나 힘이 딸릴 것이다. 그래서 그 때 지구 땅속의 막강한 에너지를 차지한 무저갱의 왕에게 이 땅의 왕들은 도움을 청할 것이다. 그리고 무저갱의 왕의 군대가 두 증인을 죽이게 된다. 또는 두 증인이 증거를 마쳤으므로, 즉 임무가 끝났으므로 막강한 권세를 하나님이 거두워들였기 때문에 죽을 수도 있을 것이다.

핵심은 여기에 있다! 인간은 모두 죽는다는 사실이다. 이 땅에 인간의 몸으로 오셨던 예수님도 십자가에 못 박혀 죽임을 당하셨고, 그 이후에 부활과 변형과 승천을 통해 만왕의 영광을 입으셨다. 그렇다면 인간의 몸으로 산 채로 하늘로 올라간 사람들이 이 땅에 다시 내려오셔서 마지막 예언과 증거를 마치시고 죽는다는 것이 아닌가? 반드시 죽어야 다음에 부활하고 영생을 얻을 수 있다. 이렇게 본다면 두 증인은 산 채로 하늘로 올라간 모세와 엘리야가 분명하다.

「요한계시록」 11:9 - 백성들과 족속과 방언과 나라 중에서 사람들이 그 시체를 사흘 반 동안을 목도하며 무덤에 장사하지 못하게 하리로다(For three and a half days men from every people, tribe, language and nation will gaze on their bodies and refuse them burial.)(NIV)

11:10 - 이 두 선지자가 땅에 거하는 자들을 괴롭게 한 고로 땅에 거하는 자들이 저희의 죽음을 즐거워하고 기뻐하여 서로 예물을 보내리라 하더라(The inhabitants of the earth will gloat over them and will celebrate by sending each other gifts, because these two prophets had tormented those who live on the earth.)

이 두 증인(선지자)이 일천이백육십 일 동안 땅에 거하는 자들을 각종 권세와 재앙으로 괴롭혔으므로, 땅에 거하는 자들이 저희의 죽음을 즐거워하고 기뻐하며 서로 예물을 보내고, 그 시체를 사흘 반 동안을 쳐다보며 무덤에 장사하지 못하게 한다.

「요한계시록」 11:11 - 삼 일 반 후에 하나님께로부터 생기가 저희 속에 들어가매 저희가 발로 일어서니 구경하는 자들이 크게 두려워하더라(But after the three and a half days a breath of life from God entered them, and they stood on their feet, and terror struck those who saw them.)

11:12 - 하늘로부터 큰 음성이 있어 이리로 올라오라 함을 저희가 듣고 구름을 타고 하늘로 올라가니 저희 원수들도 구경하더라(Then they heard a loud voice from heaven saying to them, "Come up here." And they went up to heaven in a cloud, while their enemies looked on.)

11:13 - 그 시에 큰 지진이 나서 성 십분의 일이 무너지고 지진에

죽은 사람이 칠천이라 그 남은 자들이 두려워하여 영광을 하늘의 하나님께 돌리더라(At that very hour there was a severe earthquake and a tenth of the city collapsed. Seven thousand people were killed in the earthquake, and the survivors were terrified and gave glory to the God of heaven.)

삼 일 반 후에 하나님께로부터 생기가 저희 속에 들어가매 저희가 발로 일어서니 구경하는 자들이 크게 두려워한다. 죽었다가 다시 이 땅의 육체(몸)로 부활하신 것이다. 그리고 하늘의 몸, 즉 영적인 몸으로 변형되시어 구름, 즉 우주선을 타고 하늘로 오르신다. 예수님이 이 땅에 오셔서 죽임을 당하시고 이 땅의 육체(몸)로 부활하시고 영적인 몸으로 변형되시어 승천하신 것과 똑같은 방식의 죽음→부활→변형→승천의 단계를 밟는 것이다. 차후 본권 1부 3장의 "부활/휴거(변형)의 상태와 신분, 부활/휴거의 방법, 예수님 재림시의 육체? 영적인 몸?"에서 자세히 설명하겠지만 일곱 번째 천사가 나팔을 불 때에 바로 첫째 부활과 휴거(변형)가 일어나는데, 이를 두 증인을 통해 마지막으로 인간들에게 직접 보여주는 것이라고 볼 수도 있다. '그 남은 자들이 두려워하여 영광을 하늘의 하나님께 돌리더라'가 이것을 뒷받침하고 있다. 이렇게 본다면 두 증인은 모세와 엘리야가 확실하다.

3. 「스가랴」의 두 감람나무와 두 촛대, 기름 발리운자 둘=두 증인

그런데 「요한계시록」 11장 4절에는 이 두 증인은 바로 이 땅의 주(Lord or God) 앞에 섰는 두 감람나무와 두 촛대라고 기록하고 있다는 것이다. 이게 도대체 무슨 뜻인가?

「요한계시록」 11:4 - 이는 이 땅의 주 앞에 섰는 두 감람나무와 두 촛대니(These are the two olive trees and the two lampstands that stand before the Lord of the earth.(NIV); These are the two olive trees, and the two candlesticks standing before the God of the earth.(KJV); These two prophets are the two olive trees and the two lampstands that stand before the Lord of all the earth.(New Living); The two witnesses are the two olive trees and the two lamps that stand before the Lord of the earth.(Good News)

이 뜻을 정확하게 알고자 한다면 「스가랴(Zechariah)」 4장의 "순금 등잔대와 두 감람나무(The Gold Lampstand and the Two Olive Trees)"를 보아야 한다. 스가랴는 바벨론 포로에서 귀환한 백성들이 성전(聖殿)을 재건할 때 활동한 선지자이다. 페르시아(성경의 '바사')의 5대 왕인 다리우스(Darius King of Persia, Darius I, 성경의 '다리오', 통치 BC 522~BC 486)의 통치 2년째인 BC 520년에 여호와의 말씀이 스가랴에게 임했다(「스가랴」 1:1). 선지자 스가랴가 그리스도교도들에게 기억되는 이유는 그의 예언 몇 가지가 예수님의 탄생으로 실현되었다고 생각하기 때문이다. 선지자 스가랴는 예루살렘이 "겸손하여서 나귀를 타신"(「스가랴」 9:9) 왕을 영접하리라고 예언했는데, 실제로 예수님은 나귀를 타고 예루살렘에 입성했다(「마태복음」 21:1~11). 또 선지자 스가랴는 은(silver) 30개를 달아서 품삯을 받았다고 말했는데(「스가랴」 11:12~13), 가룟 유다가 예수를 배반하는 대가로 받은 피의 돈이 은 30개였다(「마태복음」 27:3). "내 목자를 치라 그러면 양이 흩어지리라"(「스가랴」 13:7)는 말씀은 예수님이 체포되고 모든 제자들이 흩어져 달아나는 상황을 예언한 것이다.

그런데 「스가랴」 4장 2절에는 '하나의 주발(a bowl)'을 가진 '하나의 순금 등대(a solid gold lampstand)'가 등장하는데, 그 꼭대기에는 '일곱 등잔(빛)(seven light)'이 있고, '일곱 등잔(빛)'을 밝히기 위한 '일곱 관(seven channels)'이 등장한다. 이는 70년간의 바빌로니아 포로에서 돌아온(BC 538년) 유대인들이 스룹바벨(Zerubbabel)의 지휘 아래 성전 재건을 할 것이라는 하나님의 예언의 말씀으로, 하나의 순금 등대를 건축하되, 일곱 개의 등잔이 빛을 발하도록 하고, 금 기름(golden oil)을 뿜어 올리는 일곱 관을 세우라는 명령이시다. 여호와의 명령을 천사가 선지자 스가랴에게 전하는 내용이다. 그런데 순금 등대 곁에 두 감람나무(two olive trees)가 있는데 하나는 그 주발 우편에 있고 하나는 그 좌편에 있다고 선지자 스가랴는 기록하고 있다.

「스가랴」 4:2 - 그가 내게 묻되 네가 무엇을 보느냐 내가 대답하되 내가 보니 순금 등대가 있는데 그 꼭대기에 주발 같은 것이 있고 또 그 등대에 일곱 등잔이 있으며 그 등대 꼭대기 등잔에는 일곱 관이 있고(He asked me, "What do you see?" I answered, "I see a solid gold lampstand with a bowl at the top and seven lights on it, with seven channels to the lights)(NIV)

4:3 - 그 등대 곁에 두 감람나무가 있는데 하나는 그 주발 우편에 있고 하나는 그 좌편에 있나이다 하고(Also there are two olive trees by it, one on the right of the bowl and the other on its left.")

이에 선지자 스가랴는 천사에게 두 감람나무가 무슨 뜻이냐고 재차 묻는다. 그러자 천사는 "이는 기름 발리운 자 둘이니 온 세상의 주 앞에 모셔 섰는 자니라(These are the two who are anointed to serve the Lord of all the earth.")라고 대답한다. 기름을 부어 발라 축복한 두 사람(two men)이라? 이 두 사람은 온 세상의 주를 위해 모셔 선자라? 주님(예수님 혹은 하나님 아버지)을 받들어 모시려고 두 사람을 택하여

(chosen) 기름으로 축복했다니? 이게 도대체 무슨 말인가?

「스가랴」 4:11 - 내가 그에게 물어 가로되 등대 좌우의 두 감람나무는 무슨 뜻이니이까 하고(Then I asked the angel, "What are these two olive trees on the right and the left of the lampstand?")(NIV)

4:12 - 내가 그에게 물어 가로되 등대 좌우의 두 감람나무는 무슨 뜻이니이까 하고(Again I asked him, "What are these two olive branches beside the two gold pipes that pour out golden oil?")

4:13 - 그가 내게 대답하여 가로되 네가 이것이 무엇인지 알지 못하느냐 대답하되 내 주여 알지 못하나이다(He replied, "Do you not know what these are?" "No, my lord," I said.)

4:14 - 가로되 이는 기름 발리운 자 둘이니 온 세상의 주 앞에 모셔 섰는 자니라 하더라(So he said, "These are the two who are anointed to serve the Lord of all the earth."(NIV); Then said he, These are the two anointed ones, that stand by the LORD of the whole earth.(KJV); Then he said to me, "They represent the two heavenly beings who stand in the court of the Lord of all the earth."(New Living); Then he said, "These are the two men whom God has chosen and anointed to serve him, the Lord of the whole earth."(Good News)

4. 「에녹2서」의 기름을 부어 신성과 영광의 축복을 받은 에녹

예수님이나 하나님 아버지를 모시기 위해 두 사람을 선택해서 기름을 부었다는 의미를 이해하려면 「에녹2서」를 보아야 한다. 이미 『바이블 매트릭스』 1권 『우주창조의 비밀』의 3부 1장 5절인 "에녹(Enoch)의 10개의 하늘들"의 "열 번째 하늘, 블랙홀 안에 계신 주님의 얼굴"에서 소개했듯이, 열 번째 하늘에 도착한 에녹에게 주님이 어떠한 대접을 해 주었는가를 보면 알 수 있다. 『바이블 매트릭스』 1권 319페이지를 인용해보자.

「에녹2서」(Luarence, 인터넷 공개)[19] 22장에는 가브리엘(Gabriel) 천사장이 미가엘(Michael) 천사장에게 에녹을 넘기고 미가엘이 에녹을 주님의 면전 앞으로 데려간다. 열 번째 하늘은 히브리어로 아라보스(Aravoth)라 불리는 곳인데, 에녹은 주님의 얼굴의 모습(the appearance of the Lord's face)을 보는데, 불 속에서 빛을 내기 위해 철로 만들어진 것 같고, 그 작렬하는 불 빛을 끌어내며, 그 얼굴은 훨훨 타오르고 있다(like iron made to glow in fire, and brought out, emitting sparks, and it burns).

에녹은 이에 엎드려 주님께 절을 하고, 주님은 그의 입술로 에녹에게 말을 한다. "에녹아 두려워말고 용기를 갖고 내 얼굴 앞에 서라". 미가엘이 에녹을 일으켜 세워 주님의 면전으로 데려간다. 주님은 그의 종들(servants)에게 말을 한다. "에녹이 내 앞에 서도록 하라". 그러자 종들은 주님께 절을 하고 말을 한다. "주님의 말씀(Your word)에 따라 에녹이 가도록 해라." 주님은 미가엘 천사장에게 에녹의 지구의 옷을 벗기고, 에녹에게 향기로운 기름을 부어 신성하게 하여 주님의 영광의 옷(우주복)을 입히도록 명령한다.

---

19 Laurence, Richard(tr), 〈The Book of the Secrets of Enoch : Chapters 1-68 ; also referred to as "Slavonic Enoch" or "2 Enoch"〉, Internet Publishing.http://reluctant-messenger.com/2enoch01-68.htm

미가엘 천사장은 주님이 시키신 대로 한다. 주님은 에녹에게 기름 부어 신성케 하고, 에녹에게 옷(우주복)을 입혔으며, 기름 부은 모습은 위대한 빛보다 더 밝았으며, 그것은 달콤한 이슬 같았으며, 그 향기는 온화하고 빛나는 태양 빛 같았으며, 에녹은 스스로 자기 모습을 본다. 그 모습은 일곱 천사장 중의 하나 같이 영예스러운(glorious) 것이었다.

주님은 천사장 중에 가장 똑똑하고 지혜가 빠르며 주님의 한 일을 모두 기록하는 프라브우일(Pravuil)을 불러 서재(store-houses)에서 몇 권의 책과 글을 쓸 수 있는 도구를 가져다 에녹에게 주라고 명령한다. 이렇게 하서 에녹은 그의 신비스러운 열 개의 하늘로의 여행과 하늘의 수많은 무리들과 자신 겪은 것에 대한 책을 쓴다. 에녹은 하늘에서 366권의 책을 쓴다.

그렇다! 기름을 부었다는 것은 신성케 했다는 것이며, 영광을 받았다는 것은 찬란한 우주복을 입었다는 것이다. 그리고 신성케 했다는 것은 에녹을 일곱 천사장의 하나같이 성령의 지식으로 무장시켰다는 것이다. 그래서 하늘나라에서 60일 동안 우주복을 입고 366권의 책을 쓸 수 있었던 것이다.

5. 두 증인은? 요한과 바울? 모세와 엘리야가 마지막 때에 오신다

자, 결론을 내려보자. 두 증인은 누구일까? 우선 예수님이 영적인 몸으로 변형되시어 함께 오셨던 모세와 엘리야와 우주선에서 대화를 하셨다는 것이 매우 중요하다. 필자는 이미 『바이블 매트릭스』 5권 『성령으로 무장하신 예수님의 과학기술』에서 예수님은 많은 하나님들과 천사들과 함께 오셨다고 했다. 모세와 엘리야도 대동하고 오셨다고 했다.

왜 모세와 엘리야를 대동하고 오셨을까? 모세와 엘리야는 우주선에서 예수님과 대화를 하시고 상의하시고 우주선에서 모든 일어나는 일들을 관찰했을 것이다. 예수님께서 행하시는 기적들, 즉 과학기술들! 예수님께서 십자가에 못 박혀 죽으시고 3일 만에 부활하시고 40일 동안 제자들과 함께 계시다가 영적인 몸(천상의 몸)으로 변형되시어 다시 우주선에 탈 때까지 모든 역사적인 일들을 관찰했을 것이다. 왜 관찰했을까? 학습하기 위한 것이 아니었을까? 마지막 때에 두 증인으로 이 땅에 다시 와서 행할 일들과 죽음→부활→변형→승천의 과정이 예수님과 똑같기 때문에 이를 관찰하며 학습했을 가능성이 높다.

필자는 한때 두 증인 중 한 분이 요한(AD 6~100) 사도가 될 수도 있겠다고 생각을 했다. 왜냐하면 「요한계시록」 11장의 두 증인이 내려오기 전에 「요한계시록」 10장 11절에 다음과 같이 기록되어 있기 때문이다.

「요한계시록」 10:11 - 저가 내게 말하기를 네가 많은 백성과 나라와 방언과 임금에게 다시 예언하여야 하리라 하더라(Then I was told, "You must prophesy again about many peoples, nations, languages and kings.")(NIV); And he said unto me, Thou must prophesy again before many peoples, and nations, and tongues, and kings.(KJV); Then I was told, "You must prophesy again about many peoples, nations, languages, and kings." (New Living)

그러나 이것은 『바이블 매트릭스』 5권 3부 3장 1-6절의 "요한의 「요한계시록」, 다시 돌아올 때까지 살려두겠다는 의미?"에서 살펴본 대로, 「요한계시록」은 예수님의 재림시(다시 돌아올 때)에 일어날 일들과 심판을 기록한 예언서이다. 세상이 장차 어떻게 바뀔 것이며 악의 하나님들과 악의 천사들과 그들을 따르는 악한 사람들이 어떻게 심판을 받을 것이며, 경건한 자들은 어떻게 부활하고 영생을 얻을 것인가와 재림하시는 예수님께서 이 땅의 모든 정사와 권세와 능력을 멸하시고 나라를 하나님 아버지께 어떻게 바치는지를 기록한 책이다. 모든 주체는 예수님이시다. 따라서 요한이 기록한 「요한계시록」은 예수님이 다시 올 때까지, 즉 재림시까지 살아있는 기록이며 그 때까지 많은 백성과 나라와 임금들에게 계속 예언해야 한다는 뜻이다.

또한 필자는 두 증인 중 한 분은 바울(Paul, AD 5~68) 사도가 될 수도 있겠다고 생각을 했다. 그러나 사도 요한(AD 6~100)은 94세에 자연사했고, 나중에 사도가 된 바울(Paul, AD 5~68)은 63세에 로마제국의 제5대 황제인 네로 황제(Nero, 통치 AD 37~68)의 그리스도인 박해 때 로마에서 참수형을 당했다. 이 말은 요한과 바울은 이 땅에서 죽었다는 것이다. 몸은 이 땅에서 썩어 없어지고 영들(영혼)은 하늘나라로 간 것이다. 죽은 자가 다시 사는 방법은 부활밖에 없다. 이러한 관점에서 요한과 바울 사도는 제외될 수밖에 없다.

「전도서」 3:21 - 인생의 혼은 위로 올라가고 짐승의 혼은 아래 곧 땅으로 내려가는 줄을 누가 알랴(Who knows if the spirit of man rises upward and if the spirit of the animal goes down into the earth?")(NIV)

따라서 모세와 엘리야가 확실하다는 것은 인간의 몸으로 승천했다는데 있다. 인간은 반드시 죽어야 한다. 따라서 모세와 엘리야가 내려와 주어진 역할을 다하고 결국 죽임을 당하는 것이다. 그러나 그 죽임은 죽음이 아니다. 바로 이 땅의 육체(몸)로 부활하고 영적인 하늘의 몸으로 변형되어 다시 승천하는 것이다. 이 미래의 일어날 역사적인 사실을 위해 모세와 엘리야를 산 채로 하늘나라로 데려갔던 것이다. 그리고 두 감람나무와 촛대로 세워 기름을 붓고 영광의 옷(우주복)을 입혀 성령의 과학지식으로 무장하게 하여 마지막 날을 준비토록 한 것이다. 이렇게 본다면 성경의 역사는 다 사전에 프로그램화되어 있다는 진실을 발견하고 또 한번 놀라게 된다.

4절 에녹/모세/엘리야는 어느 하늘나라로? 예수님만 하나님 아버지의 얼굴을 보다

그렇다면 에녹, 모세, 엘리야는 승천하시어 어느 하늘나라에 가셨을까? 아니 에녹이 말하는 몇 번째 하늘로 가셨을까? 에녹의 하늘에 대해서는 『바이블 매트릭스』 1권 『우주창조의 비밀』의 3부 1장 5절인 "에녹(Enoch)의 10개의 하늘들"을 참조하시라. 그런데 이를 예측해 볼 수 있는 중요한 성경구절이 있다. 다음을 보시라.

「요한복음」 3:13 - 하늘에서 내려온 자 곧 인자 외에는 하늘에 올라간 자가 없느니라(No one has ever gone into heaven except the one who came from heaven--the Son of Man.(NIV); And no man hath ascended up to heaven, but he that came down from heaven, even the Son of man which is in heaven.(KJV); No one has ever gone to heaven and returned. But the Son of Man(1) has come down from heaven. / (1)Some manuscripts add who lives in heaven. "Son of Man" is a title Jesus used for himself(New Living); And no one has ever gone up to heaven except the Son of Man, who came down from heaven."(Good News)

20:17 - 예수께서 이르시되 나를 만지지 말라 내가 아직 아버지께

로 올라가지 못하였노라 너는 내 형제들에게 가서 이르되 내가 내 아버지 곧 너희 아버지, 내 하나님 곧 너희 하나님께로 올라간다 하라 하신대(Jesus said, "Do not hold on to me, for I have not yet returned to the Father. Go instead to my brothers and tell them, 'I am returning to my Father and your Father, to my God and your God.'")(NIV)

「마가복음」 16:19; 누가복음 24:51 - 주 예수께서 말씀을 마치신 후에 하늘로 올리우사 하나님 우편에 앉으시니라(When the Lord Jesus had finished talking with them, he was taken up into heaven and sat down in the place of honor at God's right hand.)

하늘에서 내려온 예수님 외에는 어느 누구도(인간) 하늘에 올라 하나님 아버지께서 계시는 열 번째 하늘로 올라간 자가 없다는 것이다. 게다가 예수님께서는 승천하시어 하나님 아버지의 보좌 우편에 앉으셨다. 에녹의 열 번째 하늘은 블랙홀 안에 계시는 하나님 아버지의 나라가 될 가능성이 매우 높다고 했다. 그런데 「디모데전서」 6장 16절에 이를 뒷 받침하는 구절이 나온다. 하나님 아버지는 누구도 접근할 수 없는 빛(unapproachable light)에 계신다는 것이다. 따라서 아무 사람도 하나님 아버지를 보지 못하였고 또 볼 수도 없는 하나님 아버지라는 것이다.

「디모데전서」 6:16 - 오직 그에게만 죽지 아니함이 있고 가까이 가지 못할 빛에 거하시고 아무 사람도 보지 못하였고 또 볼 수 없는 자시니 그에게 존귀와 영원한 능력을 돌릴찌어다 아멘(who alone is immortal and who lives in unapproachable light, whom no one has seen or can see. To him be honor and might forever. Amen.(NIV); Who only hath immortality, dwelling in the light which no man can approach unto; whom no man hath seen, nor can see: to whom be honour and power everlasting. Amen.(KJV); He alone can never die, and he lives in light so brilliant that no human can approach him. No human eye has ever seen him, nor ever will. All honor and power to him forever! Amen.(New Living); He alone is immortal; he lives in the light that no one can approach. No one has ever seen him; no one can ever see him. To him be honor and eternal power! Amen.(Good News)

계속해서 이와 관련된 중요한 성경구절이 있다. 하나님 아버지를 본 사람은 예수님밖에 없다는 것이다. 왜냐하면 예수님은 하나님 아버지의 독생자이시고 이 땅에 하나님 아버지께서 보내셨기 때문이다. 에녹도 사실 하나님 아버지의 얼굴의 모습(the appearance of the Lord's face)을 본 것이지 실제 얼굴을 직접 보았다는 기록이 없다.

「요한복음」 1:18 - 본래 하나님을 본 사람이 없으되 아버지 품속에 있는 독생하신 하나님이 나타내셨느니라(No one has ever seen God, but God the One and Only, who is at the Father's side, has made him known.)(NIV)

6:46 - 이는 아버지를 본 자가 있다는 것이 아니라 오직 하나님에게서 온 자만 아버지를 보았느니라(No one has seen the Father except the one who is from God; only he has seen the Father.)

「요한1서」 4:12 - 어느 때나 하나님을 본 사람이 없으되 만일 우리가 서로 사랑하면 하나님이 우리 안에 거하시고 그의 사랑이 우리 안에 온전히 이루느니라(No one has ever seen God; but if we love one another, God lives in us and his love is made complete in us.)

그럼 영원히 우리 인간들은 하나님 아버지의 얼굴을 볼 수 없는 것일까? 정답은 '있다'이다. 그것은 예수님께서 다시 재림하시어 사단(마귀=뱀=용)과 불의한 자들과 사망(death)과 음부(하데스, Hades)을 심판하시고(「요한계시록」 20:7~15), 나라를 하나님 아버지께 바쳐, 하나님 아버지로부터 '새 하늘과 새 땅의 새 예루살렘(Tne New Jerusalem)'이 내려와 그 안에 들어가 살 때(「요한계시록」 21장), 하나님 아버지의 얼굴을 볼 수 있다. 그러나 첫째 부활과 휴거에 참여해야 하나님 아버지 얼굴을 볼 수 있다.

「고린도전서」 15:24 - 그 후에는 나중이니 저가 모든 정사와 모든 권세와 능력을 멸하시고 나라를 아버지 하나님께 바칠 때라(Then the end will come, when he hands over the kingdom to God the Father after he has destroyed all dominion, authority and power.)(NIV)

「요한계시록」 22:4 - 그의 얼굴을 볼 터이요 그의 이름도 저희 이마에 있으리라(They will see his face, and his name will be on their foreheads.)

이런 관점으로 본다면 에녹-모세-엘리야는 열 번째 하늘이 아니라 세 번째 하늘인 낙원으로 승천하셨다고 볼 수 있다.

2장

예수님의 3일간 낙원방문/지옥강림→부활 후 40일을 계시다→영적인 몸으로 승천

1절 십자가에 못 박혀 죽으시다, 예수님의 살과 피와 물

1. 십자가에 못 박혀 영혼이 돌아가시다, 그러나 뼈가 하나도 꺾이지 아니하시다

예수님은 십자가에 못박히시고(The Crucifixion) 우리가 죽듯이 죽음을 맞는다(The Death of Jesus). 다시 말해 예수님의 육체(flesh)와 영혼(영, spirit)이 분리된 것이다(「마태복음」 27:50; 「누가복음」 23:46; 「요한복음」 19:30). 우리도 죽으면 육체와 영혼이 분리되고, 육체는 이 땅에서 썩어 없어지지만, 영혼은 하늘로 올라 에녹(Enoch)의 세 번째 하늘에 있는 낙원이나 지옥으로 간다.[1] 하지만 예수님은 "예수님의 영혼을 하나님 아버지 손에 부탁합니다"라고 말씀을 하시고 죽으셨다. 우리도 죽을 때 이와 같이 해야 한다고 생각한다.

---

1 자세한 내용은 『바이블 매트릭스』 1권 『우주창조의 비밀』의 3부 1장 5절의 "에녹의 10개의 하늘들"을 참조하라.

「마태복음」 27:50 - 예수께서 다시 크게 소리지르시고 영혼이 떠나시다(And when Jesus had cried out again in a loud voice, he gave up his spirit.)(NIV)

「누가복음」 23:46 - 예수께서 큰 소리로 불러 가라사대 아버지여 내 영혼을 아버지 손에 부탁하나이다 하고 이 말씀을 하신 후 운명하시다(Jesus called out with a loud voice, "Father, into your hands I commit my spirit." When he had said this, he breathed his last.)

「요한복음」 19:30 - 예수께서 신 포도주를 받으신 후 가라사대 다 이루었다 하시고 머리를 숙이시고 영혼이 돌아가시니라(When he had received the drink, Jesus said, "It is finished." With that, he bowed his head and gave up his spirit.)

「전도서」 3:21 - 인생의 혼은 위로 올라가고 짐승의 혼은 아래 곧 땅으로 내려가는 줄을 누가 알랴(Who knows if the spirit of man rises upward and if the spirit of the animal goes down into the earth?")(NIV)

그런데 여기에 중요한 사실이 숨어 있다. 예수님이 죽었다는 것을 확인하는 것이다. 그게 바로 「요한복음」 19장 31절~37절에 기록되어 있는데, 군병들이 가서 예수와 함께 못 박힌 첫째 사람과 또 그 다른 사람의 다리를 꺾고, 예수님께 이르러서는 이미 죽은 것을 보고 다리를 꺾지 아니하고, 그 중 한 군병이 창으로 옆구리를 찌르니 곧 피와 물이 나온다. 이 일이 일어난 것은 '그 뼈가 하나도 꺾이우지 아니하리라(Not one of his bones will be broken)'한 구약 성경(「출애굽기」, 「민수기」, 「시편」, 「스가랴」)과 '저희가 그 찌른 자를 보리라(They will look on the one they have pierced)' 한 「요한계시록」의 구절을 이루고 또 이루려고 한 것이다.

「요한복음」 19:31 - 이 날은 예비일이라 유대인들은 그 안식일이 큰 날이므로 그 안식일에 시체들을 십자가에 두지 아니하려 하여 빌라도에게 그들의 다리를 꺾어 시체를 치워 달라 하니(Now it was the day of Preparation, and the next day was to be a special Sabbath. Because the Jews did not want the bodies left on the crosses during the Sabbath, they asked Pilate to have the legs broken and the bodies taken down.)(NIV)

19:32 - 군병들이 가서 예수와 함께 못 박힌 첫째 사람과 또 그 다른 사람의 다리를 꺾고(The soldiers therefore came and broke the legs of the first man who had been crucified with Jesus, and then those of the other.)

19:33 - 예수께 이르러는 이미 죽은 것을 보고 다리를 꺾지 아니하고(But when they came to Jesus and found that he was already dead, they did not break his legs.)

19:34 - 그 중 한 군병이 창으로 옆구리를 찌르니 곧 피와 물이 나오더라(Instead, one of the soldiers pierced Jesus' side with a spear, bringing a sudden flow of blood and water.)

19:35 - 이를 본 자가 증거하였으니 그 증거가 참이라 저가 자기의 말하는 것이 참인 줄 알고 너희로 믿게 하려 함이니라(The man who saw it has given testimony, and his testimony is true. He knows that he tells the truth, and he testifies so that you also may believe.)

19:36 - 이 일이 이룬 것은 그 뼈가 하나도 꺾이우지 아니하리라 한 성경을 응하게 하려 함이라(These things happened so that the scripture would be fulfilled: "Not one of his bones will be broken,")

19:37 - 또 다른 성경에 저희가 그 찌른 자를 보리라 하였느니라(and, as another scripture says, "They will look on the one they have pierced.")

「출애굽기」 12:46 - 한 집에서 먹되 그 고기를 조금도 집 밖으로 내지 말고 뼈도 꺾지 말찌며(“It must be eaten inside one house; take none of the meat outside the house. Do not break any of the bones.)(NIV)

「민수기」 9:12 - 아침까지 그것을 조금도 남겨 두지 말며 그 뼈를 하나도 꺾지 말아서 유월절 모든 율례대로 지킬 것이니라(They must not leave any of it till morning or break any of its bones. When they celebrate the Passover, they must follow all the regulations.)

「시편」 34:20 - 그 모든 뼈를 보호하심이여 그 중에 하나도 꺾이지 아니하도다(he protects all his bones, not one of them will be broken.)

「스가랴」 12:10 - 내가 다윗의 집과 예루살렘 거민에게 은총과 간구하는 심령을 부어 주리니 그들이 그 찌른 바 그를 바라보고 그를 위하여 애통하기를 독자를 위하여 애통하듯 하며 그를 위하여 통곡하기를 장자를 위하여 통곡하듯 하리로다(“And I will pour out on the house of David and the inhabitants of Jerusalem a spirit of grace and supplication. They will look on me, the one they have pierced, and they will mourn for him as one mourns for an only child, and grieve bitterly for him as one grieves for a firstborn son.)

그리고 차후 예수님의 재림시에도 예수님을 찌른 자들도 본다고 「요한계시록」에 기록되어 있다. 예수님을 찌른 군병이 죽어서 지옥에 갔을 지라도 지옥에 있는 죽은 자인 군병도 예수님이 오시는 것을 본다는 것이다. 어떻게 죽은 자들이 보고 찌른 자들이 보는지는 본권 1부 3장 3절의 3-5인 “죽은 자들이 예수님의 음성(코드)을 듣는다-텔리파시+THz 이상의 초음파”와 본권 3부 2장 6절의 6-4인 “번개처럼 임하다-각인이 그를 보겠고 찌른 자들도 보리라”에서 자세히 다룰 예정이다.

「요한계시록」 1:7 - 볼찌어다 구름을 타고 오시리라 각인의 눈이 그를 보겠고 그를 찌른 자들도 볼터이요 땅에 있는 모든 족속이 그를 인하여 애곡하리니 그러하리라 아멘(Look, he is coming with the clouds, and every eye will see him, even those who pierced him; and all the peoples of the earth will mourn because of him. So shall it be! Amen.(NIV)

2. 예수님의 살(생명의 빵)과 피(새 언약=생명의 물=구원)와 물(세례)

예수님이 죽으심으로 우리에게 영생을 할 수 있는 생명의 빵(떡)(Food/Bread of Life)과 생명의 물(Water of Life)을 이미 주셨다. 예수님은 하늘에서 내려온 산 떡(빵)(the living bread)이라고 말씀하셨다. 그것은 예수님이 우리를 위해 죽음으로써 이루어졌다. 즉 예수님의 살(몸)은 생명의 빵이요 피는 생명의 물이다. 이 살과 피를 먹고 마시는 자는 영생을 얻고 마지막 날에 예수님이 살리신다(부활)! 그것은 하나님 아버지와 예수님을 마음을 다하고 목숨을 다하고 뜻을 다하여 사랑하고(「마태복음」 22:37) 예수님의 말씀을 지키고 명심하며 실천하는 것이다(「요한계시록」 1:3, 22:7, 22:9).

「야고보서」 2:26 - 영혼 없는 몸이 죽은 것같이 행함이 없는 믿음은 죽은 것이니라(As the body without the spirit is dead, so faith without deeds is dead.)(NIV)

십자가에 못박혀 돌아가시기 전에 12제자들과의 마지막 만찬(The Lord's Supper)에서 예수님께서는 이렇게 말씀하셨다. 떡은 몸이요 피는 구원이라! 떡과 피는 바로 생명의 빵이요 물이요, 피는 바로 피의 언약, 즉 예수님의 새로운 언약[2], 즉 죄 사함은 구원이요 바로 영생을 보장하신 것이다.

「누가복음」 22:20 - 저녁 먹은 후에 잔도 이와 같이 하여 가라사대 이 잔은 내 피로 세우는 새 언약이니 곧 너희를 위하여 붓는 것이라(In the same way, after the supper he took the cup, saying, "This cup is the new covenant in my blood, which is poured out for you.)(NIV)

「고린도전서」 11:25 - 식후에 또한 이와 같이 잔을 가지시고 가라사대 이 잔은 내 피로 세운 새 언약이니 이것을 행하여 마실 때마다 나를 기념하라 하셨으니(In the same way, after supper he took the cup, saying, "This cup is the new covenant in my blood; do this, whenever you drink it, in remembrance of me.")

「마태복음」 26:26 - 저희가 먹을 때에 예수께서 떡을 가지사 축복하시고 떼어 제자들을 주시며 가라사대 받아 먹으라 이것이 내 몸이니라 하시고(While they were eating, Jesus took bread, gave thanks and broke it, and gave it to his disciples, saying, "Take and eat; this is my body.")(NIV)

26:27 - 또 잔을 가지사 사례하시고 저희에게 주시며 가라사대 너희가 다 이것을 마시라(Then he took the cup, gave thanks and offered it to them, saying, "Drink from it, all of you.)

26:28 - 이것은 죄 사함을 얻게 하려고 많은 사람을 위하여 흘리는 바 나의 피 곧 언약의 피니라(This is my blood of the covenant, which is poured out for many for the forgiveness of sins.)(NIV); For this

2 새로운 언약에 대해서는 『바이블 매트릭스』 5권 『성령으로 무장하신 예수님의 과학기술』의 1부 3장 3절인 "중보와 새 언약의 예수님, 예수님은 빛=진리=생명=길=부활"을 참조하라.

is my blood of the new testament, which is shed for many for the remission of sins.(KJV);

「요한복음」6:27 - 썩는 양식을 위하여 일하지 말고 영생하도록 있는 양식을 위하여 하라 이 양식은 인자가 너희에게 주리니 인자는 아버지 하나님의 인치신 자니라(Do not work for food that spoils, but for food that endures to eternal life, which the Son of Man will give you. On him God the Father has placed his seal of approval)(NIV)

6:48 - 내가 곧 생명의 떡이로라(I am the bread of life)

6:50 - 이는 하늘로서 내려오는 떡이니 사람으로 하여금 먹고 죽지 아니하게 하는 것이니라(But here is the bread that comes down from heaven, which a man may eat and not die.)

6:51 - 나는 하늘로서 내려온 산 떡이니 사람이 이 떡을 먹으면 영생하리라 나의 줄 떡은 곧 세상의 생명을 위한 내 살이로라 하시니라(I am the living bread that came down from heaven. If anyone eats of this bread, he will live forever. This bread is my flesh, which I will give for the life of the world)(NIV)

6:53 - 예수께서 이르시되 내가 진실로 진실로 너희에게 이르노니 인자의 살을 먹지 아니하고 인자의 피를 마시지 아니하면 너희 속에 생명이 없느니라(Jesus said to them, "I tell you the truth, unless you eat the flesh of the Son of Man and drink his blood, you have no life in you.)

6:54 - 내 살을 먹고 내 피를 마시는 자는 영생을 가졌고 마지막 날에 내가 그를 다시 살리리니(Whoever eats my flesh and drinks my blood has eternal life, and I will raise him up at the last day)

6:55 - 내 살은 참된 양식이요 내 피는 참된 음료로다(For my flesh is real food and my blood is real drink.)

6:56 - 내 살을 먹고 내 피를 마시는 자는 내 안에 거하고 나도 그 안에 거하나니(Whoever eats my flesh and drinks my blood remains in me, and I in him.)

6:57 - 살아계신 아버지께서 나를 보내시매 내가 아버지로 인하여 사는 것 같이 나를 먹는 그 사람도 나로 인하여 살리라(Just as the living Father sent me and I live because of the Father, so the one who feeds on me will live because of me.)

6:58 - 이것은 하늘로서 내려온 떡이니 조상들이 먹고도 죽은 그 것과 같지 아니하여 이 떡을 먹는 자는 영원히 살리라(This is the bread that came down from heaven. Your forefathers ate manna and died, but he who feeds on this bread will live forever.")

6:63 - 살리는 것은 영이니 육은 무익하니라 내가 너희에게 이른 말이 영이요 생명이라(The Spirit gives life; the flesh counts for nothing. The words I have spoken to you are spirit and they are life.)

예수님의 몸에서 피와 물이 나왔다. 물과 피가 나왔다는 것은 우리들과 마찬가지로 육체로 이 세상에 오셨다는 것을 의미한다. 이 때의 물은 아마도 깨끗함을 의미하는 것이다. 그래서 오늘날 예수님의 사후로부터 물로 세례를 주는 것이다.

「사도행전」 8:36 - 길 가다가 물 있는 곳에 이르러 내시가 말하되 보라 물이 있으니 내가 세례를 받음에 무슨 거리낌이 있느뇨(As they traveled along the road, they came to some water and the eunuch said, "Look, here is water. Why shouldn't I be baptized?")(NIV)

10:47 - 이에 베드로가 가로되 이 사람들이 우리와 같이 성령을 받았으니 누가 능히 물로 세례 줌을 금하리요 하고("Can anyone keep these people from being baptized with water? They have received the Holy Spirit just as we have.")

「요한1서」 1장에는 예수님이 물과 피가 인간의 육체로 오셨다는 것을 증거하는 이가 셋이니, 성령과 물과 피라고 기록하고 있으며, 또한 이 셋이 합하여 하나이다라고 기록하고 있다.

「요한1서」 1:6 - 이는 물과 피로 임하신 자니 곧 예수 그리스도시라 물로만 아니요 물과 피로 임하셨고(This is the one who came by water and blood--Jesus Christ. He did not come by water only, but by water and blood. And it is the Spirit who testifies, because the Spirit is the truth.)(NIV)

1:7 - 증거하는 이는 성령이시니 성령은 진리니라(For there are three that testify:)(NIV); For there are three that bear record in heaven, the Father, the Word, and the Holy Ghost: and these three are one.(KJV); So we have these three witnesses(1) - / (1)A few very late manuscripts add in heaven - the Father, the Word, and the Holy Spirit, and these three are one. And we have three witnesses on earth(New Living)

1:8 - 증거하는 이가 셋이니 성령과 물과 피라 또한 이 셋이 합하여 하나이니라(the Spirit, the water and the blood; and the three are in agreement.)

3. 예수님의 피=구원, 영의 구원=낙원, 살리는 생명을 주는 것은 영, 부활과 영생

예수님의 피는 결국 인간의 죄를 사하여 주셨다. 다시 말해 우리를 구원해 주신 것이다. 그렇다고 죽지 않는다는 것은 아니다. 이 땅에서는 선한 자나 악한 자나 모두 죽어야 한다. 죽어 몸은 썩어 없어져도 영혼(영)은 하늘로 올라간다. 문제는 여기에 있다. 하늘로 올라간 영혼이 구원을 얻었는가 못 얻었는가에 따라 에녹의 세 번째 하늘인 낙원과 지옥으로 갈리는 것 같다. 낙원의 추측은 본권 1장 4절인 "에녹/모세/엘리야는 어느 하늘나라로? 예수님만 하나님 아버지께 올라 얼굴을 보다"에서 유추한 것이다.

「전도서」 3:21 - 인생의 혼은 위로 올라가고 짐승의 혼은 아래 곧 땅으로 내려가는 줄을 누가 알랴(Who knows if the spirit of man rises upward and if the spirit of the animal goes down into the earth?")(NIV)

이미 소개한 『바이블 매트릭스』 1권 『우주창조의 비밀』의 3부 1장 5절의 "에녹의 10개의 하늘들"을 보면 세 번째 하늘이 낙원이다. 동시에 이곳에 반-낙원(불 못)의 지옥도 있다. 죽으면 인간의 영혼은 이곳으로 가는 것 같다. 이곳은 사전에 준비해놓은 곳이니, 낙원이나 지옥이나 우주복을 입을 필요가 없을 것이다. 하나님 아버지께서 장막(tent or dwelling)을 쳤기 때문이다. 그러나 지옥에는 불이 있다고 생각해보라. 죽고 싶어도 죽지 못하는 곳이 지옥이다.

암튼 영혼이 구원을 받아 낙원으로 가야 예수님께서 마지막 때에 첫째 부활과 영생을 주시는 것 같다. 그래서 예수님은 "살리는 것은 영이니 육은 무익하니라 내가 너희에게 이른 말이 영이요 생명이라"고 말씀하셨다. 여기서 육은 인간의 육체를 말하는 것으로 인간이 아무리 노력한들 영생할 수 없다는 뜻이다. 영이 살린다는 것은 생명을 주는 하나님 아버지의 영이란 뜻이다. 우리의 영혼도 하나님 아버지의 영에서 왔다(〈창세기 2:7). 이 때 영이란 하나님 아버지의 영혼을 의미하기도 하지만, 부활의 개념으로 접근하다면 하나님 아버지의 생명지식, 즉 생명과학기술을 의미한다고 했다.[3] 그것은 바로 부활과 휴거에 관한 방법, 즉 생명과학기술로 생명을 주신다는 뜻이다. 부활과 휴거를 통해 영생을 얻으려면 영혼이 구원(죄사함)을 받고 낙원에 이르러야 한다. 그 다음 영적인 몸으로 부활하거나 변형(휴거)되어야 함을 말하는 것이다. 이에 대한 자세한 과학적인 방법은 본권 1부 3장인 "부활/휴거(변형)의 상태와 신분, 부활/휴거의 방법, 예수님 재림시의 육체? 영적인 몸?"에서 다룰 예정이다.

「요한복음」 6:63 - 살리는 것은 영이니 육은 무익하니라 내가 너희에게 이른 말이 영이요 생명이라(The Spirit gives life; the flesh counts for nothing. The words I have spoken to you are spirit and they are life.)(NIV); It is the spirit that quickeneth; the flesh profiteth nothing: the words that I speak unto you, they are spirit, and they are life.(KJV); The Spirit alone gives eternal life. Human effort accomplishes nothing. And the very words I have spoken to you are spirit and life.(New Living); What gives life is God's Spirit; human power is of no use at all. The words I have spoken to you bring God's life-giving Spirit.(Good News)

예수님께서 다음과 같이 말씀하셨다. "이러하므로 전에 너희에게 말하기를 내 아버지께서 오게 하여 주지 아니하시면 누구든지 내게 올 수 없다 하였노라." 아무나 구원을 받고 낙원에 갈 수 없다. 반드시 하

---

3 자세한 내용은 『바이블 매트릭스』 5권 『성령으로 무장하신 예수님의 과학기술』의 1부 2장 1절의 "영(Spirit or Spirits)이란? 하나님 아버지의 지식=과학기술"을 참조하라.

나님 아버지께서 허락을 해야 구원을 받고 낙원에 갈 수 있으며 나중에 부활하거나 휴거되어 영적인 하늘의 몸으로 예수님께 올 수 있다는 뜻이다.

「요한복음」 6:65 - 또 가라사대 이러하므로 전에 너희에게 말하기를 내 아버지께서 오게 하여 주지 아니하시면 누구든지 내게 올 수 없다 하였노라 하시니라(He went on to say, "This is why I told you that no one can come to me unless the Father has enabled him."(NIV); And he said, Therefore said I unto you, that no man can come unto me, except it were given unto him of my Father.(KJV); Then he said, "That is why I said that people can't come to me unless the Father gives them to me."(New Living); And he added, "This is the very reason I told you that no people can come to me unless the Father makes it possible for them to do so."(New Living)

「고린도전서」 15장 45절에는 첫째 아담은 살아있는 인간의 육체였다. 첫째 아담은 930살에 죽었다. 그 영혼은 하늘로 올라 최소한 세 번째 하늘인 낙원에 이르렀을 것이다. 그리고 마지막 아담은 생명을 주는 영이되었다고 기록하고 있다. 생명의 영적인 몸으로 부활한다는 뜻이다.

「고린도전서」 15: 45 - 기록된 바 첫 사람 아담은 산 영이 되었다 함과 같이 마지막 아담은 살려 주는 영이 되었나니(So it is written: "The first man Adam became a living being"; the last Adam, a life-giving spirit.)(NIV); And so it is written, The first man Adam was made a living soul; the last Adam was made a quickening spirit.(KJV); The Scriptures tell us, "The first man, Adam, became a living person."(1) But the last Adam?that is, Christ?is a life-giving Spirit. / (1)Gen 2.7(New Living:; For the scripture says,

"The first man, Adam, was created a living being"; but the last Adam is the life-giving Spirit.(Good News)

또 한 가지 중요한 사실이 있다. 영혼은 절대 죽일 수 없다는 것이다. 그래서 죽어 영혼은 반드시 낙원에 이르러야 하지 지옥에 떨어지면 안된다. 지옥에 떨어진 자들은 첫째 부활인 영생의 부활에 참여하지 못하고(「요한계시록」 20:4~6), 둘째 부활인 심판의 부활에 참여하고(「요한계시록」 20:12~13), 불과 유황으로 타는 불못(lake of fire)에 던져진다. 이것이 둘째 사망(the second death)이다(「요한계시록」 20:15 & 21:8)

「마태복음」 10:28 - 몸은 죽여도 영혼은 능히 죽이지 못하는 자들을 두려워하지 말고 오직 몸과 영혼을 능히 지옥에 멸하시는 자를 두려워하라(Do not be afraid of those who kill the body but cannot kill the soul. Rather, be afraid of the One who can destroy both soul and body in hell.)(NIV)

영혼이 구원을 받아야 나중에 하나님 아버지의 영이 살려 영적인 하늘의 몸으로 부활하고 영생할 수 있음을 명심하자.

「사도행전」 2:27 - 이는 내 영혼을 음부에 버리지 아니하시며 주의 거룩한 자로 썩음을 당치 않게 하실 것임이로다(Because thou wilt not leave my soul in hell, neither wilt thou suffer thine Holy One to see corruption.)(KJV); For you will not leave my soul among the dead(1) or allow your Holy One to rot in the grave. / (1)Greek in Hades(New Living)

「사도행전」 7:59 - 저희가 돌로 스데반을 치니 스데반이 부르짖어 가로되 주 예수여 내 영혼을 받으시옵소서 하고(While they were stoning him, Stephen prayed, "Lord Jesus, receive my spirit.")(NIV); And they stoned Stephen, calling upon God, and saying, Lord Jesus, receive my spirit.(KJV)

「히브리서」 10:39 - 우리는 뒤로 물러가 침륜에 빠질 자가 아니요 오직 영혼을 구원함에 이르는 믿음을 가진 자니라(But we are not of them who draw back unto perdition; but of them that believe to the saving of the soul.)(KJV); But we are not like those who turn away from God to their own destruction. We are the faithful ones, whose souls will be saved. (New Living)

「베드로전서」 1:9 - 믿음의 결국 곧 영혼의 구원을 받음이라 (Receiving the end of your faith, even the salvation of your souls.)(KJV)

「베드로전서」 4:19 - 그러므로 하나님의 뜻대로 고난을 받는 자들은 또한 선을 행하는 가운데 그 영혼을 미쁘신 조물주께 부탁할찌어다(Wherefore let them that suffer according to the will of God commit the keeping of their souls to him in well doing, as unto a faithful Creator.(KJV)

구원을 받은 영혼들은 첫째 부활에 참여하게 되고, 천년 왕국에 참여하게 되며, 그 이후에 '새 하늘과 새 땅에 건설될 새 예루살렘(The New Jaeusalem)과 만국들(the nations)'에 들어가 영생하게 된다(「요한계시록」 21장~22장).

「요한계시록」 20:4 - 또 내가 보좌들을 보니 거기 앉은 자들이 있어 심판하는 권세를 받았더라 또 내가 보니 예수의 증거와 하나님의 말씀을 인하여 목 베임을 받은 자의 영혼들과 또 짐승과 그의 우상에게 경배하지도 아니하고 이마와 손에 그의 표를 받지도 아니한 자들이 살아서 그리스도로 더불어 천 년 동안 왕 노릇 하니(I saw thrones on which were seated those who had been given authority to judge. And I saw the souls of those who had been beheaded because of their testimony for Jesus and because of the word of God. They had not worshiped the beast or his image and had not received his mark on their foreheads or their hands. They came to life and reigned with Christ a thousand years.)

20:5 - (그 나머지 죽은 자들은 그 천년이 차기까지 살지 못하더라) 이는 첫째 부활이라((The rest of the dead did not come to life until the thousand years were ended.) This is the first resurrection.)

20:6 - 이 첫째 부활에 참예하는 자들은 복이 있고 거룩하도다 둘째 사망이 그들을 다스리는 권세가 없고 도리어 그들이 하나님과 그리스도의 제사장이 되어 천 년 동안 그리스도로 더불어 왕 노릇 하리라(Blessed and holy are those who have part in the first resurrection. The second death has no power over them, but they will be priests of God and of Christ and will reign with him for a thousand years.)

4. 나를 기념하라 – 성체배령/성찬식의 빵과 포도주, 참여 방법과 기준

성찬식(聖餐式, Communio, Abendmahl)이라는 것이 있다. 이것은 예수 그리스도께서 최후의 만찬 때에 제자들에게 자신을 기념하기 위해 이와 같은 만찬을 계속해서 행하도록 명했던 것에서 유래한다(「누가복음」 22:19~20; 「고린도전서」 11:23~29). 그것은 성별된 빵과 포도주를 받는 것으로, 빵은 그리스도의 몸(살)을 포도주는 예수님께서 흘린 피를 의미하는 까닭에, 그것을 먹고 마시는 것은 그리스도와 피와 살을 같이 하는 것, 그리고 떡을 먹으며 이 잔을 마실 때마다 예수님의 죽으심을 다시 오실 때(재림)까지 간직하고 증거 전하는 것으로, 가톨릭의 성체배령(聖體拜領, 영성체, 성체성사, Holy Communion, Eucharist)이요 개신교의 성찬식을 의미하는 것이다.

「누가복음」 22:19 - 또 떡을 가져 사례하시고 떼어 저희에게 주시며 가라사대 이것은 너희를 위하여 주는 내 몸이라 너희가 이를 행하여 나를 기념하라 하시고(And he took bread, gave thanks and broke it, and gave it to them, saying, "This is my body given for you; do this in remembrance of me."(NIV)

22:20 - 저녁 먹은 후에 잔도 이와 같이 하여 가라사대 이 잔은 내 피로 세우는 새 언약이니 곧 너희를 위하여 붓는 것이라(In the same way, after the supper he took the cup, saying, "This cup is the new covenant in my blood, which is poured out for you.)

「고린도전서」 11:23 - 내가 너희에게 전한 것은 주께 받은 것이니 곧 주 예수께서 잡히시던 밤에 떡을 가지사(For I received from the Lord what I also passed on to you: The Lord Jesus, on the night he was betrayed, took bread,)(NIV)

11:24 - 축사하시고 떼어 가라사대 이것은 너희를 위하는 내 몸이니 이것을 행하여 나를 기념하라 하시고(and when he had given thanks, he broke it and said, "This is my body, which is for you; do this in remembrance of me.")

11:25 - 식후에 또한 이와 같이 잔을 가지시고 가라사대 이 잔은 내 피로 세운 새 언약이니 이것을 행하여 마실 때마다 나를 기념하라 하셨으니(In the same way, after supper he took the cup, saying, "This cup is the new covenant in my blood; do this, whenever you drink it, in remembrance of me.")

11:26 - 너희가 이 떡을 먹으며 이 잔을 마실 때마다 주의 죽으심을 오실 때까지 전하는 것이니라(For whenever you eat this bread and drink this cup, you proclaim the Lord's death until he comes.)

그런데 성체배령이나 성찬식에 참여하는 기준이 있다. 빵과 포도주가 예수님의 몸이라는 것을 인지하지 못하고 먹고 마시면 안 된다는 것이다. 예수님의 몸이라는 사실을 알지 못하고 먹고 마시면 오히려 자기의 죄를 먹고 마시는 꼴이 된다는 것이다. 또한 합당한 방법의 의식이나 몸 가짐의 예의로 먹고 마셔야지 합당치 않게 먹고 마시는 자는 죄를 짓는다는 것이다.

「고린도전서」 11:27 - 그러므로 누구든지 주의 떡이나 잔을 합당치 않게 먹고 마시는 자는 주의 몸과 피를 범하는 죄가 있느니라(Therefore, whoever eats the bread or drinks the cup of the Lord in an unworthy manner will be guilty of sinning against the body and blood of the Lord.)(NIV)

11:28 - 사람이 자기를 살피고 그 후에야 이 떡을 먹고 이 잔을 마실찌니(A man ought to examine himself before he eats of the bread and drinks of the cup.)

11:29 - 주의 몸을 분변치 못하고 먹고 마시는 자는 자기의 죄를 먹고 마시는 것이니라(For anyone who eats and drinks without recognizing the body of the Lord eats and drinks judgment on himself.)

「고린도전서」 10:16 - 우리가 축복하는 바 축복의 잔은 그리스도의 피에 참예함이 아니며 우리가 떼는 떡은 그리스도의 몸에 참예함이 아니냐(Is not the cup of thanksgiving for which we give thanks a participation in the blood of Christ? And is not the bread that we break a participation in the body of Christ?)(NIV)

10:17 - 떡이 하나요 많은 우리가 한 몸이니 이는 우리가 다 한 떡에 참예함이라(Because there is one loaf, we, who are many, are one body, for we all partake of the one loaf.)

2절 3일 만에 육체로 부활 하신 후 40일간을 제자들과 함께 지내며 가르치시다

1. 부활하실 때 하나님들/천사들이 돕다[4]

예수님의 시체는 무덤에 장사되어지고(The Burial of Jesus), 파수꾼들이 무덤을 지킨다(The Guard at the Tomb). 그 다음 장사된 지 3일 만에 부활(The Resurrection), 즉 살아나신다. 예수님이 부활하실 때에도 하나님들과 천사들이 도왔다.

우선 「마태복음」을 보면 안식일[5] 다음 날인 주의 첫째 날이 되려는 일요일 해 돋을 시간에 막달라 마리아[6]와 다른 마리아가 무덤을 보려

---

4 본절은 『바이블 매트릭스』 5권 『성령으로 무장하신 예수님의 과학기술』의 1부 3장인 "하나님들/천사들과 함께 오셨던 예수님의 능력/역할/죽음/부활/영생"의 2절인 "하나님들과 천사들과 함께 오신 예수님 하나님"에서 따온 것으로, 기타 예수님의 탄생, 빌라도의 재판, 안식일 등에 대해서는 『바이블 매트릭스』 5권을 참조하라.

5 안식일(Sabbath) 또는 예비일(Preparation) - 금요일 해질 무렵부터 토요일 해질 무렵까지를 말한다. 유대 교회에서는 지금도 이렇게 안식일을 지킨다. 기독교 개신교에서는 안식일 대신 주일 곧 주님의 날(Lord's Day)을 안식일로 기념한다. 예수님이 로마제국[Roman Empire, 제정시대, BC 27~AD 476(서로마제국), 1453(동로마제국/비잔티움제국)]의 디베료 황제(Tiberius Caesar, Tiberius Julius Caesar Augustus, 통치 AD 15~AD 37)가 임명한 유대의 총독(Prefect or Governor)인 본디오 빌라도(Pontius Pilate, 통치 AD 26~36)에게(누가복음 3:1) 재판 받던 AD 33년의 재판은, 실제로 AD 27(B)년의 목요일 오후부터 저녁에 있었고, 십자가에 못 박히신 후 목요일 9시 정도에 돌아가시고, 금요일 아침에 무덤에 장사되셨다(「마태복음」 27:45-62; 「마가복음」 15:33~47; 「누가복음」 23:44~56). 따라서 금요일에 장사된 지 사흘 후, 즉 일요일 아침(미명, at dawn)에 부활하셨기에(「마태복음」 28:1, 「마가복음」 16:1; 「누가복음」 24:1; 「요한복음」 20:1) 예수님의 부활을 기념하기 위해 초대 교인들이 주일 아침에 모여 예배를 드렸다.

고 왔더니, 예수님의 천사가 하늘로서 내려와 돌을 굴려내고 그 위에 앉아있는 것을 본다. '그 형상이 번개 같고 그 옷은 눈같이 희거늘'이란 천사가 상당히 빠른 날개 달린 우주복을 입었다는 뜻이다. '흰 옷'이나 '찬란한 옷'은 우주복을 말하는 것이다. 하늘에서 내려올 때 우주복에서 내 뿜는 굉장한 폭발음과 연소가스 때문에 땅이 흔들렸다는 것을 '큰 지진이 나며'라고 기록하고 있다. 여기서 중요한 것은 천사들도 우주복을 입고 날아 다닌다는 것이며(천사들도 생명을 가졌기 때문에 우주복을 착용해야 함), 예수님을 항상 그림자처럼 따라 다니며 돌보고 있다는 것을 알 수 있다. 「마태복음」에는 한 명의 예수님의 천사라고 기록하고 있고, 「요한복음」에는 두 명의 천사라고 기록하고 있으며, 「누가복음」에는 '두 사람'이라고 표현하고 있는데, 이는 천사들이 아니라 하나님들이라고 해석할 수도 있다.

「마태복음」 28:1 - 안식일이 다하여 가고 안식 후 첫날이 되려는

---

6 마리아(Mary)라는 이름은 신약에 5명이 등장한다. 첫째는 막달라 마리아(Mary Magdalene)이다(「누가복음」 24:10, 「마태복음」 27:56, 「마가복음」 15:40). 예수님은 안식 후 첫날 이른 아침, 즉 일요일 아침에 부활하신 후 전에 일곱 귀신을 쫓아내어 주신 막달라 마리아에게 먼저 보이셨다(「마가복음」 16:9, 「누가복음」 8:2, 「요한복음」 20:15 & 18). 이런 관점에서 어머니인 성모 마리아보다 막달라 마리아를 사랑했다고 생각할 수 있으나, 막달라 마리아는 전에 귀신이 붙었던 불쌍한 여자라는 점을 이해하면 예수님의 마음을 이해할 수 있으리라. 둘째는 예수님을 낳으신 성모 마리아(Mary)이다(「마태복음」 13:55, 「마가복음」 6:3). 어머니인 마리아도 예수님이 십자가에 죽는 모습을 지켜보고 무덤을 지키신 분이며 무덤에 향품을 뿌리려고 준비하신 분이시다(「마가복음」 16:1). 아들이 처형당하는데 가만히 있을 어머니가 있겠는가? 셋째 마리아는 예수님의 12제자 중 아홉 번째 제자인 작은 야보고(James the Less, James the Younger)의 어머니이다(「마가복음」 15:40 & 16:1). 넷째는 마르다(Martha)의 동생인 마리아이다(「누가복음」 10:39). 그녀들의 죽었던 동생 나사로(Lazarus)를 예수님이 살리셨다(「요한복음」 11:1-44). 이분 마리아는 예수님께 향유를 붓고 자기 머리털로 예수님의 발을 씻기신 분이시다(「요한복음」 11:2 & 12:3). 다섯째 마리아는 글로바(Clopas/Cleophas)의 아내인 마리아라고 기록된 것을 보면, 이 것은 예수님 가족으로 예수님의 친동생 마리아가 아닌가 생각한다(「요한복음」 19:25). 이들 마리아들은 모두 한결같이 예수님을 사랑했다. 이 밖에도 많은 여인이 등장한다. 살로메(Salome)가 등장하고(「마가복음」 16:1), 요안나(Joanna)와 수산나(Susanna)도 등장한다(「누가복음」 8:3).

미명에 막달라 마리아와 다른 마리아가 무덤을 보려고 왔더니(After the Sabbath, at dawn on the first day of the week, Mary Magdalene and the other Mary went to look at the tomb.)(NIV)

2 - 큰 지진이 나며 주의 천사가 하늘로서 내려와 돌을 굴려 내고 그 위에 앉았는데(There was a violent earthquake, for an angel of the Lord came down from heaven and, going to the tomb, rolled back the stone and sat on it.)

3 - 그 형상이 번개 같고 그 옷은 눈같이 희거늘(His appearance was like lightning, and his clothes were white as snow.)

4 - 수직하던 자들이 저를 무서워하여 떨며 죽은 사람과 같이 되었더라(The guards were so afraid of him that they shook and became like dead men.)

5 - 천사가 여자들에게 일러 가로되 너희는 무서워 말라 십자가에 못 박히신 예수를 너희가 찾는 줄을 내가 아노라(The angel said to the women, "Do not be afraid, for I know that you are looking for Jesus, who was crucified.)

6 - 그가 여기 계시지 않고 그의 말씀하시던 대로 살아나셨느니라 와서 그의 누우셨던 곳을 보라(He is not here; he has risen, just as he said. Come and see the place where he lay.)

7 - 또 빨리 가서 그의 제자들에게 이르되 그가 죽은 자 가운데서 살아나셨고 너희보다 먼저 갈릴리로 가시나니 거기서 너희가 뵈오리라 하라 보라 내가 너희에게 일렀느니라 하거늘(Then go quickly and tell his disciples: 'He has risen from the dead and is going ahead of you into Galilee. There you will see him.' Now I have told you.")

「누가복음」 24:4 - 이를 인하여 근심할 때에 문득 찬란한 옷을 입은 두 사람이 곁에 섰는지라(While they were wondering about this, suddenly two men in clothes that gleamed like lightning stood beside them.)

「요한복음」 20:12 - 흰 옷 입은 두 천사가 예수의 시체 뉘었던 곳에 하나는 머리 편에, 하나는 발 편에 앉았더라(and saw two angels in white, seated where Jesus' body had been, one at the head and the other at the foot.)

2. 3일 만에 육체(몸)로 부활하시어 제자들과 500여 형제들에게 보이시다

예수님은 일요일날 이른 아침에 다시 이 땅에 인간의 육체로 부활하시어 도마(Thomas, Didymus)를 제외한(「요한복음」 20:24) 열 한 제자에게 나타나신다(Jesus Appears to the Disciples). 제자들은 놀라고 무서워하며 예수님을 영(a ghost, a spirit)으로 생각할 때에, 예수님은 직접 손과 발을 보이시며 만져보라고 말씀하신다. 영은 살(육, flesh)과 뼈(bones)가 없으나 육체는 살과 뼈가 있다는 것을 제자들에게 보이시고 제자들 앞에서 직접 생선 한 토막을 잡수신다.

「누가복음」 24:37 - 저희가 놀라고 무서워하여 그 보는 것을 영으로 생각하는지라(They were startled and frightened, thinking they saw a ghost(NIV); But they were terrified and affrighted, and supposed that they had seen a spirit(KJV)

38 - 예수께서 가라사대 어찌하여 두려워하며 어찌하여 마음에 의심이 일어나느냐(He said to them, "Why are you troubled, and why do doubts rise in your minds?)

39 - 내 손과 발을 보고 나인 줄 알라 또 나를 만져 보라 영은 살과 뼈가 없으되 너희 보는 바와 같이 나는 있느니라(Look at my hands and my feet. It is I myself! Touch me and see; a ghost does not have flesh and bones, as you see I have.")

40 - 이 말씀을 하시고 손과 발을 보이시나(When he had said this, he showed them his hands and feet.)

41 - 저희가 너무 기쁘므로 오히려 믿지 못하고 기이히 여길 때에 이르시되 여기 무슨 먹을 것이 있느냐 하시니(And while they still did not believe it because of joy and amazement, he asked them, "Do you have anything here to eat?")

42 - 이에 구운 생선 한 토막을 드리매(They gave him a piece of broiled fish,)

43 - 받으사 그 앞에서 잡수시더라(and he took it and ate it in their presence.)

나중에 도마를 비롯한 12제자에게 나타나실 뿐만 아니라(「요한복음」 20:24~29), 그 후에 오백여 형제(brothers)에게 동시에 나타나신다. 어떻게 500명 이상에게 동시에 나타나셨을까? 지금 같으면 TV라고 생각하면 되겠지만, 그 당시에는 TV가 없었다. 그렇다면 지금의 과학기술로 홀로그래피(Holography)를 이용해 동시에 보이셨을까? 항상 예수님을 시중드는 우주복을 입은 하나님들이나 천사들이 있었다는 것을 고려하면 이러한 추측도 가능할 것이다.[7]

---

7 자세한 내용은 『바이블 매트릭스』 5권 『성령으로 무장하신 예수님의 과학기술』의 2부 12장 7절의 "예수님이 부활 후에 오백여 형제에게 일시에 보이시다(홀로그래픽+@)(38th)"를 참조하라.

「고린도전서」 15:4 - 장사지낸 바 되었다가 성경대로 사흘 만에 다시 살아나사(that he was buried, that he was raised on the third day according to the Scriptures,)(NIV)

15:5 - 게바에게 보이시고 후에 열두 제자에게와(and that he appeared to Peter, and then to the Twelve.)

15:6 - 그 후에 오백여 형제에게 일시에 보이셨나니 그 중에 지금까지 태반이나 살아 있고 어떤 이는 잠들었으며(After that, he appeared to more than five hundred of the brothers at the same time, most of whom are still living, though some have fallen asleep.)

3. 부활하신 후 40일 동안 12제자들과 함께 지내며 잡수시고 가르치시다

예수님께서 육체로 부활하신 후 변형으로 승천하시기까지 40일 동안 이 땅에 머물면서 12제자들과 함께 지내며 잡수시고 가르치셨다. 예수님은 12제자들에게 확실한 많은 증거로 친히 사심을 나타내시고, 하나님 나라의 일을 가르치셨다(「사도행전」 1:3). 공교롭게도 이 땅에 오셔서 40일 동안 광야에서 사단/마귀의 시험을 받은 일수와 같다.

「사도행전」 1:3 - 해받으신 후에 또한 저희에게 확실한 많은 증거로 친히 사심을 나타내사 사십 일 동안 저희에게 보이시며 하나님 나라의 일을 말씀하시니라(After his suffering, he showed himself to these men and gave many convincing proofs that he was alive. He appeared to them over a period of forty days and spoke about the kingdom of God.)(NIV)

1:4 - 사도와 같이 모이사 저희에게 분부하여 가라사대 예루살렘을 떠나지 말고 내게 들은 바 아버지의 약속하신 것을 기다리라(On one occasion, while he was eating with them, he gave them this command: "Do not leave Jerusalem, but wait for the gift my Father promised, which you have heard me speak about.)

1:5 - 요한은 물로 세례를 베풀었으나 너희는 몇 날이 못되어 성령으로 세례를 받으리라 하셨느니라(For John baptized with water, but in a few days you will be baptized with the Holy Spirit.")

3절 3일간의 지옥강림→죽은 자들에게도 복음을 전파하시다

그런데 예수님께서 죽어 장사되신 지 3일 만에 부활하신 것은 확실한 진실인데, 그럼 무덤에 장사되시고 부활하시기 전에, 3일간 어디를 다녀 오셨는가라는 점이다. 왜냐하면 「사도신경(The Apostles' Creed)」에는 예수님께서 못박혀 죽으시고(was crucified and dead), 장사되어(buried), 부활하시기 전에 "예수님께서 지옥으로 내려가셨다(Jesus decended into hell)"라고 기록하고 있기 때문이다. 이는 라틴어인 'descendit ad inferna'를 번역한 것인데, '죽은 영의 처소'나 '지옥'으로 번역될 수 있기 때문이다. 따라서 이는 오랜 기간 필자를 괴롭혀 왔다.

아마도 예수님께서 3일 동안 지옥까지 가셔서 복음을 전파하지 않았나 생각한다. 왜냐하면 예수님이 이 땅에 오셔서 구약과는 다른 새로운 복음을 전파하시고, 십자가에 못 박혀 죽으심으로 새로운 언약을 주셨기 때문에, 예수님이 오시기 전에 죽은 자들은 새로운 언약을 못 듣고 죽었기 때문이다.

1. 낙원과 지옥, 예수님 십자가 – 좌우편의 두 죄인, 우편은 낙원, 좌편은 지옥

죽은 자들이 가는 곳은 두 군데가 아닌가 생각한다. 하나는 세 번째 하늘에 있는 낙원(paradise)이요 다른 하나는 같은 세 번째 하늘에 있는 지옥(hell)이다. 의로운 일을 한 자들이 죽으면 낙원엘 가지만 불의의 악한 일을 행한 자들은 지옥으로 간다. 낙원과 지옥이 어디에 있는지는 확실하게 과학적으로 밝혀지진 않았지만, 이미 『바이블 매트릭스』 1권 『우주창조의 비밀』의 3부 1장 5절의 "에녹(Enoch)의 10개의 하늘들"에서 세 번째 하늘에 낙원과 반-낙원(불 못)이 있다고 소개한 바 있다.

「누가복음」 23장 43절에는 예수님이 십자가에 못 박히셨을 때 좌우에 두 죄인들(both criminals)도 함께 십자가에 매달리는 상황이 나온다. 이 때 십자가에 달린 죄인들 중 하나는—분명 좌편에 매달린 죄인—예수님을 비방하여 가로되 "네가 그리스도가 아니냐 너와 우리를 구원하라 하되", 하나는—우편에 매달린 죄인—그 사람을 꾸짖어 가로되 "네가 동일한 정죄를 받고서도(you are under the same sentence?) 하나님을 두려워 아니하느냐", "우리는 우리의 행한 일에 상당한 보응을 받는 것이니 이에 당연하거니와 이 사람의 행한 것은 옳지 않은 것이 없느니라" 하고, 가로되 "예수여 당신의 나라에 임하실 때에 나를 생각하소서 하니", 예수님은 다음과 같이 대답하셨다. "오늘 네가 나와 함께 낙원에 있으리라." 이것으로 보아 좌편 죄인의 영혼은 죽어 바로 지옥으로 갔고, 우편 죄인의 영혼은 구원을 받아 낙원으로 간 것이 분명하다. 또한 '오늘'이라는 시간의 정황으로 보아 예수님께서 죽으신 후 우편 죄인의 영혼을 낙원에 데려다 주고, 예수님은 지옥으로 복음을 전파하시러 가신 것이 분명하다.

「누가복음」 23:43 - 예수께서 이르시되 내가 진실로 네게 이르노니 오늘 네가 나와 함께 낙원에 있으리라 하시니라(Jesus answered him, "I tell you the truth, today you will be with me in paradise)"(NIV)

2. 부자와 나사로 – 부자는 지옥으로 나사로는 낙원의 아브라함 품으로

「누가복음」 16장 19절~31절에는 그 유명한 부자와 나사로(The Rich Man and Lazarus)의 이야기가 나온다. 한 부자가 있어 자색 옷과 고운 베옷을 입고 날마다 호화로이 연락하는데, 나사로라 이름한 한 거지가 헌데(염증, sores)를 앓으며, 그 부자의 대문에 누워, 부자의 상에서 떨어지는 것으로 배불리려 하매, 심지어 개들이 와서 그 헌데를 핥았다. 이에 그 거지가 죽어 천사들에게 받들려 아브라함의 품(bosom, side)에 들어가고, 다시 말해 낙원으로 들려가고, 부자도 죽어 장사되어 그 영혼은 지옥엘 가게된다.

부자가 지옥에서 고통(torment) 중에 눈을 들어 멀리 아브라함과 그의 품에 있는 나사로를 보고, 불러 가로되 "아버지 아브라함이여 나를 긍휼(pity on me)히 여기사 나사로를 보내어, 그 손가락 끝에 물을 찍어 내 혀를 서늘하게 하소서(the tip of his finger in water and cool my tongue), 내가 이 불꽃 가운데서 고민하나이다(because I am in agony in this fire)"라고 말한다. 이에 아브라함이 가로되, "얘 너는 살았을 때에 네 좋은 것을 받았고 나사로는 고난을 받았으니, 이것을 기억하라, 이제 나사로는 여기서 위로를 받고 너는 고민을 받느니라, 이뿐 아니라 너희와 우리 사이에 큰 구렁(캐즘, Chasm=단절)이 끼어 있어, 여기서 너희에게 건너가고자 하되 할 수 없고, 거기서 우리에게 건너올 수도 없게 하였느니라"라고 말한다. 이에 부자가 가로되, "그러면 구하노니 아버지여 나사로를 내 아버지의 집에 보내소서, 내 형제 다섯이 있으니 저희에게 증거하게 하여, 저희로 이 고통받는 곳에 오지 않게 하소서" 라고 말한다. 이에 아브라함이 가로되 "저희에게 모세와 선지자들이 있으니 그들에게 들을찌니라"라고 말하니, 부자가 가로되 "그렇지 아니하니이다 아버지 아브라함이여, 만일 죽은 자에게서 저희에게 가는 자가 있으면 회개하리이다"라고 말하자, 아브라함이 가로되 "모세와 선지자들에게 듣지 아니하면, 비록 죽은 자 가운데서 살아나는 자가 있을찌라도 권함을 받지 아니하리라 하였다 하시니라"고 말한다.

지옥과 낙원의 시스템사이에는 단절(캐즘)이 있다는 것이다. 그래서 갈 수도 올 수도 없다는 것이다. 그러니 살아있는 형제들은 선지자들의 복음을 들어야 하고, 죽은 자들은 그저 불꽃 가운데 고통을 당해야 한다는 것이다. 이것은 예수님이 이 땅에 육체로 오셔서 하신 비유의 말씀이시다. 이것으로 보아 사람이 죽으면 낙원과 지옥으로 갈려 그 영혼들이 가는 것이 분명하다.

그리고 나사로가 아브라함의 품에 있는 것으로 보아 아브라함의 영혼도 낙원에 있음이 분명하다. 여기서 아브라함이 낙원의 시스템으로 부활했을 수도 있다고 생각되나, 「고린도전서」 15장 20절의 "그러나 이제 그리스도께서 죽은 자 가운데서 다시 살아 잠자는 자들의 첫 열매가 되셨도다(But Christ has indeed been raised from the dead, the firstfruits of those who have fallen asleep.(NIV)"라고 기록된 점으로 미루어 보아, 부활이 아니고 영혼의 존재로 낙원에 있다고 보아야 할 것이다. 이 땅에서 죽은 자 가운데 부활하신 분은 아직까지 예수님 밖에 없기 때문이다. 자세한 것은 본 권 다음 장인 3장의 "부활/휴거의 상태와 신분, 부활/휴거의 방법, 예수님 재림시의 육체? 영적인 몸?"을 참조하라.

3. 아브라함 전에 계신 예수님, 아브라함이 예수님의 일을 보고 즐거워하다 – 산 자들의 하나님, 천국(낙원)의 아브라함/이삭/야곱/선지자

「마태복음」 22장 29절~32절에는 부활 때의 결혼(Marriage at the Resurrection)에 대해 논쟁을 벌일 때에, 예수님께서 "너희가 성경도, 하나님의 능력도 알지 못하는 고로 오해하였도다. 부활 때에는 장가도 아니가고 시집도 아니가고 하늘에 있는 천사들과 같으니라, 죽은 자의 부활을 의논할찐대 하나님이 너희에게 말씀하신바, 나는 아브라함의 하나님이요 이삭의 하나님이요 야곱의 하나님이로라 하신 것을 읽어 보지 못하였느냐, 하나님은 죽은 자의 하나님이 아니요 산 자의 하나님이시니라"라고 말씀하셨다. 하나님에게 붙은 자들은 모두 살았다는 것으로, 아브라함-이삭-야곱은 이 땅에서 죽었으나 살아있다라고 기록된 것으로 보아, 그 영혼들이 낙원에 있음이 분명하다. 낙원도 하나님 아버지의 나라이기 때문이다.

「마태복음」 22:29 - 예수께서 대답하여 가라사대 너희가 성경도, 하나님의 능력도 알지 못하는 고로 오해하였도다(Jesus replied, "You are in error because you do not know the Scriptures or the power of God.(NIV)

22:30 - 부활 때에는 장가도 아니가고 시집도 아니가고 하늘에 있는 천사들과 같으니라(At the resurrection people will neither marry nor be given in marriage; they will be like the angels in heaven.)

22:31 - 죽은 자의 부활을 의논할찐대 하나님이 너희에게 말씀하신바(But about the resurrection of the dead--have you not read what God said to you,)_

22:32 - 나는 아브라함의 하나님이요 이삭의 하나님이요 야곱의 하나님이로라 하신 것을 읽어 보지 못하였느냐 하나님은 죽은 자

의 하나님이 아니요 산 자의 하나님이시니라 하시니('I am the God of Abraham, the God of Isaac, and the God of Jacob'? He is not the God of the dead but of the living.")(NIV).

「마가복음」 12:27 - 하나님은 죽은 자의 하나님이 아니요 산 자의 하나님이시라 너희가 크게 오해하였도다 하시니라(He is not the God of the dead, but of the living. You are badly mistaken!")

「누가복음」 20:38 - 하나님은 죽은 자의 하나님이 아니요 산 자의 하나님이시라 하나님에게는 모든 사람이 살았느니라 하시니(He is not the God of the dead, but of the living, for to him all are alive.")

「요한복음」 8장 51절~58절에는 예수님께서 유대인들과 예수님의 신분에 대해 논쟁하는 상황이 등장한다. 유대인들이 가로되 "지금 네가 귀신들린 줄을 아노라, 아브라함과 선지자들도 죽었거늘 네 말은 사람이 내 말을 지키면 죽음을 영원히 맛보지 아니하리라 하니, 너는 이미 죽은 우리 조상 아브라함보다 크냐 또 선지자들도 죽었거늘 너는 너를 누구라 하느냐"라고 묻는다. 이에 예수님께서 대답하시되 "내가 내게 영광을 돌리면 내 영광이 아무것도 아니어니와 내게 영광을 돌리시는 이는 내 아버지시니 곧 너희가 너희 하나님이라 칭하는 그이시라, 너희는 그를 알지 못하되, 나는 아노니, 만일 내가 알지 못한다 하면, 나도 너희 같이 거짓말장이가 되리라. 나는 그를 알고 또 그의 말씀을 지키노라"라고 하셨다.

그리고 계속해서 매우 중요한 말씀을 하셨다. "너희 조상 아브라함은 나의 때 볼 것을 즐거워하다가 보고 기뻐하였느니라." 예수님이 이 땅에 오셔서 할 일들과 재림시의 할 일들을 아브라함이 보고 즐거워했다는 것이다. 이에 유대인들이 "네가 아직 오십도 못되었는데 아브라함을 보았느냐?"라고 묻는다. 이에 예수님은 "진실로 진실로 너희에게 이르노니 아브라함이 나기 전부터 내가 있느니라"라고 대답하셨다. 예수님은 최고 높으신 하나님 아버지와 이 세상을 창조하셨다고 했다. 그러니 아브라함(Abram, Abraham, BC 2166~BC 1991)이 태어나기 까마득한 옛날에 예수님은 이미 존재하셨다는 것을 강조하신 것이다. 이 정황으로 미루어 보아 아브라함의 영혼은 낙원에 있음이 분명하다.

「요한복음」 8:56 - 너희 조상 아브라함은 나의 때 볼 것을 즐거워하다가 보고 기뻐하였느니라(Your father Abraham rejoiced at the thought of seeing my day; he saw it and was glad.")(NIV)

8:57 - 유대인들이 가로되 네가 아직 오십도 못되었는데 아브라함을 보았느냐("You are not yet fifty years old," the Jews said to him, "and you have seen Abraham!")

8:58 - 예수께서 가라사대 진실로 진실로 너희에게 이르노니 아브라함이 나기 전부터 내가 있느니라 하시니("I tell you the truth," Jesus answered, "before Abraham was born, I am!")

결정적인 구절이 있다. 「마태복음」 8장 5절~12절에는 예수님께서 백부장의 하인을 고치시는 장면이 등장한다. 예수님께서 백부장의 믿음을 보시고 "내가 진실로 너희에게 이르노니 이스라엘 중 아무에게서도 이만한 믿음을 만나 보지 못하였노라" 하시고 "또 너희에게 이르노니 동서로부터 많은 사람이 이르러 아브라함과 이삭과 야곱과 함께 천국에 앉으려니"라고 말씀하셨다. 동서남북으로부터란 이스라엘 자손뿐만 아니라 많은 이방의 의로운 자들이 천국(낙원)에 들어와 아브라함과 이삭과 야곱과 함께 향연자리에 앉는다는 것이다. 이는 많은 사람들이 죽어 낙원에 이른다는 것을 의미하는 것이다. 「누가복음」 13:28절에는 아브라함, 이삭, 야곱뿐만이 아니라 모든 선지자들까지 하나님 나라, 즉 낙원에 있는 것으로 기록되어 있다.

「마태복음」 8:11 - 또 너희에게 이르노니 동서로부터 많은 사람이 이르러 아브라함과 이삭과 야곱과 함께 천국에 앉으려니와(I say to you that many will come from the east and the west, and will take their places at the feast with Abraham, Isaac and Jacob in the kingdom of heaven)(NIV)

「누가복음」 13:28 - 너희가 아브라함과 이삭과 야곱과 모든 선지자는 하나님 나라에 있고 오직 너희는 밖에 쫓겨난 것을 볼 때에 거기서 슬피 울며 이를 갊이 있으리라("There will be weeping there, and gnashing of teeth, when you see Abraham, Isaac and Jacob and all the prophets in the kingdom of God, but you yourselves thrown out.)

13:29 - 사람들이 동서 남북으로부터 와서 하나님의 나라 잔치에 참석하리니(People will come from east and west and north and south, and will take their places at the feast in the kingdom of God.)

4. 예수님의 지옥강림 – 죽은 자들에게도 복음을 전파하시다

예수님께서 육체로는 죽임을 당하셨지만 영(spirit)으로는 살리심을 받아 영으로 지옥에도 가셔서 지옥에 있는 영들에게 복음을 전파하셨다는 성경 구절이 나온다. 바로 「베드로전서」 3:18~19절이다. 이는 예수님의 새로운 언약을 못 듣고 죽은 자들을 위한 것이 분명하다. 그들이 지옥에 있다 해도 예수님은 죄인을 부르러 오셨기 때문에 지옥에도 가신 것이 분명하다.

「베드로전서」 3:18 - 그리스도께서도 한 번 죄를 위하여 죽으사 의인으로서 불의한 자를 대신하셨으니 이는 우리를 하나님 앞으로 인도하려 하심이라 육체로는 죽임을 당하시고 영으로는 살리심을 받으셨으니(For Christ died for sins once for all, the righteous for the unrighteous, to bring you to God. He was put to death in the body but made alive by the Spirit,)(NIV); Christ suffered(1) for our sins once for all time. He never sinned, but he died for sinners to bring you safely home to God. He suffered physical death, but he was raised to life in the Spirit(2). / (1)Some manuscripts read died (2)Or in spirit(New Living)

3:19- 저가 또한 영으로 옥에 있는 영들에게 전파하시니라(through whom also he went and preached to the spirits in prison(NIV); and in his spiritual existence he went and preached to the imprisoned spirits.(Good News)

「마태복음」 9:13 - 너희는 가서 내가 긍휼을 원하고 제사를 원치 아니하노라 하신 뜻이 무엇인지 배우라 내가 의인을 부르러 온 것이 아니요 죄인을 부르러 왔노라 하시니라(But go and learn what this means: 'I desire mercy, not sacrifice.' For I have not come to call the righteous, but sinners.")(NIV)

「마가복음」 2:17 - 예수께서 들으시고 저희에게 이르시되 건강한 자에게는 의원이 쓸데없고 병든 자에게라야 쓸데 있느니라 내가 의인을 부르러 온 것이 아니요 죄인을 부르러 왔노라 하시니라(On hearing this, Jesus said to them, "It is not the healthy who need a doctor, but the sick. I have not come to call the righteous, but sinners.")

「누가복음」 5:32 - 내가 의인을 부르러 온 것이 아니요 죄인을 불러 회개시키러 왔노라(I have not come to call the righteous, but sinners to repentance.")

「베드로전서」 4장 6절에는 죽은 자들에게도 복음이 전파되었으니 "이는 육체로는 사람처럼 심판을 받으나, 영으로는 하나님처럼 살게 하려 함이니라"라고 기록되어 있다. 육체로는 사람처럼 심판을 받는다는 것은 죄를 지어 인간은 다 죽는다는 것을 의미하는 것이다. 예수님께서 죄인들을 부르러 오신 것처럼, 지옥에도 가셔서 죄인의 영들을 불러 회개하면, 영으로는 하나님 나라, 즉 낙원에서 살게 한다는 의미로 해석할 수도 있을 것이다.

「베드로전서」 4:6 - 이를 위하여 죽은 자들에게도 복음이 전파되었으니 이는 육체로는 사람처럼 심판을 받으나 영으로는 하나님처럼 살게 하려 함이니라(For this is the reason the gospel was preached even to those who are now dead, so that they might be judged according to men in regard to the body, but live according to God in regard to the spirit.)(NIV)

5. 낙원을 먼저 들러 선물을, 그 다음 지옥을 방문하신 예수님

예수님께서 십자가에 못 박혀 죽으신 후 부활하시기 전의 3일 동안 영으로 낙원을 먼저 방문하시고 그 다음 지옥을 방문하셨다라는 가정을 100%는 아니지만, 어느 정도 뒷받침하는 성경구절이 있다. 바로 「에베소서」 4장 8절과 9절의 내용이다. 그러나 여기서 말하는 올라가실 때(When he ascended)란 예수님께서 부활하신 후 승천하심을 말하는 것이고, 내리셨던 때란 예수님의 죽음을 의미하는 것으로, 죽음이 먼저이고 승천이 다음이라는 의미이다. 4장 9절은 「시편」 68장 18절을 인용한 것인데, 여기서는 여호와께서 사로잡은 자를 자기의 기차(train), 즉 여호와와 함께 하늘로 오르실 때에 인간들에게서 선물을 받았다는다는 내용이지만, 「에베소서」는 그 반대로 예수님께서 선물을 준다는 내용이다.

앞서 예수님 십자가의 우편에 있던 죄인에게 "예수께서 이르시되 내가 진실로 네게 이르노니 오늘 네가 나와 함께 낙원에 있으리라 하시니라(Jesus answered him, "I tell you the truth, today you will be with me in paradise)"라는 말씀을(「누가복음」 23:43, NIV) 고려한다면, 낙원을 먼저 방문하시고 지옥을 방문하신 것이 아닌가 생각한다. "그가 위로 올라가실 때에 사로잡힌 자를 사로잡고 사람들에게 선물을 주셨다"라고 한 것으로 보아, 십자가 우편에 있던 죄인은 죽어서 예수님이 그 영혼을 예수님의 기차에 태워 낙원이라는 선물을 준 것으로 해석할 수도 있다.

「에베소서」 4: 8 - 그러므로 이르기를 그가 위로 올라가실 때에 사로잡힌 자를 사로잡고 사람들에게 선물을 주셨다 하였도다(This is why it says: "When he ascended on high, he led captives in his train and gave gifts to men.")(NIV); That is why the Scriptures say, "When he ascended to the heights, he led a crowd of captives and gave gifts to his people."(1) / (1) Ps 68.18(New Living); As the scripture says, "When he went up to the very heights, he took many captives with him; he gave gifts to people."(Good News).

4:9 - 올라가셨다 하였은즉 땅 아랫 곳으로 내리셨던 것이 아니면 무엇이냐(What does "he ascended" mean except that he also descended to the lower, earthly regions?)(NIV); (Now that he ascended, what is it but that he also descended first into the lower parts of the earth?(KJV); Notice that it says "he ascended." This clearly means that Christ also descended to our lowly world.(1) / (1)Or to the lowest parts of the earth(New Living); Now, what does "he went up" mean? It means that first he came down to the lowest depths of the earth.(Good News)

4:10 - 내리셨던 그가 곧 모든 하늘 위에 오르신 자니 이는 만물을 충만케 하려 하심이니라(He who descended is the very one who ascended higher than all the heavens, in order to fill the whole universe.)(NIV)

「시편」 68:18 - 주께서 높은 곳으로 오르시며 사로잡은 자를 끌고 선물을 인간에게서, 또는 패역자 중에서 받으시니 여호와 하나님이 저희와 함께 거하려 하심이로다(When you ascended on high, you led captives in your train; you received gifts from men, even from the rebellious--that you, O LORD God, might dwell there.)

6. 지옥 영혼들의 구원 – 예수님 부활 후에 죽은 많은 성도가 살아나다(재생)

「마태복음」 27장 50절~54절에는 '예수님 부활 후에 죽은 많은 성도가 살아나다'라는 내용이 나온다. 이는 이미 『바이블 매트릭스』 4권 『하나님들의 과학기술과 우리가 창조해야 할 미래(하)』의 2부 5절인 "마른 뼈들이 살아나다(죽은 자의 재생, 부활은 아님)"에서 소개하였고, 『바이블 매트릭스』 5권 『성령으로 무장하신 예수님의 과학기술』의 2부 4장 3절의 "죽은 자를 살리시다"에서 소개한 내용이지만, 본 주제에 맞게 재해석해 보자.

내용을 우선 보면, 예수님께서 십자가에 못 박혀 크게 소리 지르시고 영혼(spirit)이 떠나신다. 그 때 예루살렘 성전의 성소 휘장(the curtain of the temple)이 위로부터 아래까지 찢어져 둘이 되고, 땅이 진동하며 바위가 터지고, 무덤들이 열리며 죽었던 많은 성도들의 몸이 일어나기 시작한다. 그리고 3일 후에 예수님의 부활 후에, 저희들이 무덤에서 나와 거룩한 예루살렘 성전에 들어가 많은 사람들 앞에 나타나 보인다.

「마태복음」 27:50 - 예수께서 다시 크게 소리지르시고 영혼이 떠나시다(And when Jesus had cried out again in a loud voice, he gave up his spirit.)(NIV)

51 - 이에 성소 휘장이 위로부터 아래까지 찢어져 둘이 되고 땅이 진동하며 바위가 터지고(At that moment the curtain of the temple was torn in two from top to bottom. The earth shook and the rocks split.)

52 - 무덤들이 열리며 자던 성도의 몸이 많이 일어나되(The tombs broke open and the bodies of many holy people who had died were raised to life.)

53 - 예수의 부활 후에 저희가 무덤에서 나와서 거룩한 성에 들어가 많은 사람에게 보이니라(They came out of the tombs, and after Jesus' resurrection they went into the holy city and appeared to many people.)

54 - 백부장과 및 함께 예수를 지키던 자들이 지진과 그 되는 일들을 보고 심히 두려워하여 가로되 이는 진실로 하나님의 아들이었도다 하더라(When the centurion and those with him who were guarding Jesus saw the earthquake and all that had happened, they were terrified, and exclaimed, "Surely he was the Son of God!")

이것은 부활이 아니고 재생이라고 했다. 죽은 자들이 예수님의 부활 후에 무덤에서 나왔다는 것은 무엇인가 예수님의 지옥강림과 관련이 있다는 것을 의미한다. 그렇다! 예수님은 지옥에도 가셔서 복음을 전파하셨다. 거기서 죄인의 영혼들에게 새 언약을 전하고 많은 영혼들을 회개시켜서 구원을 주셨을 것이다. 그리고 회개한 영혼들에게 물어보았을 것이다. 낙원에 가고 싶다고 한 영혼들은 낙원으로 보냈을 것이다. 그러나 육체로 재생되었다는 사실을 본다면, 이러한 가정도 가능할 것이다. 즉 어떤 영혼들은 다시 육체로 살아남는 것을 원했을 것이다. 살아서 참 나쁘게 산 영혼들은 그 사실을 회개하고, 다시 육체로 살아서, 다시는 나쁘게 살지 않겠다고 약속을 했을 것이다. 그렇다면 과학적으로 백-투더-올드(Back to the Old)가 가능하고 백-투더-퓨처(Back to the Future)가 가능하다는 얘기가 아닌가?

4절 예수님의 변형→우주선(영광)/공간이동→하나님 아버지의 보좌 우편에 앉아

예수님은 부활하신 후 40일 동안 12 제자들과 함께 지내며 잡수시고 가르치시다가 제자들에게 복음 전파와 내 증인이 되라는 사명(The Great Commision)(「마태복음」 28:16~20; 「사도행전」 1:8)을 주시고, 예루살렘 성전 오른쪽에 있는 감람산(橄欖山, 올리브산, Mount of Olives)에서 승천하시는데, '하늘로 올리우사' 하나님 우편에 앉으신다. 여기서 중요한 것은 '하늘로 올리우사(he was taken up into heaven)'로 무엇인가가 예수님을 끌어 올리셨다는 뜻이다. 무엇이 예수님을 끌어 올리셨을까? 그것은 우주선이다.

「마가복음」 16:19; 누가복음 24:51 - 주 예수께서 말씀을 마치신 후에 하늘로 올리우사 하나님 우편에 앉으시니라(When the Lord Jesus had finished talking with them, he was taken up into heaven and sat down in the place of honor at God's right hand.)

예수님의 승천 과정에 대해 좀더 자세히 설명하는 내용이 바로 「사도행전」 1장 9절에서 11절의 구절들이다. 예수님이 육체로 오셨다가 십자가에 죽음을 당하신 후 다시 육체로 부활하시고 하늘로 오르실 때, 스스로 올라가신 것이 아니라 무언가에 끌려 올라가셨는데, 이 때 갈릴리(Galilee) 사람들의 눈(eyes)을 가리워 이 장면을 직접 보지 못하도록 구름이 예수님을 가리우셨다는 내용이다. 그러나 이 내용은 과학적으로 보면 엄청난 권능의 우주선이어서 우주선이 발사될 때의 연소가스에 의해 갈릴리 사람들은 우주선과 예수님을 보지 못했을 것이다. 그것은 오늘날 과학지식베이스의 우주선 발사가 아니라, 이보다 과학지식이 훨씬 높은 우주선이었을 가능성이 높다. 그래서 우주선에 타고 있던 하나님들은 '하늘로 들려 올리우신 예수님은 하늘로 가심을 본 그대로 오신다'라고 갈릴리 사람들에게 말한 것이다. 그것은 바로 권능의 영광인 불꽃 색채(광채)의 우주선을 타고 오신다는 뜻이다. 10절에 등장하는 흰 옷(in white)이란 바로 오늘날의 우주복을 입은 하나님들 또는 천사들을 말하는 것이다. 우주복을 입은 하나님들 또는 천사들이 예수님께서 하늘로 오르시는 것을 도와주었다는 것을 알 수 있다. 그러나 그 흰 옷은 오늘날의 우주복 그 이상임에 틀림이 없다.

「사도행전」 1:9 - 이 말씀을 마치시고 저희 보는 데서 올리워 가시니 구름이 저를 가리워 보이지 않게 하더라(After he said this, he was taken up before their very eyes, and a cloud hid him from their sight)(NIV).

10절 - 올라가실 때에 제자들이 자세히 하늘을 쳐다보고 있는데 흰 옷 입은 두 사람이 저희 곁에 서서(They were looking intently up into the sky as he was going, when suddenly two men dressed in white stood beside them)(NIV).

11절 - 가로되 갈릴리 사람들아 어찌하여 서서 하늘을 쳐다보느냐 너희 가운데서 하늘로 올리우신 이 예수는 하늘로 가심을 본 그대로 오시리라 하였느니라("Men of Galilee," they said, "why do you stand here looking into the sky? This same Jesus, who has been taken from you into heaven, will come back in the same way you have seen him go into heaven.")(NIV).

12 - 제자들이 감람원이라 하는 산으로부터 예루살렘에 돌아오니 이 산은 예루살렘에서 가까와 안식일에 가기 알맞은 길이라(Then they returned to Jerusalem from the hill called the Mount of Olives, a Sabbath day's walk from the city.)

「디모데전서」 3:16 - 크도다 경건의 비밀이여, 그렇지 않다 하는 이 없도다 그는 육신으로 나타난 바 되시고 영으로 의롭다 하심을 입으시고 천사들에게 보이시고 만국에서 전파되시고 세상에서 믿은 바 되시고 영광 가운데서 올리우셨음이니라(Beyond all question, the mystery of godliness is great: He appeared in a body, was vindicated by the Spirit, was seen by angels, was preached among the nations, was believed on in the world, was taken up in glory.)(NIV)

예수님께서 인간의 몸(육신)으로 오시고, 인간의 육체로 부활하시고, 영적인 몸(하늘의 몸)으로 변형되시어 다시 최고 높은 하늘나라, 즉 하나님 아버지의 보좌로 승천하신 것이다. 이는 이 땅의 시스템과는 다른 하늘나라의 시스템에 맞도록 영적인 몸으로 변형하시어 우주복을 입으시고 우주선(영광)을 타시고 운반광선 등의 파동을 이용하여 공간이동(원격이동)을 했다는 것을 의미한다. 그래서 「요한복음」 3장 13절에는 예수님께서 "하늘에서 내려온 자 곧 인자 외에는 하늘에 올라간 자가 없느니라"라고 말씀하신 것이다. 이 뜻은 최고 높은 하늘에 계시는 하나님 아버지의 보좌에 올라간 자는 예수님 밖에 없다는 것이다. 그리고 예수님은 하나님 아버지 보좌의 우편에 앉으신다. 또한 이 뜻은 예수님 이외에 아직 부활한 자들이 없다는 뜻이다. 지구에 오셔서 죽으시고 육체로 부활하시어 영적인 몸으로 승천하신 분은 예수님 홀로이시라는 뜻이다. 그러니 부활의 첫 열매는 그리스도가 되시는 것이다.

「요한복음」 3:13 - 하늘에서 내려온 자 곧 인자 외에는 하늘에 올라간 자가 없느니라(No one has ever gone into heaven except the one who came from heaven--the Son of Man(NIV); And no man hath ascended up to heaven, but he that came down from heaven, even the Son of man which is in heaven(KJV); No one has ever gone to heaven and returned. But the Son of Man(1) has come down from heaven. / (1) Some manuscripts add who lives in heaven. "Son of Man" is a title Jesus used for himself(New Living)

「고린도전서」 15:23 - 그러나 각각 자기 차례대로 되리니 먼저는 첫 열매인 그리스도요 다음에는 그리스도 강림하실 때에 그에게 붙은 자요(But each in his own turn: Christ, the firstfruits; then, when he comes, those who belong to him(NIV); But every man in his own order: Christ the firstfruits; afterward they that are Christ's at his coming(KJV); But there is an order to this resurrection : Christ was raised as the first of the harvest; then all who belong to Christ will be raised when he comes back(New Living)

변형의 방법에 대해서는 차후 본권 1부 3장의 "부활/휴거(변형)의 상태와 신분, 부활/휴거의 방법, 예수님 재림시의 육체? 영적인 몸?"에서 자세히 다루기로 한다.

3장

부활/휴거(변형)의 상태와 신분, 부활/휴거의 방법, 예수님 재림시의 육체? 영적인 몸?

자, 지금부터 부활의 상태와 신분, 그리고 죽은 자들의 부활(Resurrection)의 방법과 산 자들(살아있는 자들)의 휴거(Rapture), 즉 변형(Transformation or Transfiguration) 방법에 대해서 알아보자. 본권 1부 1장 1절의 1-3인 "시스템이 다른 육의 몸(a natural body)과 영적인 몸(a spiritual body)"과 1-4의 "시스템이 다른 곳에 가려면? 다시 태어나서(부활/휴거), 우주선/공간/웜홀 이동"에서 살펴보았듯이, 하늘나라에 들어가려면 지구의 육체의 몸에서 하늘나라(천국) 시스템의 영적인 몸(하늘의 몸, 신령한 몸)으로 다시 태어나서 우주선이나 운반광선을 타고 이동해야 한다.

예수님이 가장 사랑하는 네 번째 제자인 요한(John, AD 6~100)이 AD 85~95년에 쓴 「요한복음」 11장 25절~26절에는 예수님의 "나는 부활이요 생명이니 나를 믿는 자는 죽어도 살겠고, 무릇 살아서 나를 믿는 자는 영원히 죽지 아니하리니"라는 말씀이 나온다. 나를 믿는 자는 '죽어도 살겠고'는 바로 죽은 자의 부활을 말씀 하신 것이고, '살아서 믿는 자는 영원히 죽지 아니하리니'는 바로 산 자들의 휴거(변형)를 말씀하신 것이다.

「요한복음」 11:25 - 예수께서 가라사대 나는 부활이요 생명이니 나를 믿는 자는 죽어도 살겠고(Jesus said to her, "I am the resurrection and the life. He who believes in me will live, even though he dies;)(NIV)

11:26 - 무릇 살아서 나를 믿는 자는 영원히 죽지 아니하리니 이것을 네가 믿느냐(and whoever lives and believes in me will never die. Do you believe this?")

따라서 뼈(bone)와 살(flesh)과 피(blood)를 가진 지금의 몸(natural body)에서 천상의 영적인 몸(a spiritual body)으로 변화(change) 또는 변형되어야 한다. 따라서 부활과 휴거가 어떤 메커니즘을 통해 일어나는지를 과학적으로 발견해야 한다. 지금으로서는 과학적으로 어떻게 변화/변형되는지 정확히 알 수는 없다. 그러나 하나님 아버지와 예수님의 지식을 우리가 터득해서 반드시 알아내야 한다. 아마도 서기 10740년부터 시작되는 천칭자리(LIBRA, The Scales)에서 그 메커니즘이 정확히 밝혀질 것으로 예측된다. 그러나 중요한 것은 첫 번째(첫째) 부활, 즉 생명(영생)의 브활에 참여를 해야 이 땅에서 이루어지는 천년 왕국에 들어가 살 수 있다. 왜냐하면 두 번째(둘째) 부활은 심판의 부활이기 때문이다. 여기서는 부활과 휴거의 과학적 방법만을 살펴보고, 구체적인 첫째 부활과 둘째 부활과 심판의 방법에 대해서는 『바이블 매트릭스』 7권 『「다니엘」과 「요한계시록」을 과학적 관점으로 해석』에서 자세히 다루기로 한다.

1절 첫째 부활(영생의 부활)과 휴거(변형)의 상태와 신분→천년 왕국→새 예루살렘/만국

1. 장가/시집도 안가는 영적인 몸의 천사와 같음→천년 왕국/새 예루살렘과 만국

부활과 휴거의 상태와 신분은 어떨까? 예수님의 재림시에 있을 첫 번째 부활, 즉 영생의 부활(「요한계시록」 20:5~6)의 상태와 신분을 말하는 것이다. 더 나아가 산 자의 변형(다시태어 남, 「요한복음」 3:5)을 말하는 것이다. 이것은 어디까지나 인간에 해당하는 것이다. 예수님은 말씀하셨다. "부활 때에는 장가도 아니가고 시집도 아니가고 하늘에 있는 천사들과 같으니라." 그렇다. 죽은 자가 부활하거나 산 자가 변형(휴거)되면 천사와 같은 상태의 영적인 몸(spiritual body)으로 바뀌게 되는 것이다. 영적인 몸이란 다시 죽을 수도 없는 상태이고(no second death), 영생함으로 천사와 동등이며, 하나님 아버지의 자녀들로 하나님 아버지의 나라에서 사는 것을 말한다.

하나님 아버지의 나라라는 것은 예수님이 가장 사랑하는 네 번째 제자인 요한(John, AD 6~100)이 AD 85~96년에 쓴 「요한계시록」 20장에 등장하는 '천년 왕국(The Thousand Years)'이며 21장에 등장하는 '새 하늘과 새 땅에 걸설될 새 예루살렘(The New Jaeusalem)과 만국(the natioions)'이다. 천년 왕국은 주기도문에서 나와 있듯이 "뜻이 하늘에서 이룬 것같이 땅에서도 이루어지이다(Thy will be done in earth, as it is in heaven)"가 완성되는 것으로 땅에서 이루어지는 1,000살을 영위하는, 하나님들과 예수님이 직접통치하시고, 첫째 부활한 자들과 휴거한 자들이 제사장이 되어 천년 동안 왕 노릇 하다가, 새롭게 창조되는 새 하늘과 새 땅의 예루살렘과 만국에 들어가 영원히 살게 된다. 자세한 것은 『바이블 매트릭스』 7권 『「다니엘」과 「요한계시록」을 과학적 관점으로 해석』을 참조하라.

천사들도 앞서 살펴보았듯이 우주선을 타고 우주복(흰 옷)을 입고 다닌다. 우주복을 입었다는 것은 시스템이 다른 우주공간과 지구에서 몸을 보호하는 것이므로 몸(body)이 있다는 뜻이다. 그러므로 천사들은 우리 인간과는 다른 물질로 이루어진 몸을 갖고 있다는 뜻이다. 천사의 몸은 썩는 것이 아니므로 죽지 않고 영원히 산다는 뜻이다. 이러한 몸을 본권 1장에서 살펴보았듯이 '영적인 몸(spiritual body)' 또는 '하늘의 몸(heavenly body)' 또는 '영적인 자(the spitirual)'라고 했다. 지구의 관점에서만 생각하면 이해하기가 힘들다. 우주적인 관점으로 보아야 한다. 지구와는 다른 대기와 환경에서 사시는 하나님들이나 천사들을 생각해보라.

「마태복음」 22:30 - 부활 때에는 장가도 아니가고 시집도 아니가고 하늘에 있는 천사들과 같으니라(At the resurrection people will neither marry nor be given in marriage; they will be like the angels in heaven.)(NIV)

「누가복음」 20:34 - 예수께서 이르시되 이 세상의 자녀들은 장가도 가고 시집도 가되(Jesus replied, "The people of this age marry and are given in marriage.)

35 - 저 세상과 및 죽은 자 가운데서 부활함을 얻기에 합당히 여김을 입은 자들은 장가가고 시집가는 일이 없으며(But those who are considered worthy of taking part in that age and in the resurrection from the dead will neither marry nor be given in marriage,)

36 - 저희는 다시 죽을 수도 없나니 이는 천사와 동등이요 부활

의 자녀로서 하나님의 자녀임이니라(and they can no longer die; for they are like the angels. They are God's children, since they are children of the resurrection.)

「누가복음」 20장 35절의 '저 세상에 동참하기에 합당한 사람들'이란 예수님 재림시에 살아있는 자들로 바로 휴거(변형)를 말하는 것이고, '죽은 자 가운데서 합당히 여김을 입은 자들'이란 바로 죽은 자들의 부활을 말하는 것이다.

2. 부활의 개념/논리, 땅의 몸 죽고 썩어야→부활 때 하늘의 썩지 않는 영적인 몸

바울(Paul, AD 5~68) 사도가 AD 56~57년에 쓴 「고린도전서」 15장에는 '부활의 개념과 논리' 및 '부활 때의 몸'에 대해 자세히 기록하고 있다. 우리가 옥수수의 씨(seed)를 밭에 뿌릴 때, 그 씨가 썩어 죽지 않으면 싹이 트지 않는다. 그러나 옥수수의 씨가 썩어 죽으면 비로소 싹이 트고, 하나님께서 설계한 유전자의 정보에 따라 비로소 옥수수의 형체(body)로 자란다. 이렇듯 하나님은 각 종자에게 그 형체를 주신다.

마찬가지로 움직이는 동물이나 사람이나 물고기가 다 같은 육체(flesh)가 아니라 제각각 다르다. 그러므로 대기와 환경 등 시스템이 서로 다른 우주공간에 사는 생물체가 있다면 그 또한 육체(flesh) 또는 형체(body)가 다 다를 것이다. 이것을 바울은 '하늘에 속한 몸/형체(heavenly bodies)'도 있고 '땅에 속한 몸/형체(earthly bodies)'도 있다고 했다. 땅에 속한 몸을 '육의 몸(a natural body)'이라 하였고, 하늘에 속한 몸을 '영적인/신령한 몸(a spiritual body)'이라 했다. 이 때 육의 몸이란 우리 인간의 몸이요, 영적인 몸이란 하늘나라에 계시는 하나님들의 몸과 천사들의 몸을 말하는 것이다.

죽은 자의 부활도 이와 같으니 썩을 것으로 심고(sow) 썩지 아니할 것으로 다시 사는 것(body)이다. 욕된 것으로 심고 영광스러운 것으로 다시 살며 약한 것으로 심고 강한 것으로 다시 사는 것이다. '육의 몸'으로 심고 '영적인/신령한 몸'으로 다시 사는 것이다. 그래서 순서가 있다. 먼저는 '영적인 자(the spiritual)'가 아니요 '육 있는 자(the natural)'요, 그 다음에 '영적인 자'가 되는 것이다. 따라서 첫 사람은 땅에서 났으니 흙에 속한 자요, 둘째 사람은 하늘에서 나는 것이다. 그러므로 '혈'과 '육'은 하나님 나라를 유업으로 받을 수 없고, 또한 썩은 것은 썩지 아니한 것을 유업으로 받을 수 없다. 결국 우리 인간은 죽어야 영적인 몸이 될 수 있다는 뜻이다.

「고린도전서」 15:35 - 누가 묻기를 죽은 자들이 어떻게 다시 살며 어떠한 몸으로 오느냐 하리니(But someone may ask, "How are the dead raised? With what kind of body will they come?")

36 - 어리석은 자여 너의 뿌리는 씨가 죽지 않으면 살아나지 못하겠고(How foolish! What you sow does not come to life unless it dies.)

37 - 또 너의 뿌리는 것은 장래 형체를 뿌리는 것이 아니요 다만 밀이나 다른 것의 알갱이뿐이로되(When you sow, you do not plant the body that will be, but just a seed, perhaps of wheat or of something else.)

38 - 하나님이 그 뜻대로 저에게 형체를 주시되 각 종자에게 그 형체를 주시느니라(But God gives it a body as he has determined, and to each kind of seed he gives its own body.)

39 - 육체는 다 같은 육체가 아니니 하나는 사람의 육체요 하나는

짐승의 육체요 하나는 새의 육체요 하나는 물고기의 육체라(All flesh is not the same: Men have one kind of flesh, animals have another, birds another and fish another.)

40 - 하늘에 속한 형체도 있고 땅에 속한 형체도 있으나 하늘에 속한 자의 영광이 따로 있고 땅에 속한 자의 영광이 따로 있으니(There are also heavenly bodies and there are earthly bodies; but the splendor of the heavenly bodies is one kind, and the splendor of the earthly bodies is another.)

41 - 해의 영광도 다르며 달의 영광도 다르며 별의 영광도 다른데 별과 별의 영광이 다르도다(The sun has one kind of splendor, the moon another and the stars another; and star differs from star in splendor.)

42 - 죽은 자의 부활도 이와 같으니 썩을 것으로 심고 썩지 아니할 것으로 다시 살며(So will it be with the resurrection of the dead. The body that is sown is perishable, it is raised imperishable;)

43 - 욕된 것으로 심고 영광스러운 것으로 다시 살며 약한 것으로 심고 강한 것으로 다시 살며(it is sown in dishonor, it is raised in glory; it is sown in weakness, it is raised in power;)

44 - 육의 몸으로 심고 신령한 몸으로 다시 사나니 육의 몸이 있은즉 또 신령한 몸이 있느니라(it is sown a natural body, it is raised a spiritual body. If there is a natural body, there is also a spiritual body.)

45 - 기록된 바 첫 사람 아담은 산 영이 되었다 함과 같이 마지막 아담은 살려 주는 영이 되었나니(So it is written: "The first man Adam became a living being"; the last Adam, a life-giving spirit.)(NIV); And so it is written, The first man Adam was made a living soul; the last Adam was made a quickening spirit.(KJV); The Scriptures tell us, "The first man, Adam, became a living person."(1) But the last Adam?that is, Christ?is a life-giving Spirit. / (1)

Gen 2.7(New Living:; For the scripture says, "The first man, Adam, was created a living being"; but the last Adam is the life-giving Spirit.(Good News)

46 - 그러나 먼저는 신령한 자가 아니요 육 있는 자요 그 다음에 신령한 자니라(The spiritual did not come first, but the natural, and after that the spiritual.)

47 - 첫 사람은 땅에서 났으니 흙에 속한 자이거니와 둘째 사람은 하늘에서 나셨느니라(The first man was of the dust of the earth, the second man from heaven.)

48 - 무릇 흙에 속한 자는 저 흙에 속한 자들과 같고 무릇 하늘에 속한 자는 저 하늘에 속한 자들과 같으니(As was the earthly man, so are those who are of the earth; and as is the man from heaven, so also are those who are of heaven.)

49 - 우리가 흙에 속한 자의 형상을 입은 것같이 또한 하늘에 속한 자의 형상을 입으리라(And just as we have borne the likeness of the earthly man, so shall we bear the likeness of the man from heaven.; And as we have borne the image of the earthy, we shall also bear the image of the heavenly.(KJV); Just as we are now like the earthly man, we will someday be like(1) the heavenly man. / (1)Some manuscripts read let us be like(New Living).

50 - 형제들아 내가 이것을 말하노니 혈과 육은 하나님 나라를 유업으로 받을 수 없고 또한 썩은 것은 썩지 아니한 것을 유업으로 받지 못하느니라(I declare to you, brothers, that flesh and blood cannot inherit the kingdom of God, nor does the perishable inherit the imperishable.; What I am saying, dear brothers and sisters, is that our physical bodies cannot inherit the Kingdom of God. These dying bodies cannot inherit what will last forever.(New Living)

3. 첫째 부활→천년 왕국→심판의 권세/490번 용서/배반한 천사도 심판

부활에도 순서가 있다. 바로 첫 번째(첫째) 부활에 동참해야 천년 왕국에서 천년 동안 하나님들과 예수 그리스도의 제사장이 되어 왕 노릇하다가 새 하늘과 새 땅에 건설되는 새 예루살렘과 만국에 들어가 영생을 할 수 있다(「요한계시록」 20:4~6). 그 나머지 죽은 자들은 그 천년이 차기까지 살아나지 못하다가 천년 왕국이 끝나면 두 번째(둘째) 부활, 즉 심판의 부활에 참여를 해야 한다(「요한계시록」 20:11~15). 천년 왕국과 심판의 부활과 새 예루살렘과 만국에 대해서는 『바이블 매트릭스』 7권 『「다니엘」과 「요한계시록」을 과학적 관점으로 해석』에서 자세히 다루기로 한다.

「요한계시록」 20:4 - 또 내가 보좌들을 보니 거기 앉은 자들이 있어 심판하는 권세를 받았더라 또 내가 보니 예수의 증거와 하나님의 말씀을 인하여 목 베임을 받은 자의 영혼들과 또 짐승과 그의 우상에게 경배하지도 아니하고 이마와 손에 그의 표를 받지도 아니한 자들이 살아서 그리스도로 더불어 천 년 동안 왕 노릇 하니(I saw thrones on which were seated those who had been given authority to judge. And I saw the souls of those who had been beheaded because of their testimony for Jesus and because of the word of God. They had not worshiped the beast or his image and had not received his mark on their foreheads or their hands. They came to life and reigned with Christ a thousand years.)(NIV)

20:5 - (그 나머지 죽은 자들은 그 천년이 차기까지 살지 못하더라) 이는 첫째 부활이라((The rest of the dead did not come to life until the thousand years were ended.) This is the first resurrection.)

20:6 - 이 첫째 부활에 참예하는 자들은 복이 있고 거룩하도다 둘째 사망이 그들을 다스리는 권세가 없고 도리어 그들이 하나님과 그리스도의 제사장이 되어 천 년 동안 그리스도로 더불어 왕 노릇 하리라(Blessed and holy are those who have part in the first resurrection. The second death has no power over them, but they will be priests of God and of Christ and will reign with him for a thousand years.)

또한 천년 왕국이 끝나는 시점에 둘째 부활, 즉 심판의 부활이 있는데, 이 때 첫 번째 부활에 참여하는 자들은 심판의 권세(authority)를 갖는다는 것이다. 이는 매우 중요한 것이다. 예를 들어 필자가 죽어 지옥에 갔을 경우 필자는 예수님 재림시 첫째 부활에 참여를 못하고 둘째 부활에 참여를 하게 된다. 필자가 1958년생이니까 2015년에 죽었을 경우, 필자가 이 땅에서 삶을 영위한 기간에, 첫째 부활에 참여한 자들이 필자를 심판한다는 것이다. 국민학교 동창생이, 중고등학교 동창생이, 직장동료 등등을 비롯하여 그 밖에 많은 지인들이 필자를 심판한다는 것이다. 그러니 죽기 전에 원한을 다 풀어야 하는 것이다. 전화를 걸거나 만나 잘못했다고 다 용서를 받아야 한다. 그래서 예수님께서 "무엇이든지 너희가 땅에서 매면 하늘에서도 매일 것이요 무엇이든지 땅에서 풀면 하늘에서도 풀리리라", "일흔 번씩 일곱 번이라도 용서하라"고 예수님이 그렇게 강조하신 것이다(「마태복음」 18:15~35). 「마태복음」 18장과 「요한계시록」 20장을 잘 읽어 보시라. 많은 깊은 뜻들이 있는데, 필자도 이 뜻을 이해한 것은 2014년 7월이었다.

「마태복음」 18:18 - 진실로 너희에게 이르노니 무엇이든지 너희가 땅에서 매면 하늘에서도 매일 것이요 무엇이든지 땅에서 풀면 하늘에서도 풀리리라("I tell you the truth, whatever you bind on earth will be bound in heaven, and whatever you loose on earth will be loosed in heaven.)

18:22 - 18:22 - 예수께서 가라사대 네게 이르노니 일곱 번뿐 아니라 일흔 번씩 일곱 번이라도 할찌니라(Jesus answered, "I tell you, not seven times, but seventy-seven times.)

18:35 - 너희가 각각 중심으로 형제를 용서하지 아니하면 내 천부께서도 너희에게 이와 같이 하시리라("This is how my heavenly Father will treat each of you unless you forgive your brother from your heart.")

또한 첫 번째 부활에 참여한 자들은 『바이블 매트릭스』 시리즈를 통해 누차 소개했던 배반한 「창세기」 6장의 네피림(Nephilim), 즉 이기기(Igigi) 신들과 그들을 따르던 천사들을 심판하는 권세도 받는다는 것이다[1]. 이는 「베드로후서」 2장 4절과 「유다서」 1장 6절에 기록된 바와 같이, 직무를 이탈하고 범죄한 이기기 신들이며, 그 결과 이기기 신들은 심판의 마지막 날까지 결박되어 흑암에 갇혀 있다는 사실을 언급하고 있다. 이 배반한 이기기 신들과 천사들을 첫 번째 부활에 참여한 자들이 심판할 것이라고 「고린도전서」에 분명하게 기록되어 있다. 이들은 마지막 심판 때, 즉 예수님이 재림하시고 심판하실 때까지 어둠에 갇혀있으며, 심판 때는 모두 불과 유황으로 타는 불못(lake of burning sulfur)에 던져질 것이다(「요한계시록」 20:10).

「베드로후서」 2:4 - 하나님이 범죄한 천사들을 용서치 아니하시고 지옥에 던져 어두운 구덩이에 두어 심판 때까지 지키게 하셨으며(For

1 자세한 것은 『바이블 매트릭스』 4권 『하나님들의 과학기술과 우리가 창조해야 할 미래(상)』의 1부 5장인 "창세기 6장의 네피림(Nephilim)은 배반한 이기기(Igigi) 신들"의 3절인 "배반한 네피림(이기기), 마지막 심판 날까지 가장 깊은 곳에 가두다"를 참조하라.

if God spared not the angels that sinned, but cast them down to hell, and delivered them into chains of darkness, to be reserved unto judgment)(KJV)

「유다서」 1:6 - 또 자기 지위를 지키지 아니하고 자기 처소를 떠난 천사들을 큰 날의 심판까지 영원한 결박으로 흑암에 가두셨으며(And the angels who did not keep their positions of authority but abandoned their own home--these he has kept in darkness, bound with everlasting chains for judgment on the great Day)(NIV).

「고린도전서」 6:3 - 우리가 천사를 판단할 것을 너희가 알지 못하느냐 그러하거든 하물며 세상 일이랴(Do you not know that we will judge angels? How much more the things of this life!)(NIV).

「마태복음」 25:41 - 또 왼편에 있는 자들에게 이르시되 저주를 받은 자들아 나를 떠나 마귀와 그 사자들을 위하여 예비된 영영한 불에 들어가라("Then he will say to those on his left, 'Depart from me, you who are cursed, into the eternal fire prepared for the devil and his angels.)(NIV)

2절 부활과 휴거(변형)의 순서, 예수 그리스도→첫째 부활→휴거→둘째 부활

1. 부활의 순서, 예수 그리스도→첫째 부활→둘째 부활

부활의 순서에 대해서는 「고린도전서」 15장에 자세히 기록되어 있다. 예수님이 육체로 이 땅에 오셔서 우리 인간들처럼 죽음을 맞이하셨다가 육체로 부활하여 우리에게 직접 보여주시고 영생하는 기회를 주셨다. 만일 죽은 자가 다시 사는 것, 즉 부활이 없다면 하나님 아버지께서 그리스도를 다시 살리시지 않았을 것이다. 또한 그리스도를 믿는 자들도 반드시 죽어야 한다. 그러나 그 죽은 자들은 부활을 믿고 죽은 것이다. 사망이 사람으로 말미암았으니 죽은 자의 부활도 사람으로 말미암아 이루어지는 것이다. 그러나 그리스도께서 죽은 자 가운데서 다시 살아 죽은 자들의 첫 열매가 되신 것이다.

「고린도전서」 15:12 - 그리스도께서 죽은 자 가운데서 다시 살아나셨다 전파되었거늘 너희 중에서 어떤 이들은 어찌하여 죽은 자 가운데서 부활이 없다 하느냐(But if it is preached that Christ has been raised from the dead, how can some of you say that there is no resurrection of the dead?)(NIV)

13 - 만일 죽은 자의 부활이 없으면 그리스도도 다시 살지 못하셨으리라(If there is no resurrection of the dead, then not even Christ has been raised.)

14 - 그리스도께서 만일 다시 살지 못하셨으면 우리의 전파하는 것도 헛것이요 또 너희 믿음도 헛것이며(And if Christ has not been raised, our preaching is useless and so is your faith.)

15 - 또 우리가 하나님의 거짓 증인으로 발견되리니 우리가 하나님이 그리스도를 다시 살리셨다고 증거하였음이라 만일 죽은 자가 다시 사는 것이 없으면 하나님이 그리스도를 다시 살리시지 아니하셨으리라(More than that, we are then found to be false witnesses about God, for we have testified about God that he raised Christ from the dead. But he did not raise him if in fact the dead are not raised.)

16 - 만일 죽은 자가 다시 사는 것이 없으면 그리스도도 다시 사신 것이 없었을 터이요(For if the dead are not raised, then Christ has not been

raised either.)

17 - 그리스도께서 다시 사신 것이 없으면 너희의 믿음도 헛되고 너희가 여전히 죄 가운데 있을 것이요(And if Christ has not been raised, your faith is futile; you are still in your sins.)

18 - 또한 그리스도 안에서 잠자는 자도 망하였으리니(Then those also who have fallen asleep in Christ are lost.)

19 - 만일 그리스도 안에서 우리의 바라는 것이 다만 이생뿐이면 모든 사람 가운데 우리가 더욱 불쌍한 자리라(If only for this life we have hope in Christ, we are to be pitied more than all men.)

20 - 그러나 이제 그리스도께서 죽은 자 가운데서 다시 살아 잠자는 자들의 첫 열매가 되셨도다(But Christ has indeed been raised from the dead, the firstfruits of those who have fallen asleep.)

21 - 사망이 사람으로 말미암았으니 죽은 자의 부활도 사람으로 말미암는도다(For since death came through a man, the resurrection of the dead comes also through a man.)

22 - 아담 안에서 모든 사람이 죽은 것같이 그리스도 안에서 모든 사람이 삶을 얻으리라(For as in Adam all die, so in Christ all will be made alive.)

그런데 부활에도 순서가 있다. 첫 열매는 그리스도요, 그 다음은 예수님께서 재림하실 때 예수님을 위해 순교한 자들과 믿고 죽은 자들이요, 그 후에는 예수님이 모든 정사와 모든 권세와 능력을 멸하시고 나라를 아버지 하나님께 바치기 전에 있을, 즉 심판(둘째)의 부활인 나머지 죽은 자들의 부활이다. 심판의 부활 때 자기 행위에 따라 책들에 기록된 대로 심판을 받고 누구든지 생명책에 기록되지 못한 자는 불 못에 던지워진다. 그리고 맨 나중에 멸망 받을 원수는 사망(death)이다.

사망이 멸망 받을 때 더 이상 사망은 없게 된다. 사망과 음부도 불못(the lake of fire)에 던지우니 이것이 둘째 사망(the second death) 곧 불못(lake of fire)이다. 그 불과 유황으로 타는 불못에서 세세토록 밤낮 괴로움을 당하게 된다. 여기서 "예수님이 모든 정사와 모든 권세와 능력을 멸하시고 나라를 아버지 하나님께 바친다"는 것은 마지막 심판을 하신 후 「요한계시록」 21장의 "새 하늘과 새 땅에 건설될 새 예루살렘(Tne New Jerusalem)과 만국들(the nations)"를 말하는 것이다. 예수님의 마지막 심판인 둘째 부활과 생명 책(the book of life)과 새 예루살렘과 만국에 대해서는 『바이블 매트릭스』 7권 『「다니엘」과 「요한계시록」을 과학적 관점으로 해석』에서 자세히 살펴보기로 한다.

「고린도전서」 15:23 - 그러나 각각 자기 차례대로 되리니 먼저는 첫 열매인 그리스도요 다음에는 그리스도 강림하실 때에 그에게 붙은 자요(But each in his own turn: Christ, the firstfruits; then, when he comes, those who belong to him(NIV); But every man in his own order: Christ the firstfruits; afterward they that are Christ's at his coming(KJV); But there is an order to this resurrection : Christ was raised as the first of the harvest; then all who belong to Christ will be raised when he comes back(New Living)

24 - 그 후에는 나중이니 저가 모든 정사와 모든 권세와 능력을 멸하시고 나라를 아버지 하나님께 바칠 때라(Then the end will come, when he hands over the kingdom to God the Father after he has destroyed all dominion, authority and power.)

25 - 저가 모든 원수를 그 발 아래 둘 때까지 불가불 왕 노릇 하시리니(For he must reign until he has put all his enemies under his feet.)

26 - 맨 나중에 멸망받을 원수는 사망이니라(The last enemy to be destroyed is death.)

「요한계시록」 20:10 - 또 저희를 미혹하는 마귀가 불과 유황 못에 던지우니 거기는 그 짐승과 거짓 선지자도 있어 세세토록 밤낮 괴로움을 받으리라(And the devil, who deceived them, was thrown into the lake of burning sulfur, where the beast and the false prophet had been thrown. They will be tormented day and night for ever and ever.)(NIV)

20:14 - 사망과 음부도 불못에 던지우니 이것은 둘째 사망 곧 불못이라(Then death and Hades were thrown into the lake of fire. The lake of fire is the second death.)

20:15 - 누구든지 생명책에 기록되지 못한 자는 불못에 던지우더라(If anyone's name was not found written in the book of life, he was thrown into the lake of fire.)

21:8 - 그러나 두려워하는 자들과 믿지 아니하는 자들과 흉악한 자들과 살인자들과 행음자들과 술객들과 우상 숭배자들과 모든 거짓말하는 자들은 불과 유황으로 타는 못에 참예하리니 이것이 둘째 사망이라(But the cowardly, the unbelieving, the vile, the murderers, the sexually immoral, those who practice magic arts, the idolaters and all liars--their place will be in the fiery lake of burning sulfur. This is the second death.")

예수님은 말씀하셨다. "하늘에서 내려온 자 곧 인자 외에는 하늘에 올라간 자가 없느니라"라는 말씀은 예수님이외에 아직 부활한 자들이 없다는 뜻이다. 지구에 오셔서 죽으시고 육체로 부활하시어 영적인 몸으로 승천하신 분은 예수님 홀로이시라는 뜻이다. 그러니 부활의 첫 열매는 그리스도가 되시는 것이다.

「요한복음」 3:13 - 하늘에서 내려온 자 곧 인자 외에는 하늘에 올라간 자가 없느니라(No one has ever gone into heaven except the one who came from heaven--the Son of Man(NIV); And no man hath ascended up to heaven, but he that came down from heaven, even the Son of man which is in heaven(KJV); No one has ever gone to heaven and returned. But the Son of Man(1) has come down from heaven. / (1)Some manuscripts add who lives in heaven. "Son of Man" is a title Jesus used for himself(New Living)

2. 그리스도 안에서 죽은 자들이 먼저 부활, 다음에 휴거(변형)

첫째 부활이 먼저일까? 산자의 휴거(변형)가 먼저일까? 바울(Paul, AD 5~68) 사도가 AD 52년에 쓴 「데살로니가전서」 4장 14절에는 "예수 안에서 자는 자들도 하나님이 저와 함께 데리고 오시리라"라고 쓰여져 있는데, 이는 그리스도 안에서 죽은 자들이 먼저 부활하여 예수님의 공중 재림시에 공중 영접을 하고, 그 다음 하나님 아버지와 예수님이 거대항공모함우주선으로 이 땅으로 데려온다는 것이다. 그리고 "주 강림하실 때까지 우리 살아남아 있는 자도 자는 자보다 결단코 앞서지 못하리라"고 기록된 점으로 미루어 보아 그리스도 안에서 죽은 자들이 먼저 부활하고 그 다음 살아남은 자들의 휴거(변형)가 일어나는 것이다.

「데살로니가전서」 4:14 - 우리가 예수의 죽었다가 다시 사심을 믿을찐대 이와 같이 예수 안에서 자는 자들도 하나님이 저와 함께 데리고 오시리라(We believe that Jesus died and rose again and so we believe that God will bring with Jesus those who have fallen asleep in him.)(NIV)

4:15 - 우리가 주의 말씀으로 너희에게 이것을 말하노니 주 강림하실 때까지 우리 살아남아 있는 자도 자는 자보다 결단코 앞서지 못하리라(According to the Lord's own word, we tell you that we who are still alive, who are left till the coming of the Lord, will certainly not precede those who have fallen asleep.)(NIV); We tell you this directly from the Lord : We who are still living when the Lord returns will not meet him ahead of those who have died(1). / (1)Greek those who have fallen asleep(New Living)

3절 부활과 휴거(변형)의 방법

1. 물(water)과 영(Spirit or spirit)으로 다시 태어나야(부활/휴거)

부활과 휴거의 방법은 예수님이 사랑하는 네 번째 제자인 요한(John, AD 6~100)이 AD 85~95년에 쓴 「요한복음」 3장의 "예수와 니고데모(Jesus Teaches Nicodemus)"의 대화에 기록되어 있다. 특히 이 대화 내용을 보면 산 자의 휴거인 변형의 방법이라고 생각되지만, 죽은 자의 부활도 같은 방법이라고 필자는 생각하고 있다. 산 자냐 죽은 자냐만 틀릴 뿐이지 과학적인 방법은 같지 않나 생각한다. 다시 말해 하늘나라(천국)에 들어가려면 천국의 시스템에 맞도록 몸이 변형(변화, transfiguration, change, transformation)되거나, 죽었다가 천국의 시스템에 맞는 몸으로 부활해야 함을 의미한다.

이 당시 사두개파(사두개인, Sadducees)와 바리새(사이)파(바리새인, Pharisees)는 산헤드린(공회, Sanhedrin 또는 Jewish Council)을 구성하는 회원이었다. 그런데 사두개인은 부활(resurrection)도 없고 천사(angels)도 없고 영(spirits)도 없다고 주장한 반면, 바리새인은 다 있다고 인정하였다. 바로 니고데모는 바리새인으로 산헤드린, 즉 유대인의 관원(Jewish ruling council)이었다.

「사도행전」 23:8 - 이는 사두개인은 부활도 없고 천사도 없고 영도 없다 하고 바리새인은 다 있다 함이라(The Sadducees say that there is no resurrection, and that there are neither angels nor spirits, but the Pharisees acknowledge them all.)

니고데모가 밤에 예수님께 와서 가로되, "랍비여 우리가 당신은 하나님께로서 오신 선생인 줄 아나이다. 하나님이 함께 하시지 아니하시면 당신의 행하시는 이 표적을 아무라도 할 수 없음이니이다"라고 말한다. 이에 예수님께서 대답하여 가라사대 "진실로 진실로 네게 이르노니 사람이 거듭나지 아니하면 하나님 나라를 볼 수 없느니라(In reply Jesus declared, "I tell you the truth, no one can see the kingdom of God unless he is born again.")"고 대답하신다. '다시 태어나야(born again)' 하늘나라를 볼 수 있다는 것이다.

이에 미련한 니고데모는 예수님께 가로되, "사람이 늙으면 어떻게 날 수 있삽나이까 두 번째 모태에 들어갔다가 날 수 있삽나이까"라고 묻는다. 늙어서 다시 태어나려면 어머니 모태, 즉 자궁에 어떻게 들어갈 수 있느냐고 묻는다. 이에 예수님께서는 "사람이 물(water)과 영(the Spirit)으로 나지 아니하면 하나님 나라에 들어갈 수 없느니라, 육(flesh)으로 난 것은 육(flesh)이요 영(the Spirit)으로 난 것은 영(spirit)이니"라고 대답하신다. 육은 육을 낳는 다는 것은 인간은 인간의 몸을 가진 아들딸들을 낳는다는 말이고, 영적인 몸을 가진 하나님들은 영적인 몸을 가진 아들딸들을 낳는다는 말이다. 필자가 보기에는 영문성경 Good News가 그리스어를 영어로 가장 잘 번역한 것 같다.

「요한복음」 3:3 - 예수께서 대답하여 가라사대 진실로 진실로 네게 이르노니 사람이 거듭나지 아니하면 하나님 나라를 볼 수 없느니라(In reply Jesus declared, "I tell you the truth, no one can see the kingdom of God unless he is born again.")(NIV)

3:4 - 니고데모가 가로되 사람이 늙으면 어떻게 날 수 있삽나이까 두 번째 모태에 들어갔다가 날 수 있삽나이까("How can a man be born when he is old?" Nicodemus asked. "Surely he cannot enter a second time into his mother's womb to be born!")

3:5 - 예수께서 대답하시되 진실로 진실로 네게 이르노니 사람이 물과 영으로 나지 아니하면 하나님 나라에 들어갈 수 없느니라(Jesus answered, "I tell you the truth, no one can enter the kingdom of God unless he is born of water and the Spirit.)(NIV); Jesus answered, Verily, verily, I say unto thee, Except a man be born of water and of the Spirit, he cannot enter into the kingdom of God.(KJV); Jesus replied, "I assure you, no one can enter the Kingdom of God without being born of water and the Spirit(1). / (1)Or and spirit. The Greek word for Spirit can also be translated wind; see 3.8(New Living); "I am telling you the truth," replied Jesus, "that no one can enter the Kingdom of God without being born of water and the Spirit.(Good News)

3:6 - 육으로 난 것은 육이요 영으로 난 것은 영이니(Flesh gives birth to flesh, but the Spirit gives birth to spirit.)(NIV); That which is born of the flesh is flesh; and that which is born of the Spirit is spirit.(KJV); Humans can reproduce only human life, but the Holy Spirit gives birth to spiritual life(1). / (1)Greek what is born of the Spirit is spirit(New Living); A person is born physically of human parents, but is born spiritually of the Spirit.(Good News)

육은 썩어 없어지므로 하늘나라에 들어갈 수 없다는 것이다. 하늘나라의 몸은 썩지 않기 때문이다. 따라서 하늘나라에 들어가려면, '영적인/신령한 몸'으로 다시 태어나야 함을 말하는 것이다. '휴거(Rapture)', 즉 '산 자의 변형(The Transfiguration/Transformation of who are living)'이나 '죽은 자의 부활(The Resurrection of the Dead)'을 의미하는 것이다. 지금 육(혈과 살과 뼈)을 가진 니고데모의 몸이 하늘의 몸인 영적인 몸으로 '변형(transfiguration, transformation)' 또는 '변화(Change)'되어야 하늘나라에 들어 갈 수 있다는 것이다. 아니면 죽었다가 하늘나라 시스템에 맞는 몸으로 부활해야 들어갈 수 있다는 것이다.

물고기는 5%의 산소가 있는 물에서 산다. 그런데 산소가 20%인 공기 중으로 나오면 죽는다. 마찬가지로 어느 우주공간에 산소가 50%가 있다고 하자. 우리가 그리로 들어가면 바로 즉사할 것이다. 마찬가지로 시스템이 다른 하늘나라에 들어가려면 하늘나라에 들어갈 수 있도록 그곳의 시스템에 맞는 영적인 몸으로 변형되어야 한다.

2. 영으로 난 사람은 – 인간의 오감 인지를 넘어 우주자연의 법칙을 알아

예수님은 니고데모와의 대화에서 아주 중요한 말씀을 하신다. 니고데모에게 말씀하시기를 "바람이 임의로 불매 네가 그 소리를 들어도 어디서 오며 어디로 가는지 알지 못하나니"라고 하시고 그 다음에 "영으로 난 사람은 다 이러하니라(So it is with everyone born of the Spirit.)"라고 말씀하신다. 필자가 이 뜻을 오늘(2014. 11. 05)에서야 터득했다.

「요한복음」 3:7 - 내가 네게 거듭나야 하겠다 하는 말을 기이히 여기지 말라(You should not be surprised at my saying, 'You must be born again.')

3:8 - 바람이 임의로 불매 네가 그 소리를 들어도 어디서 오며 어디로 가는지 알지 못하나니 영으로 난 사람은 다 이러하니라(The wind blows wherever it pleases. You hear its sound, but you cannot tell where it comes from or where it is going. So it is with everyone born of the Spirit.")(NIV); The wind bloweth where it listeth, and thou hearest the sound thereof, but canst not tell whence it cometh, and whither it goeth: so is every one that is born of the Spirit.(KJV); The wind blows wherever it wants. Just as you can hear the wind but can't tell where it comes from or where it is going, so you can't explain how people are born of the Spirit."(New Living); The wind blows wherever it wishes; you hear the sound it makes, but you do not know where it comes from or where it is going. It is like that with everyone who is born of the Spirit."(Good News)

3:9 - 니고데모가 대답하여 가로되 어찌 이러한 일이 있을 수 있나이까("How can this be?" Nicodemus asked.)

3:10 - 예수께서 가라사대 너는 이스라엘의 선생으로서 이러한 일을 알지 못하느냐("You are Israel's teacher," said Jesus, "and do you not understand these things?)

3:11 - 진실로 진실로 네게 이르노니 우리 아는 것을 말하고 본 것을 증거하노라 그러나 너희가 우리 증거를 받지 아니하는도다(I tell you the truth, we speak of what we know, and we testify to what we have seen, but still you people do not accept our testimony.)

3:12 - 내가 땅의 일을 말하여도 너희가 믿지 아니하거든 하물며 하늘 일을 말하면 어떻게 믿겠느냐(I have spoken to you of earthly things and you do not believe; how then will you believe if I speak of heavenly things?)

우리 인간들은 오감으로 모든 것을 인지한다. 시각으로 87%를, 청각으로 7%를, 촉각으로 3%를, 후각으로 2%를, 그리고 미각으로 1%를 인지한다.[2] 그러나 인간이 인지하는 오감에는 진리가 보이지 않는다. 그래서 바람이 임의로 부는 것으로 느끼고 어디서 와서 어디로 가는지를 모른다. 필자는 『바이블 매트릭스』 1권 『우주창조의 비밀』에서 우리 인간이 지금 알고 있는 지식은 우주 전체 물질의 4.6%에 불과하다고 소개했다. 먼 미래에는 우리 인간들이 다 밝혀내겠지만, 물과 영으로 천상의 영적인 몸으로 다시 태어나면 천상의 천사와 같기 때문에 우주자연법칙과 우주물질을 다 안다는 것이다. 바로 이것이다! 우리가 얼마나 이러한 지식과 지혜를 고대했던가?

지금 IBM은 오감컴퓨터를 개발하고 있고[3], 인텔(Intel)은 인지컴퓨팅(Perceptual computing)[4]을 개발하고 있다. 센서 및 소프트웨어 프로그램의 발달로 5년 안에(2017년) 컴퓨터가 인간과 같거나 인간이 감지할 수 없는 한계를 컴퓨터가 대신 감지해 인간을 지원한다는 것이다. 그러나 우주자연의 법칙까지 컴퓨터가 인지해 내려면 한참 가야 할 것으로 보인다.

---

2 디자인포장센터, "오감이 구매의사 결정에 미치는 정도", 1990.

3 IBM - The 5 in 5 - Innovations that will change our lives in the next five years(17 Dec 2012). http://www.ibm.com/smarterplanet/us/en/ibm_predictions_for_future/ideas/

4 Intel - Perceptual Computing, Intel and Natural Interaction(3 Jun 2013) http://software.intel.com/sites/billboard/video/perceptual-computing-intel-and-natural-interaction

〈표〉 IBM이 전망한 5년 후의 우리의 생활을 바꿀 컴퓨터의 오감 혁신(IBM, 2012를 참고하여 내용 추가)

오감	컴퓨터의 능력	컴퓨터의 진화 및 인간 지원 활동
시각 (87%)	인간의 시각 감지 능력을 넘음	인간의 눈은 가시광선(Visible Light)만 감지, 향후 컴퓨터는 라디오(Radio), 극초단파(Microwave), 적외선(IR), 극자외선(UV), X-선, 알파선, 감마선, 베타선까지 감지하여, 인간이 감지할 수 없는 시각정보(이미지), 예술(artwork) 정보, X-선 이미지, MRI 이미지를 분석하여 인간에게 제공
청각 (7%)	인간의 청각 감지 능력을 넘음	인간의 귀는 16Hz~20kHz의 소리만 감지, 향후 컴퓨터는 20,000Hz 이상의 초음파를 모두 감지하여, 인간이 감지할 수 없는 소리나 진동을 감지, 어린아이의 우는 소리를 인식분석하여 건강상태나 분위기 파악하여 치료법 제공, 미세한 소리까지 감지하여 산 사태(avalanches)나 다리의 붕괴를 예측하여 인간에게 제공
촉각 (3%)	인간의 촉각 감지 능력을 넘음	인간의 손/피부는 사물의 표면만을 감지하고 미묘한 촉감을 감지할 수 없으나, 향후 컴퓨터는 인간이 감지할 수 없는 사물의 표면과 속의 촉감을 감지하여 스마트 화면에서 물체의 질감을 느낄 수 있도록 해줌. 스마트폰의 진동장치를 이용해 원거리에 있는 사물의 고유한 진동패턴(빠르고 짧은 진동, 길고 강한 진동)을 재현하여 촉감도 인간에게 전달
후각 (2%)	인간의 후각 감지 능력을 넘음	인간의 코는 10,000개의 냄새분자(화학분자)만 감지, 향후 컴퓨터는 개의 100,000개 냄새분자를 감지할 수 있는 능력을 가져, 인간이 감지할 수 없는 냄새를 감지하여 인간에게 위험 정도를 제공, 인간의 호흡(날숨, respiration)으로 건강 상태를 분석하고 실내의 병원균이나 바이러스를 감지하여 인간에게 제공. 호흡에 아세톤 분자(가스)가 2배 이상 포함되면 당뇨병, 톨루엔은 폐암, 일산화질소는 천식, 암모니아는 신장병
미각 (1%)	인간의 미각 감지 능력을 넘음	인간이 감지할 수 없는 미각을 감지하여 개인의 건강상태와 미각 선호도를 고려해 식단을 구성해줌. 인간의 맛을 결정하는 것은 시각이 87%임, 보는 것으로 이미 침이 나오고 먹고 싶다는 생각이 나게 하는 것임

3. 물(water)과 영(Spirit or spirit)이란?

3-1. 물=미네랄+테라헤르츠파(빛)+생명수+@

물은 생명의 어머니이고, 지금까지 과학이 밝힌 바로는 물에는 에너지와 파동의 생명을 이루는 기본입자인 원자, 즉 미네랄(mineral)이 있다고 했다. 필자는 이미 『바이블 매트릭스』 4권 『하나님들의 과학기술과 우리가 창조해야 할 미래(하)』의 2부 12장 3절인 "하나님들의 식사법, 번제, 소제, 향기로 에너지를 마시다"와 본권 1부 1장 1절 1-2의 "하나님들의 식사법, 번제, 소제, 향기로 에너지(미네랄)를 마시다"에서 하나님들과 천사들은 에너지인 미네랄을 코로 마셨다고 했다. 하나님들이 미네랄을 코로 마셨다는 것은 미네랄이 하나님들의 몸을 유지하는 기본 영양소일 것이라는 점이다. 그렇다면 지구의 육체의 몸이 하늘나라의 하나님들과 천사들의 몸으로 변형되거나 부활하려면, 바로 물에 있는 미네랄을 이용해서 천상의 몸의 물질로 변화되는 것이 아닌가 생각한다.

아니면 우리가 아직 찾아내지 못한 미네랄 이외의 그 이상의 물에 있는 다른 물질(@)일 수도 있다. 아직 물의 근원이 밝혀지지 않았지만, 지구의 물이 아니라 하늘나라의 생명수(Water of Life)가 될 수도 있다. 왜냐하면 『바이블 매트릭스』 5권 『성령으로 무장하신 예수님의 과학기술』의 1부 3장 3절인 "중보와 새 언약의 예수님, 예수님은 빛=진리=생명=길=부활"에서 예수님은 영생의 조건(2)으로 하나님들이 마시는 생명수까지 주신다고 새로운 언약으로 말씀하셨기 때문이다.

「요한복음」 4:14 - 내가 주는 물을 먹는 자는 영원히 목마르지 아니하리니 나의 주는 물은 그 속에서 영생하도록 솟아나는 샘물이 되리라(but whoever drinks the water I give him will never thirst. Indeed, the water I give him will become in him a spring of water welling up to eternal life)(NIV)

「요한계시록」 7:17 - 이는 보좌 가운데 계신 어린 양이 저희의 목자가 되사 생명수 샘으로 인도하시고 하나님께서 저희 눈에서 모든 눈물을 씻어 주실 것임이러라(For the Lamb at the center of the throne will be their shepherd; he will lead them to springs of living water. And God will wipe away every tear from their eyes)(NIV)

21:6 - 또 내게 말씀하시되 이루었도다 나는 알파와 오메가요 처음과 나중이라 내가 생명수 샘물로 목마른 자에게 값없이 주리니(He said to me: "It is done. I am the Alpha and the Omega, the Beginning and the End. To him who is thirsty I will give to drink without cost from the spring of the water of life.")(NIV)

22:1 - 또 저가 수정같이 맑은 생명수의 강을 내게 보이니 하나님과 및 어린 양의 보좌로부터 나서(Then the angel showed me the river of the water of life, as clear as crystal, flowing from the throne of God and of the Lamb)(NIV)

22:17 - 성령과 신부가 말씀하시기를 오라 하시는도다 듣는 자도 오라 할 것이요 목마른 자도 올 것이요 또 원하는 자는 값없이 생명수를 받으라 하시더라(The Spirit and the bride say, "Come!" And let him who hears say, "Come!" Whoever is thirsty, let him come; and whoever wishes, let him take the free gift of the water of life.)(NIV)

또한 『바이블 매트릭스』 4권 『하나님들의 과학기술과 우리가 창조해야 할 미래(하)』의 3부 1장 4절의 4-4 "미네랄 테라헤르츠파의 발견"과 4-5 "유전자는 사라져도 생명의 흔적을 남기는 미네랄의 발견"과 『바이블 매트릭스』 5권 『성령으로 무장하신 예수님의 과학기술』의 2부 2장 1절의 "미네랄 테라헤르츠파란 무엇인가"와 2절의 "유전자는 사라져도 생명의 흔적을 남기는 미네랄"에서 미네랄에는 인간의 조직이나 세포나 유전자 고유의 파동인 테라헤르츠파(THz)가 있으며, 설사 인간이 죽어 유전자가 썩어 없어진다 해도 미네랄은 생명의 흔적을 갖고 있다고 했다. 그 죽은 사람의 생명의 흔적을 갖고 있는 미네랄은 무덤의 흙 속에 남아 있고 돌 속에 남아 있고 물 속에 남아 있고 바닷 속에 남아 있다. 이러한 테라헤르츠파를 미네랄에 쏘아주면 다시 역방향으로 줄기세포처럼 역분화되어 몸이 다시 사는 것이 아닐까? 그러나 그 부활의 메커니즘은 지금으로서는 정확히 알 수 없다. 그저 추측할 뿐이다.

3-2. 영=빛과 물질과 에너지의 전환(E=mc²)+테라헤르츠+초음파+@

영이란 무엇일까? 이를 알려면 『바이블 매트릭스』 5권 『성령으로 무장하신 예수님의 과학기술』의 1부 2장 1절 "영(Spirit or Spirits)이란? 하나님 아버지의 지식=과학기술"을 참조해야 한다. 보다 구체적으로 말한다면 이미 『바이블 매트릭스』 5권 1부 2장 3절 3-6의 "빛을 물질로 전환하다, 빛에서 물질을 생성하다"에서 소개한 물질(원자+@)을 빛으로 빛을 물질로 전환하는 빛의 광학기술이라고 말할 수 있다. 이것은 1905년에 천재 물리학자 아인슈타인(Albert Einstein, 1879~1955)이 발표한 그 유명한 물질과 에너지의 등가(Matter-energy equivalence) 방정식인 $E=mc^2$에 바탕을 두는 것이다. 에너지와 질량(물질)은 등가(Equivalence)이고, 빛(c=constant)과 에너지가 등가이면, 빛과 물질도 등가이다. 물질과 에너지를 빛으로 전환할 수 있다는 얘기이다. 미네랄이란 원자를 빛으로 전환하여 어떤 챔버나 실험실에 쏘아주면 그 안에서 영적인 몸으로 변형되거나 부활하는 것이 아닐까?

예를 들어 이미 살펴보았던 예수님의 변형을 생각해보자. 하늘에는 모세와 엘리야 선지가가 우주선에 타고 있다. 예수님의 몸은 인간이기 때문에 일반물질로 이루어져 있다. 이 물질을 빛으로 전환하여 빛의 속도로, 아니 그 이상의 속도인 파동의 운반광선으로 우주선 안으로 보낸다. 그러면 우주선 안이 하나의 챔버가 되거나 우주선 안의 별도의 챔버 안에서 천상의 몸을 이루는 영적인 물질로 전환되는 것이 아닐까? 그리고 우주복을 착용한 것은 아닐까? 예수님의 '얼굴이 해같이 빛나며 옷이 빛과 같이 희어졌더라'가 바로 변형과 우주선과 우주복을 설명해주는 것이 아닐까?.

「마태복음」 17:2 - 저희 앞에서 변형되사 그 얼굴이 해같이 빛나며 옷이 빛과 같이 희어졌더라(There he was transfigured before them. His face shone like the sun, and his clothes became as white as the light.)

17:3 - 때에 모세와 엘리야가 예수로 더불어 말씀하는 것이 저희에게 보이거늘(Just then there appeared before them Moses and Elijah, talking with Jesus.)

17:4 - 베드로가 예수께 여짜와 가로되 주여 우리가 여기 있는 것이 좋사오니 주께서 만일 원하시면 내가 여기서 초막 셋을 짓되 하나는 주를 위하여, 하나는 모세를 위하여, 하나는 엘리야를 위하여 하리이다(Peter said to Jesus, "Lord, it is good for us to be here. If you wish, I will put up three shelters--one for you, one for Moses and one for Elijah.")

17:5 - 말할 때에 홀연히 빛난 구름이 저희를 덮으며 구름 속에서 소리가 나서 가로되 이는 내 사랑하는 아들이요 내 기뻐하는 자니 너희는 저의 말을 들으라 하는지라(While he was still speaking, a bright cloud enveloped them, and a voice from the cloud said, "This is my Son, whom I love; with him I am well pleased. Listen to him!")

또한 부활과 휴거를 하려면 파동, 즉 빛의 파동인 테라헤르츠파 기술과 소리 파동인 초음파 기술이 필요할 것이다. 순식간에 영적인 몸으로 변화하려면 천상의 유전자의 급속 발현이나 세포의 급성장들을 부추기는 증폭기술이 필요할 것이다. 그러나 아직 추측만 할 뿐이지 그 정확한 과학지식을 모른다. 언젠가는 '영(영혼, spirit)'이 있다는 것이 과학적으로 밝혀질 것이고, 육의 몸에서 '영'을 분리해 내는 유체이탈

(遺體離脫) 혹은 체외유리(體外遊離, Out-of-the-Body)의 방법을 찾아낼 것이다. 그때 가면 '영의 몸'이 무엇인지 확연히 알게 될 것이다.

3-3. 살리는 것은 하나님 아버지의 영=살림/생명(과학기술)+구원받은 영(혼)

앞서 설명한 「요한복음」 3장 5절과 6절에서 'the Spirit or spirit'를 한글성경에서는 모두 '성령'이라 번역하고 있는데, 이는 잘못 번역한 것이라 했다. '영'이라 번역해야 옳은 것이다. 따라서 필자가 '영'으로 수정하여 제시하였는데, 그 근거를 살펴보자.

이미 본권 1부 2장 1절 1-3의 "예수님의 피=구원, 영의 구원=낙원, 살리는 생명을 주는 것은 영, 부활과 영생"에서 살펴본 바와 같이 예수님께서는"살리는 것은 영이니 육은 무익하니라 내가 너희에게 이른 말이 영이요 생명이라"고 말씀하셨다.

여기서 육은 인간의 육체를 말하는 것으로 인간이 아무리 노력한들 영생할 수 없다는 뜻이다. 영이 살린다는 것은 생명을 주는 하나님 아버지의 영이란 뜻이다. 우리의 영혼도 하나님 아버지의 영에서 왔다(〈창세기 2:7). 이 때 영이란 하나님 아버지의 영혼을 의미하기도 하지만, 부활의 개념으로 접근하다면 하나님 아버지의 생명지식, 즉 생명과학기술을 의미한다고 했다.[5] 그것은 바로 부활과 휴거에 관한 방법, 즉 생명과학기술로 생명을 주신다는 뜻이다. 부활과 휴거를 통해 영생을 얻으려면 영혼이 구원(죄사함)을 받고 낙원에 이르러야 한다. 그 다음 영적인 몸으로 부활하거나 변형(휴거)되어야 함을 말하는 것이다.

---

5 자세한 내용은 『바이블 매트릭스』 5권 『성령으로 무장하신 예수님의 과학기술』의 1부 2장 1절의 "영(Spirit or Spirits)이란? 하나님 아버지의 지식=과학기술"을 참조하라.

그러나 부활이든 휴거이든 먼저 영(영혼)이 구원을 받아야 한다. 왜냐하면 구원 받은 영(영혼)들만 첫째 부활과 휴거에 동참할 수 있기 때문이다. 구원을 받지 못한 영(혼)들은 둘째 부활인 심판의 부활에 참여하여 심판을 받아야 한다.

「요한복음」 6:63 - 살리는 것은 영이니 육은 무익하니라 내가 너희에게 이른 말이 영이요 생명이라(The Spirit gives life; the flesh counts for nothing. The words I have spoken to you are spirit and they are life.)(NIV); It is the spirit that quickeneth; the flesh profiteth nothing: the words that I speak unto you, they are spirit, and they are life.(KJV); The Spirit alone gives eternal life. Human effort accomplishes nothing. And the very words I have spoken to you are spirit and life.(New Living); What gives life is God's Spirit; human power is of no use at all. The words I have spoken to you bring God's life-giving Spirit.(Good News)

「고린도전서」 15장 45절에는 첫째 아담은 살아있는 인간의 육체였다. 첫째 아담은 930살에 죽었다. 그 영(영혼)은 하늘로 올라 최소한 세 번째 하늘인 낙원에 이르렀을 것이다. 그리고 마지막 아담은 생명을 주는 영이되었다고 기록하고 있다. 생명의 영적인 몸으로 부활한다는 뜻이다.

「고린도전서」 15: 45 - 기록된 바 첫 사람 아담은 산 영이 되었다 함과 같이 마지막 아담은 살려 주는 영이 되었나니(So it is written: "The first man Adam became a living being"; the last Adam, a life-giving spirit.)(NIV); And so it is written, The first man Adam was made a living soul; the last Adam was made a quickening spirit.(KJV); The Scriptures tell us,

“The first man, Adam, became a living person.”(1) But the last Adam?that is, Christ?is a life-giving Spirit. / (1)Gen 2.7(New Living:; For the scripture says, “The first man, Adam, was created a living being”; but the last Adam is the life-giving Spirit.(Good News)

이러한 관점에서 ‘물과 성령’이 아니라 ‘물과 영’이라고 번역해야 옳은 것이다. 그리고 이 때의 물이란 물 속에 들어 있는 미네랄 같은 원자나 생명수에 들어 있는 우리가 모르는 물질을 말하는 것이고 영이란 빛과 물질을 전환하는 기술 혹은 도구 등의 하나님의 그 어떤 생명과학지식을 말하는 것이다.

4. 바다도 음부도 죽은 자들을 내어 줄 것이요→미네랄

지금까지 밝혀진 과학으로 물은 미네랄이 될 가능성이 매우 높다는 성경구절이 있다. 바로 「요한계시록」 20장의 두 번째(둘째) 부활인 심판의 부활이다. 13절의 한 구절로 설명이 되어 있는데, 매우 구체적이다.

“바다가 그 가운데서 죽은 자들을 내어 주고”라는 것은 1) 우리가 죽은 자를 화장해서 바다에 뿌리는 경우 죽은 자의 몸이 갖고 있던 미네랄이 바다에 남아 있어 미네랄을 내어 준다는 것으로 해석할 수 있고, 2) 또는 『바이블 매트릭스』 4권 『하나님들의 과학기술과 우리가 창조해야 할 미래(상)』의 2부 4장인 “우주공항/에덴동산을 지키는 땅의 로봇들과 하늘을 지키는 우주로봇들”의 1절에서 소개한 “세다 산 우주공항을 지키는 레이저로 무장한 훔바바(후와와)”(페이지 268)의 길가메시(Gilgamesh)와 엔키두(Enkidu)의 여행에서 결국 엔키두는 죽어 강물수장(a riverbed burial)이 된다고 했다. 이 당시인 BC 3000년경에는 이러한 강물수장이나 바다수장이 있었다는 것을 이해하면, 이도 같은 맥락이다.

"사망과 음부도 그 가운데서 죽은 자들을 내어 주매"라는 것은 땅에 장사된 죽은 자들의 몸이 갖고 있던 미네랄을 내어 준다는 것으로 해석할 수 있다. 지금의 과학으로서는 말이다.

「요한계시록」 20:13 - 바다가 그 가운데서 죽은 자들을 내어 주고 또 사망과 음부도 그 가운데서 죽은 자들을 내어 주매 각 사람이 자기의 행위대로 심판을 받고(The sea gave up the dead that were in it, and death and Hades gave up the dead that were in them, and each person was judged according to what he had done.(NIV)

5. 죽은 자들이 예수님의 음성(코드)을 듣는다-텔레파시+테라헤르츠파 이상의 초음파

예수님은 다음과 같이 말씀하셨다. "죽은 자들이 하나님의 아들의 음성을 들을 때가 오나니 곧 이 때라 듣는 자는 살아나리라." "무덤 속에 있는 자가 다 그의 음성을 들을 때가 오나니." 죽은 자들이 예수님의 음성, 즉 소리를 듣는다는 것이다. 이 때의 소리란 파동이다. 지금으로서는 텔리파시 혹은 테라헤르츠파 이상의 초음파라고만 이해할 뿐이다. 그것도 전 세계에 퍼져 있는 죽은 자들이 동시에 들을 것이다. 듣는 자는 살아난다는 뜻은 예수님 안에서 예수님을 위해 피흘려 죽은 자들 또는 예수님을 증거하고 죽은 자들 또는 의로운 일과 선한 일을 하고 죽은 자들이 부활한다는 것이다. 이것은 첫째 부활을 의미하는 것이다.

그렇기 때문에 예수님의 소리에는 어떤 암호(코드)가 있을 수 있다. 이 암호를 들을 수 있는 죽은 자들은 그렇기 때문에 이미 선택되어질 가능성이 높다. 아무나 들을 수 있는 예수님의 음성이 아닐 것이다. 그것도 맞춤식 코드일 것이다. 어떤이는 바다 수천 킬로미터에 있고 어떤이는 땅속 수십 미터에 있을 것이다. 그러니 맞춤식 음성(코드)이 아니고서는 들을 수 없을 것이다. 그래서 예수님께서 간직하고 있는 생명책(Book of Life)(「요한계시록」 3:5 & 13:8 & 17:8 & 20:12 & 20:15 & 21:27)에 이름이 기록되는 것이 중요한 것이다. 생명책은 『바이블 매트릭스』 7권 『「다니엘」과 「요한계시록」을 과학적 관점으로 해석』에서 자세히 다루기로 한다.

「요한복음」 5:25 - 진실로 진실로 너희에게 이르노니 죽은 자들이 하나님의 아들의 음성을 들을 때가 오나니 곧 이 때라 듣는 자는 살아나리라(I tell you the truth, a time is coming and has now come when the dead will hear the voice of the Son of God and those who hear will live.)

26 - 아버지께서 자기 속에 생명이 있음같이 아들에게도 생명을 주어 그 속에 있게 하셨고(For as the Father has life in himself, so he has granted the Son to have life in himself.)

27 - 또 인자됨을 인하여 심판하는 권세를 주셨느니라(And he has given him authority to judge because he is the Son of Man.)

28 - 이를 기이히 여기지 말라 무덤 속에 있는 자가 다 그의 음성을 들을 때가 오나니(“Do not be amazed at this, for a time is coming when all who are in their graves will hear his voice)

29 - 선한 일을 행한 자는 생명의 부활로, 악한 일을 행한 자는 심판의 부활로 나오리라(and come out--those who have done good will rise to live, and those who have done evil will rise to be condemned.)

6. 7번째 천사장의 음성과 나팔소리(THz+초음파+@)에 맞추어 부활/휴거

6-1. Call=예수님의 호령+천사장의 소리+하나님의 나팔→공중에서 예수님 영접

바울(Paul, AD 5~68) 사도가 AD 52년에 쓴 「데살로니가전서」는 예수님의 재림문제와 부활과 휴거에 대해 쓴 것으로 4장 16절에는 "예수님께서 호령과 천사장의 소리와 하나님의 나팔로 친히 하늘로 좇아 강림하시리니 그리스도 안에서 죽은 자들이 먼저 일어나고"와 "그 후에 우리 살아 남은 자도 저희와 함께 구름 속으로 끌어올려 공중에서 주를 영접하게 하시리니"라고 기록하고 있다. 전자는 부활을 말하는 것이고 후자는 휴거(변형)을 말하는 것이다.

세 가지가 핵심이다. (1) 먼저 예수님의 호령(loud command, commanding shout)이 있다는 것이다. 이는 앞 절에서 말한 예수님의 음성(voice)을 말한다. 이 때의 예수님의 음성이란 천사장에게 내리는 명령이요 첫째 부활과 휴거에 참여할 죽은 자들과 살아있는 자들에게 보내는 맞춤식 암호로 이루어진 파동일 것이다. (2) 그 다음 천사장의 소리(voice)가 있다는 것이다. 이것은 예수님의 명령을 받고 천사장이 다시 죽은 자들과 살아있는 자들에게 암호를 보내는 것이다. 무엇이든지 이루려면 최고 높은 사람의 말씀, 즉 명령이 먼저 내려지게 마련이다. 그 명령에 따라 죽은 자들과 살아있는 자들은 준비를 하는 것이다. (3) 그 다음 하나님 아버지의 과학도구인 나팔로 부른다(call)는 것이다. 그러면 먼저 그리스도 안에서 죽은 자들이 먼저 일어나 공중의 예수님께 끌려 올라가 예수님을 공중영접하고, 그 후에 살아남은 자들이 구름 속으로 끌어 올려 공중에서 예수님을 영접한다는 것이다.

이 때 구름 속(in the clouds)이란 예수님의 거대한 항공모함우주선을 말하는 것으로, 공중에 떠 있는 우주선으로 끌어 올려진다는 것(caught up)이다. 끌어 올려진다는 것은 인간의 몸의 물질이 빛으로 전환되어 빛의 속도로 우주선 안으로 순식간에 들어간다고 생각할 수 있다. 이는 본권 1부 1장 2절의 "하늘로 올라간(승천한) 사람들, 에녹/모세/엘리야"와 1부 1장 3절 3-1의 "예수님→영적인 몸으로 변형, 우주선에서 모세와 엘리야와의 대화"에서 살펴보았듯이 모세와 엘리야가 우주선을 타고 승천하신 것과 예수님의 변형과 같은 방법이다. 따라서 우주선 안으로 끌어 올려지면 영적인 몸으로 변화되면서 자연스럽게 우주복(흰 옷)을 착용하게 된다. 또는 영적인 몸 상태로 우주복을 입지 않고도 영적인 몸의 시스템으로 구성된 우주선으로 그냥 들어갈 수도 있을 것이다.

「데살로니가전서」 4:16 - 주께서 호령과 천사장의 소리와 하나님의 나팔로 친히 하늘로 좇아 강림하시리니 그리스도 안에서 죽은 자들이 먼저 일어나고(For the Lord himself will come down from heaven, with a loud command, with the voice of the archangel and with the trumpet call of God, and the dead in Christ will rise first.)(NIV); For the Lord himself will come down from heaven with a commanding shout, with the voice of the archangel, and with the trumpet call of God. First, the Christians who have died(1) will rise from their graves. / (1)Greek the dead in Christ(New Living)(New Living)

4:17 - 그 후에 우리 살아 남은 자도 저희와 함께 구름 속으로 끌어 올려 공중에서 주를 영접하게 하시리니 그리하여 우리가 항상 주와 함께 있으리라(After that, we who are still alive and are left will be caught up together with them in the clouds to meet the Lord in the air. And so we will be with the Lord forever.)(NIV); Then, together with them, we who are still alive and remain on the earth will be caught up in the clouds to meet the Lord in the air. Then we will be with the Lord forever.(New Living)

그런데 「데살로니가전서」 4:16절의 영문성경을 보면 주어가 예수님이시다. 예수님이 (1) 큰 소리의 명령과 함께(with a loud command), (2) 천사장의 소리와 함께(with the voice of the archangel), 그리고 (3) 하나님의 나팔의 부름과 함께(with the trumpet call of God), 하늘로부터 강림하신다는 것으로, 얼뜻 보면 예수님이 직접 나팔을 부는 것으로 되어 있다. 그러나 그 위임받은 분은 일곱 분의 천사장 중 일곱째 천사장(the archangel)일 것이다. 여기서 약간의 문제가 되는 것은 하나님의 나팔(trumpet of God)이다. 이 문제에 대해서는 본절의 마지막 절인 "마지막 나팔이란? 나팔절의 나팔이 아니라 일곱 번째 천사의 나팔"에서 다루기로 한다.

6-2. 마지막 나팔소리→순식간(0.3초)에 부활과 휴거의 변화가 일어나

부활과 휴거의 장면에 대해서는 「고린도전서」 15장에 상세히 기록되어 있다. 어떻게 기록되어 있냐 하면 "마지막 나팔에 순식간에 홀연히 다 변화하리니"라고 기록되어 있다. 여기서 변화한다(Transformed)는 것은 부활과 휴거의 상태를 말하는 것이다. 나팔 소리가 나매 죽은 자들이 썩지 아니할 것으로 다시 살고, 살아있는 사람들도 변화한다는 것이다. 그런데 부활과 휴거에 필요한 시간이 몇 시간이 아니라 눈 깜빡할 시간(in the twinkling of an eye)에 홀연히 다 변화한다는 것이다. 눈 깜빡할 시간이란 300밀리초로 0.3초 동안에 일어난다는 것이다. 대단한 과학이다. 그러나 서기 10740년에 이 일이 일어난다면 가능도 할 것이다.

「고린도전서」 15:51 - 보라 내가 너희에게 비밀을 말하노니 우리가 다 잠잘 것이 아니요 마지막 나팔에 순식간에 홀연히 다 변화하리니(Listen, I tell you a mystery: We will not all sleep, but we will all be changed--(NIV); But let me reveal to you a wonderful secret. We will not all die, but we will all be transformed!(New Living)

52 - 나팔 소리가 나매 죽은 자들이 썩지 아니할 것으로 다시 살고 우리도 변화하리라(in a flash, in the twinkling of an eye, at the last trumpet. For the trumpet will sound, the dead will be raised imperishable, and we will be changed.(NIV); It will happen in a moment, in the blink of an eye, when the last trumpet is blown. For when the trumpet sounds, those who have died will be raised to live forever. And we who are living will also be transformed.(New Living))

53 - 이 썩을 것이 불가불 썩지 아니할 것을 입겠고 이 죽을 것이 죽지 아니함을 입으리로다(For the perishable must clothe itself with the imperishable, and the mortal with immortality.(NIV); For our dying bodies must be transformed into bodies that will never die; our mortal bodies must be transformed into immortal bodies.(New Living)

54 - 이 썩을 것이 썩지 아니함을 입고 이 죽을 것이 죽지 아니함을 입을 때에는 사망이 이김의 삼킨 바 되리라고 기록된 말씀이 응하리라(When the perishable has been clothed with the imperishable, and the mortal with immortality, then the saying that is written will come true: "Death has been swallowed up in victory."(NIV); Then, when our dying bodies have been transformed into bodies that will never die(1), this Scripture will be fulfilled : "Death is swallowed up in victory.(2) / (1)Some manuscripts add and our mortal bodies have been transformed into immortal bodies (2)Isa 25.8(New Living)

55 - 사망아 너의 이기는 것이 어디 있느냐 사망아 너의 쏘는 것이 어디 있느냐("Where, O death, is your victory? Where, O death, is your sting?"(NIV); O death, where is your victory? O death, where is your sting?(1)" / (1)Hos 13.14 (Greek version)(New Living)

56 - 사망의 쏘는 것은 죄요 죄의 권능은 율법이라(The sting of death is sin, and the power of sin is the law.)

57 - 우리 주 예수 그리스도로 말미암아 우리에게 이김을 주시는 하나님께 감사하노니(But thanks be to God! He gives us the victory through our Lord Jesus Christ.)

58 - 그러므로 내 사랑하는 형제들아 견고하며 흔들리지 말며 항상 주의 일에 더욱 힘쓰는 자들이 되라 이는 너희 수고가 주 안에서 헛되지 않은 줄을 앎이니라(Therefore, my dear brothers, stand firm. Let nothing move you. Always give yourselves fully to the work of the Lord, because you know that your labor in the Lord is not in vain.)

6-3. 휴거 – 두 사람이 밭에/두 여자가 매를 갈고 있을 때, 하나는 데려감

「마태복음」 24장 40절~41절과 「누가복음」 17장 34절~35절에는 '휴거'가 어떻게 일어나는지를 잘 설명하고 있다. 예를 들어 두 사람이 밭에 있으매 하나는 데려감을 당하고(one will be taken) 하나는 버려둠을 당하며, 두 여자가 매를 갈고 있으매 하나는 데려감을 당하고(one will be taken) 하나는 버려둠을 당하며, 밤에 두 남자가 한 자리에 누워 있으매 하나는 데려감을 당하고(one will be taken) 하나는 버려둠을 당할 것이라는 것이다.

「마태복음」 24:40 - 그 때에 두 사람이 밭에 있으매 하나는 데려감을 당하고 하나는 버려둠을 당할 것이요(Two men will be in the field;

one will be taken and the other left.)

41 두 여자가 매를 갈고 있으매 하나는 데려감을 당하고 하나는 버려둠을 당할 것이니라(Two women will be grinding with a hand mill; one will be taken and the other left.)

「누가복음」 17:34 - 내가 너희에게 이르노니 그 밤에 두 남자가 한 자리에 누워 있으매 하나는 데려감을 당하고 하나는 버려 둠을 당할 것이요(I tell you, on that night two people will be in one bed; one will be taken and the other left.)

17:35 - 두 여자가 함께 매를 갈고 있으매 하나는 데려감을 당하고 하나는 버려 둠을 당할 것이니라(Two women will be grinding grain together; one will be taken and the other left.")

6-4. 부르심을 입고 빼내심을 얻어, 부활자/휴거자의 역할, 선과 악의 싸움

이를 증거하듯 「요한계시록」 17장 14절에는 부활과 휴거의 역할이 기록되어 있다. 부활과 휴거에 동참한 자들은 예수님과 더불어 싸운다는 것이다. 사단과 악한 왕들과 거짓 선지자와 불의한 자들과 싸운다는 것이다. 특히 바벨론의 왕들과 싸운다는 것이다. 결국 부활과 휴거에 동참한 자들은 예수님과 함께 함으로 이긴다는 것이다. 부활과 휴거로 부르심을 입은 자들은 예수님의 군대에 편성된다는 뜻이다. 이 세상과 천상은 선과 악의 싸움이다. 지금도 천국은 악의 무리들에게 침노를 당한다는 것이다.

「요한계시록」 17:14 - 저희가 어린 양으로 더불어 싸우려니와 어린 양은 만주의 주시요 만왕의 왕이시므로 저희를 이기실 터이요 또 그와 함께 있는 자들 곧 부르심을 입고 빼내심을 얻고 진실한 자들은 이기리로다(They will make war against the Lamb, but the Lamb will overcome them because he is Lord of lords and King of kings--and with him will be his called, chosen and faithful followers.")(NIV)

「마태복음」 11:12 - 세례 요한의 때부터 지금까지 천국은 침노를 당하나니 침노하는 자는 빼앗느니라(From the days of John the Baptist until now, the kingdom of heaven has been forcefully advancing, and forceful men lay hold of it.)

6-5. 마지막 나팔이란? 나팔절의 나팔이 아니라 일곱 번째 천사(장)의 나팔

몇몇 신학자들이나 그리스도인들은 '하나님의 나팔(the trumpet call of God)'을 구약 「레위기」 23장에 등장하는 1) 유대인들의 나팔절(Feasts of Trumpet)에 부는 인간이 부는 나팔, (2) 속죄일(Day of Atonement) 때 나팔 소리를 내되 전국에서 나팔을 크게 부는 인간이 부는 나팔(「레위기」 25:9), (3) 「레위기」 23장의 여호와의 일곱 개의 절기 때 부는 인간의 나팔로 해석하곤 하는데, 이것은 아주 잘못 알고 있는 것이다. 이렇게 해석해서 유대인의 나팔절에 부는 나팔로 유도하기도 한다. 유대인의 나팔절에는 100번 부는데 백 번째 마지막 나팔을 '하나님의 나팔', 즉 '마지막 나팔(the last trumpet)'로 해석하는 오류를 범하는 것이다. 아니 예수님께서 사단(악)과 사망과 음부와 불의를 심판하시러 오시는(재림) 마당에 왠 인간들이 나팔을 분다는 것인가?

「마태복음」 24장 3절~42절까지는 '인자의 오심'과 '휴거'를 기록하고 있는데, 이 때 예수님께서 큰 나팔을 가진 천사들을 이 땅에 보내 택하신 자들을 이 끝에서 저 끝까지 사방에서 모은다는 내용이 자세히 기록되어 있다(「누가복음」 17:34~35). 이 휴거는 '재난의 징조(Signs of the End of the Age)'(「마태복음」 24:1~14; 「마가복음」 13:3~13; 「누가복음」 21:7~19)와 '큰 환난(Great Distress, Great Tribulation)'(「마태복음」 24:15~28; 〈마가복음 13:14~23; 「누가복음」 21:20~24)과 '일곱 천사의 일곱 나팔(The Seven Trumpets of the Seven Angels or Archangels)'(「요한계시록」 8장)' 중 일곱째 천사의 나팔 이후에 일어나는데, 이 때 예수님의 징조가 하늘에 나타나면서(「마태복음」 24:29~31; 「마가복음」 13:24~27; 「누가복음」 21:25~28) 이루어진다. 예수님의 징조란 일곱째 천사의 나팔 소리에 맞추어 바로 예수님께서 거대한 항공모함우주선(영광)을 타시고 공중재림 하실 때에 부활이 먼저이고 그 다음 휴거가 일어난다는 것을 의미하는 것이다.

「마태복음」 24:29 - 그 날 환난 후에 즉시 해가 어두워지며 달이 빛을 내지 아니하며 별들이 하늘에서 떨어지며 하늘의 권능들이 흔들리리라("Immediately after the distress of those days "'the sun will be darkened, and the moon will not give its light; the stars will fall from the sky, and the heavenly bodies will be shaken.')(NIV)

24:30 - 그 때에 인자의 징조가 하늘에서 보이겠고 그 때에 땅의 모든 족속들이 통곡하며 그들이 인자가 구름을 타고 능력과 큰 영광으로 오는 것을 보리라("At that time the sign of the Son of Man will appear in the sky, and all the nations of the earth will mourn. They will see the Son of Man coming on the clouds of the sky, with power and great glory.)

24:31 - 저가 큰 나팔 소리와 함께 천사들을 보내리니 저희가 그 택하신 자들을 하늘 이 끝에서 저 끝까지 사방에서 모으리라(And he will send his angels with a loud trumpet call, and they will gather his elect from the four winds, from one end of the heavens to the other.)

24:40 - 그 때에 두 사람이 밭에 있으매 하나는 데려감을 당하고 하나는 버려둠을 당할 것이요(Two men will be in the field; one will be taken and the other left.)

41 두 여자가 매를 갈고 있으매 하나는 데려감을 당하고 하나는 버려둠을 당할 것이니라(Two women will be grinding with a hand mill; one will be taken and the other left.)

6-6. 결론 : 예수님 공중재림→일곱 번째 천사의 나팔/부활과 휴거

「마태복음」 24장 31절을 보면 예수님께서 하나의 커다란 나팔 소리(부름, call)를 가진 예수님의 천사들을 보낸다(And he will send his angels with a loud trumpet call)고 분명하게 기록되어 있다. 그럼 이 마지막 나팔을 부는 천사 혹은 천사장은 어느 분일까? '큰 환란'이란 「요한계시록」 6장에 등장하는 여섯 봉인(The Seals)에 담긴 심판을 말하는 것이고, '일곱 천사의 일곱 나팔'은 '큰 환란' 이후의 「요한계시록」 8장에 등장하는 일곱 천사의 일곱 나팔로 첫째~여섯째까지의 천사(장)들의 나팔소리에 의한 여섯 번의 화(Woes)를 말하는 것이다.

그런데 마지막 천사(장)인 일곱째 천사가 소리내는 날 그 나팔을 불게 될 때에 하나님의 비밀이 그 종 선지자들에게 전하신 복음과 같이 이루어지고(「요한계시록」 10:7), 이에 하늘에 있는 하나님의 성전이 열리니, 성전 안에 하나님의 언약궤가 보이며, 또 번개와 음성들과 뇌성과 지진과 큰 우박이 내린다(「요한계시록」 11:15 & 19). 그리고 이 때 예수님께서는 하나님 아버지의 커다란 우주선 보좌의 우편에서 예수님을 위한 별도의 우주선 보좌(자기 영광의 보좌)로 좌우에 6명씩 12제자와 모든 천사들과 함께 오실 때에 부활과 휴거가 일어난다. 이 때 부활하고 휴거한 자들은 공중에서 예수님을 영접하는 것이다.

「마태복음」 19:28 - 예수께서 가라사대 내가 진실로 너희에게 이르노니 세상이 새롭게 되어 인자가 자기 영광의 보좌에 앉을 때에 나를 좇는 너희도 열두 보좌에 앉아 이스라엘 열두 지파를 심판하리라(Jesus said to them, "I tell you the truth, at the renewal of all things, when the Son of Man sits on his glorious throne, you who have followed me will also sit on twelve thrones, judging the twelve tribes of Israel.)(NIV)

25:31 - 인자가 자기 영광으로 모든 천사와 함께 올 때에 자기 영광의 보좌에 앉으리니("When the Son of Man comes in his glory, and all the angels with him, he will sit on his throne in heavenly glory.)

「요한계시록」 10:7 - 일곱째 천사가 소리내는 날 그 나팔을 불게 될 때에 하나님의 비밀이 그 종 선지자들에게 전하신 복음과 같이 이루리라(But in the days when the seventh angel is about to sound his trumpet, the mystery of God will be accomplished, just as he announced to his servants the prophets."(NIV); But in the days of the voice of the seventh angel, when he shall begin to sound, the mystery of God should be finished, as he hath declared to his servants the prophets.(KJV); When the seventh angel blows his trumpet, God's mysterious plan will be fulfilled. It will happen just as he announced it to his servants the prophets."(New Living)

11:15 - 일곱째 천사가 나팔을 불매 하늘에 큰 음성들이 나서 가로되 세상 나라가 우리 주와 그 그리스도의 나라가 되어 그가 세세토록 왕 노릇 하시리로다 하니(The seventh angel sounded his trumpet, and there were loud voices in heaven, which said: "The kingdom of the world has become the kingdom of our Lord and of his Christ, and he will reign for ever and ever."(NIV)

11:19 - 이에 하늘에 있는 하나님의 성전이 열리니 성전 안에 하나님의 언약궤가 보이며 또 번개와 음성들과 뇌성과 지진과 큰 우박이

있더라(Then God's temple in heaven was opened, and within his temple was seen the ark of his covenant. And there came flashes of lightning, rumblings, peals of thunder, an earthquake and a great hailstorm.(NIV)

결론적으로 마지막 나팔이란 일곱 천사들 중 마지막인 일곱 천사의 마지막 나팔인 일곱 번째 나팔이며, 예수님의 공중재림과 일곱 번째 천사의 나팔은 동시에 일어나는 것이다.

4절 예수님의 부활/승천과 인간의 부활/휴거와의 차이점

예수님의 부활과 승천과 인간의 부활과 휴거와의 차이점은 무엇일까? 예수님은 하늘에서 인간의 육체로 빛으로 변형되어 오신 후, 죽임을 당하시고, 다시 이 땅의 인간의 육체로 부활하신 후, 제자들과 500명 이상의 형제들에게 직접 육체로 부활하신 것을 보여주시고, 영적인 몸으로 변화(변형)되시어, 영광(우주선)을 타고 하늘로 승천하시고, 하나님 아버지의 보좌 우편에 앉으신 것이다.

이것이 차이점이다. 인간은 인간의 육체로 부활할 필요가 없이 바로 영적인 몸으로 부활 또는 변형(휴거)되는 것이다. 그래서 부활하고 휴거한 자들은 공중에서 예수님의 거대한 우주선에 탑승하여 예수님을 영접하고 이 땅으로 오시는 것이다.

5절 예수님 재림시 인간의 육체? 영적인 몸? 영적인 몸의 천년 왕국/새 예루살렘

1. 예수님 재림시 인간의 육체? 영적인 몸? was=is=will come

그런데 한 가지 질문이 있다. 예수님 재림시에 예수님은 인간의 육체로 오실까? 아니면 천상의 영적인 몸으로 오실까? 이 질문은 필자를 꽤나 괴롭혔다. 지금 이 글을 쓰면서도 과학적으로 육체냐 영적인 몸이냐를 놓고 고민하고 있다. 왜냐하면 「요한계시록」 20장의 이 땅에서 이루어질 천년 왕국(The Thousand Years)과 「요한1서」와 「요한2서」의 적그리스도를 판별하는 영(spirit) 때문이다.

구약의 잃어버린, 1,000살을 영위하는 생명나무가 있던 에덴 동산을, 「요한계시록」에서는 천년 왕국으로 복원시킨다. 그런데 예수님과 많은 하나님들과 천사들과 12제자들과 아담과 아브라함과 이삭과 야곱이 함께 재림하신다. 그러면 인간의 육체로 오셔야 할까? 영적인 몸으로 오셔야 할까? 왜 부활과 휴거로 인간들은 하늘나라의 시스템에 맞는 영적인 몸으로 변화되어 예수님을 영접할까?

「요한1서」 4장 2절에는 "하나님의 영은 이것으로 알찌니 곧 예수 그리스도께서 육체로 오신 것을 시인하는 영마다 하나님께 속한 것이요"라고 기록하고 있다. 예수님께서 이 땅에 육체로 오셨음을 인정하라는 것이다. 이것은 역사적으로나 진실적으로나 맞는 말이다.

「요한1서」 4:2 - 하나님의 영은 이것으로 알찌니 곧 예수 그리스도께서 육체로 오신 것을 시인하는 영마다 하나님께 속한 것이요(This is how you can recognize the Spirit of God: Every spirit that acknowledges that Jesus Christ has come in the flesh is from God(NIV); Hereby know ye the Spirit of God: Every spirit that confesseth that Jesus Christ is come in the flesh is of God(KJV); This is how you will be able to know whether it is God's Spirit : anyone who acknowledges that Jesus Christ came as a human being has the Spirit who comes from God(Good News); This is how we know if they have the Spirit of God : If a person claiming to be a prophet(1) acknowledges that Jesus Christ came in a real body, that person has the Spirit of God. / (1)Greek If a spirit; similarly in 4.3(New Living)

그런데 「요한2서」 1장 7절에는 "미혹하는 자가 많이 세상에 나왔나니 이는 예수 그리스도께서 육체로 임하심을 부인하는 자라 이것이 미혹하는 자요 적그리스도니"라는 기록이 나온다. 문제는 "육체로 임하심을"인데, 영문성경 NIV는 'Jesus Christ as coming in the flesh'로 미래형으로 표현했다는 것이고, KJV 또한 'Jesus Christ is come in the flesh'로 현재형과 미래형으로, Good News는 'Jesus Christ came as a human being'로 과거형으로, New Living는 'Jesus Christ came(1) in a real body'로 과거형이지만 주석을 달아 'will come'으로 표현했다는 점이다.

「요한2서」 1:7 - 미혹하는 자가 많이 세상에 나왔나니 이는 예수 그리스도께서 육체로 임하심을 부인하는 자라 이것이 미혹하는 자요 적그리스도니(Many deceivers, who do not acknowledge Jesus Christ as coming in the flesh, have gone out into the world. Any such person is the deceiver and the antichrist(NIV); For many deceivers are entered into the world, who confess not that Jesus Christ is come in the flesh. This is a deceiver and an antichrist.(KJV); Many deceivers have gone out over the world, people who do not acknowledge that Jesus Christ came as a human being. Such a person is a deceiver and the Enemy of Christ(Good News); I say this because many deceivers have gone out into the world. They deny that Jesus Christ came(1) in a real body. Such a person is a deceiver and an antichrist. / (1)Or will come(New Living)

이것은 아마도 예수님은 '알파요 오메가(the Alpha and the Omega)', '처음이요 나중(the First and the Last)', 그리고 '시작과 끝(the Beginning and the End)'에도 언제나 항상 계신다는 뜻을(「요한계시록」 1:17, 2:8, 21:6, 22:13) 반영한 것 같다.

또한 하나님 아버지는 '이제도 계시고 전에도 계시고 장차 오실 이(Who is, and who was, and who is to come)'(「요한계시록」 1:4 & 1:8)이며, 또는 '전에도 계셨고 이제도 계시며 장차 오실 자(who was, and who is, and who is to come)'(「요한계시록」 4:8)라는 것을 반영한 것으로 보인다.

아무튼 본 3장의 전체 내용과 위의 사실로 보아 예수님의 재림시에는 인간의 육체가 아닌 하늘의 몸인 영적인 몸으로 오시는 것 같다. 한번 인간의 육체로 오셨는데 두 번 반복해서 오실 이유가 없다고 생각한다. 구약의 상황과 비슷한 것이다. 구약에서는 하나님들이 영적인 몸으로 우주선을 타고 우주복을 입고 오셨다. 그래서 『바이블 매트릭스』 4권 『하나님들의 과학기술과 우리가 창조해야 할 미래(하)』의 2부 10장 3절의 "나를 보고 살 자가 없느니라의 의미"를 살펴볼 필요가 있다.

2. 하늘의 몸인 영적인 몸의 천년 왕국과 새 예루살렘

천년 왕국의 실상은 「요한계시록」 20장에 기록되어 있는데 기록을 보면 다음과 같다. 상황은 구약의 제사장 역활과 비슷하다. 그렇지만 천년 왕국은 하나님들과 예수님과 천사들과 부활한 자들과 휴거한 자들만이 거하는 하나의 의로운 왕국이라고 볼 수 있기 때문에 이는 하늘의 몸인 영적인 몸(육체)의 천년 왕국으로 보아야 할 것이다.

「요한계시록」 20:4 - 또 내가 보좌들을 보니 거기 앉은 자들이 있어 심판하는 권세를 받았더라 또 내가 보니 예수의 증거와 하나님의 말씀을 인하여 목 베임을 받은 자의 영혼들과 또 짐승과 그의 우상에게 경배하지도 아니하고 이마와 손에 그의 표를 받지도 아니한 자들이 살아서 그리스도로 더불어 천 년 동안 왕 노릇 하니(I saw thrones on which were seated those who had been given authority to judge. And I saw the souls of those who had been beheaded because of their testimony for Jesus and because of the word of God. They had not worshiped the beast or his image and had not received his mark on their foreheads or their hands. They came to life and reigned with Christ a thousand years.)(NIV)

20:6 - 이 첫째 부활에 참예하는 자들은 복이 있고 거룩하도다 둘째 사망이 그들을 다스리는 권세가 없고 도리어 그들이 하나님과 그리스도의 제사장이 되어 천 년 동안 그리스도로 더불어 왕 노릇 하리라(Blessed and holy are those who have part in the first resurrection. The second death has no power over them, but they will be priests of God and of Christ and will reign with him for a thousand years.)

그런데 천년 왕국이 끝나고 새 하늘과 새 땅인 새 예루살렘과 만국에 들어가면 하나님 아버지와 예수님의 얼굴을 본다고 기록하고 있다. 완전한 새로운 세상이 열리는 것이다. 그야말로 '다 이루었도다(It is done)'이다(「요한계시록」 21:6). 새 예루살렘의 실상 또한 하늘의 몸인 영적인 몸의 나라라고 보아야 할 것이다.

「요한계시록」 22:3 - 다시 저주가 없으며 하나님과 그 어린 양의 보좌가 그 가운데 있으리니 그의 종들이 그를 섬기며(No longer will there be any curse. The throne of God and of the Lamb will be in the city, and his servants will serve him.)(NIV)

22:4 - 그의 얼굴을 볼 터이요 그의 이름도 저희 이마에 있으리라(They will see his face, and his name will be on their foreheads.)

여기서는 추측만 해보기로 하고 보다 자세한 내용항은 『바이블 매트릭스』 7권 『「다니엘」과 「요한계시록」을 과학적 관점으로 해석』에서 다루기로 한다.

2부

세대/시대 예측과 예수님 재림시기 예측

1장

땅/하늘/바다/땅속 나라들의 개편, 선과 악의 싸움

1절 나라들의 개편, 「요한계시록」의 땅/하늘/바다/땅속의 나라들과 짐승들(왕들)

1. 성경의 바다(the sea)와 물(the wasters)의 의미

많은 분들이 바다(the sea)나 물(the wasters)은 많은 사람들이 살고 있는 지역을 상징한다고 해석한다. 그 근거는 바로 「요한계시록」 17장 15절의 "또 천사가 내게 말하되 네가 본 바 음녀의 앉은 물은 백성과 무리와 열국과 방언들이니라(Then the angel said to me, "The waters where the prostitute is ruling represent masses of people of every nation and language)"(NIV)고 기록되었기 때문이다. 그리고 「요한계시록」 17장에 등장하는 짐승은 무저갱의 짐승이다.

그러므로 이 짐승은 많은 사람들이 살고 있는 지역에서 많은 사람들의 지지를 받으면서 일어나는 실체인 제국(왕조)이라고 해석할 수 있다. 따라서 많은 분들이 유럽지역에서 나오는 짐승(왕) 또는 미국에서 나오는 짐승(왕) 또는 근 미래에 앞으로 나올 세계정부라고 해석한다. 과거와 현재와 근 미래로 보면 맞는 해석이다. 따라서 과거를 보면 바벨론제국→페르시아(성경의 바사)제국→그리스(헬라)제국→로마제국을 말하는 것으로, 이중에서도 특히 중세기 때인 AD 538~1798년까지, 1,260년 동안 유럽을 지배하며 그리스도 교회와 성도들을 핍박했던 로마제국과 타협한 로마가톨릭 교황권의 세력을 말한다고 볼 수 있다. 다시 말해 과거로 보면 로마와 로마가톨릭이 가장 강력한 적그리스도의 실체였고, 현재로 보면 미국이 될 수도 있으며, 근 미래로 보면 앞으로 나올 세계정부가 될 수도 있다.

그렇지만 본 2부의 주제는 예수님의 재림시기 예측이다. 결론적으로 예수님의 재림시기는 c.AD 10,740년으로 예측되는 바, 따라서 필자는 아주 먼 미래(c.AD 70729.5~10740~)에는 땅 위의 나라(제국)뿐만 아니라, 땅속인 무저갱의 나라(제국)와 바다와 바닷속의 나라(제국)가 등장할 것이라고 보는 것이다. 「요한계시록」 17장에 등장하는 짐승은 무저갱의 짐승이다. 여기서 짐승이란 나중에 보시면 알게 되겠지만 어느 나라의 왕이란 뜻이다. 다시 말해 무저갱제국의 왕이란 뜻이다.

2. 「요한계시록」의 땅-하늘-바다-땅속의 의미, 개편되는 나라들과 짐승들(왕들)

먼 미래를 예언하는 「요한계시록」에는 왜 땅-하늘-바다-땅속의 나라와 짐승(왕)이 등장하는 것일까? 이것은 세대(Generation)의 예측에 매우 중요한 것이다. 세대에 따른 시대별로 땅-하늘-바다-땅속의 에너지와 자원을 차지하는 민족과 나라가 전 세계를 지배하기 때문일 것이다. 먼 미래에는 현재 공간인 땅 위의 나라들뿐만이 아니라 다른 공간의 에너지와 자원에 따라 나라들이 개편될 것임을 시사하는 것이다.

「요한계시록」 5장을 살펴보자. 5장의 내용은 '책과 어린 양(The Scroll and the Lamb)'이다. 여기서 어린 양은 물론 예수님을 말하는 것이다. 1절에는 "내가 보매 보좌에 앉으신 이의 오른손에 책(a scroll)이 있으니 안팎으로 썼고 일곱 인으로 봉(sealed with seven seals)하였더라"와, 2절에는 "또 보매 힘있는 천사가 큰 음성으로 외치기를 누가 책을 펴며 그 인을 떼기에 합당하냐(who is worthy to break the seals and open the scroll?) 하니"라고 기록되어 있다. 이는 「요한계시록」 6장부터 등장하는 '일곱 봉인에 담긴 심판(Seven Seals)'의 일곱 봉인을 누가 떼어 책을 열 것인가를 말하는 것이다. 다시 말해 이 봉인을 열고(break) 책을 펼(open) 자가 누구냐는 것이다.

참고로 '일곱 봉인에 담긴 심판'은 「요한계시록」 6장부터 시작되는 일곱 번의 큰 환란(Great Distress or Tribulation)을 의미하는데, 이는 차후 『바이블 매트릭스』 7권 『「다니엘」과 「요한계시록」을 과학적 관점으로 해석』에서 다루기로 하고, 3절의 내용을 보면 다음과 같다. '아무도 봉인을 열고 책을 열 자가 없다'는 것이다. 여기서 '아무도'라는 것은 하나님들이나 천사들을 의미하는 것이 아니고 바로 인간(one or man)을 의미하는 것이다. 어디에 사는 인간이냐 하면 하늘에 사는 인간, 땅 위에 사는 인간, 그리고 땅 아래(땅속)에 사는 인간들 중 아무도 없다는 것이다. 이것으로 보아 먼 미래에는 지금의 땅 위의 나라처럼 인간들이 하늘에도 땅 아래에도 거주하게 될 것임을 예측할 수 있다.

「요한계시록」 5:3 - 하늘 위에나 땅 위에나 땅 아래에 능히 책을 펴거나 보거나 할 이가 없더라(But no one in heaven or on earth or under the earth could open the scroll or even look inside it.(NIV); And no man in heaven, nor in earth, neither under the earth, was able to open the book, neither to look thereon.(KJV); But no one in heaven or on earth or under the earth was able to open the scroll and read it.(New Living); But there was no one in heaven or on earth or in the world below who could open the scroll and look inside it.(Good News)

이번에는 「요한계시록」 5장 13절을 보자. 여기에는 '바다 위 또는 안(on the sea or in the sea)'이 추가되는데, "내가 또 들으니 하늘 위에와 땅 위에와 땅 아래와 바다 위에와 또 그 가운데 모든 만물이 가로되 보좌에 앉으신 이와 어린 양에게 찬송과 존귀와 영광과 능력을 세세토록 돌릴찌어다 하니"라고 기록되어 있다. 여기서 모든 만물(every creature)이란 하나님 아버지와 예수님 아버지께서 태초에 창조한 모든 생물체(인간을 제외한)를 말하는 것으로, 모든 생물체들이 어디에 있는가 하면 바다 위-하늘 위(또는 안)-땅 위-땅 아래 있다고 기록하고 있다는 점이다. 네 곳의 모든 만물들이 하나님 아버지와 예수님께 영광과 찬송을 드린다. 이것으로 보아 먼 미래에는 네 군데 공간에서 인간들의 나라들이 등장함을 예측할 수 있다.

「요한계시록」 5:13 - 내가 또 들으니 하늘 위에와 땅 위에와 땅 아래와 바다 위에와 또 그 가운데 모든 만물이 가로되 보좌에 앉으신 이와 어린 양에게 찬송과 존귀와 영광과 능력을 세세토록 돌릴찌어다 하니(Then I heard every creature in heaven and on earth and under the earth and on the sea, and all that is in them, singing: "To him who sits on the throne and to the Lamb be praise and honor and glory and power, forever and ever!"(NIV); And every creature which is in heaven, and on the earth, and under the earth, and such as are in the sea, and all that are in them, heard I saying, Blessing, and honour, and glory, and power, be unto him that sitteth upon the throne, and unto the Lamb forever and ever.(KJV); And then I heard every creature in heaven and on earth and under the earth and in the sea. They sang : "Blessing and honor and glory and power belong to the one sitting on the throne and to the Lamb forever and ever."(New Living); And I heard every creature in heaven, on earth, in the world below, and in the sea - all living beings in the universe - and they were singing : "To him who sits on the throne and to the Lamb, be praise and honor, glory and might, forever and ever!"(Good News)

이는 「요한계시록」 10장 7절에도 "세세토록 살아 계신 자 곧 하늘과 그 가운데 있는 물건이며 땅과 그 가운데 있는 물건이며 바다와 그 가운데 있는 물건을 창조하신 이를 가리켜 맹세하여 가로되 지체하지 아니하리니"라고 같은 맥락으로 기록되어 있으며, 14장 7절도 같은 맥락이다.

「요한계시록」 10:6 - 세세토록 살아 계신 자 곧 하늘과 그 가운데 있는 물건이며 땅과 그 가운데 있는 물건이며 바다와 그 가운데 있는 물건을 창조하신 이를 가리켜 맹세하여 가로되 지체하지 아니하리니(And he swore by him who lives forever and ever, who created the heavens and all that is in them, the earth and all that is in it, and the sea and all that is in it, and said, "There will be no more delay!(NIV)

14:7 - 그가 큰 음성으로 가로되 하나님을 두려워하며 그에게 영광을 돌리라 이는 그의 심판하실 시간이 이르렀음이니 하늘과 땅과 바다와 물들의 근원을 만드신 이를 경배하라 하더라(He said in a loud voice,

"Fear God and give him glory, because the hour of his judgment has come. Worship him who made the heavens, the earth, the sea and the springs of water.")

3. 땅속의 인간들/나라들, 땅속(땅 아래=무저갱)에서 올라오는 짐승(왕)

「요한계시록」에 제일 먼저(첫 번째) 그리고 마지막(네 번째)으로 등장하는 짐승이 바로 땅속(땅 아래)에서 올라온다. 이것은 먼 미래에는 땅속에 나라들과 땅속에 인간들이 살고 있음을 시사하는 것이다. 왜 땅속의 나라들이 등장할까? 그 것은 에너지와 자원 때문일 것이다. 지구의 지름은 13,000km 정도로 반지름이 6,370km이다. 차후에 보다 자세히 설명하겠지만 지구 표면에서 지구의 핵까지에는 지열과 마그마를 비롯하여 지구 표면의 바닷물보다 3배 많은 물이 존재한다. 따라서 이들 에너지를 제일먼저 채취하는 민족이 그 에너지를 활용하여 땅속에 나라들을 세우게 될 것으로 보인다. 영화 〈매트릭스〉에 등장하는 지구의 핵에 세운 도시인 시온의 도시(City of Zion)가 대표적인 사례로 영화가 현실로 다가올 것이다.

이 때 땅속이란 바로 「요한계시록」에 등장하는 무저갱(Abyss)을 의미하는 것이다. 무저갱이란 땅속의 나라를 말하는 것이다. 이미 본권 1부 1장 3절의 〈두 증인은 누구? 모세와 엘리야→예수님과 똑같은 방식의 죽음→부활→변형→승천〉에서 소개했듯이, 모세와 엘리야 선지자들이 이 땅에 내려오시는데 이 두 분을 죽이는 자가 바로 무저갱으로부터 올라오는 짐승(beast)이다. 그런데 「다니엘」 7장 17절과 「요한계시록」 17장 11절을 보면 짐승이란 나라의 왕(king)이라고 풀이되어 있다. 따라서 무저갱의 짐승이란 무저갱을 다스리는 땅속의 막강간 에너지와 자원을 차지하고 땅속의 나라들을 다스리는 왕들 중에 권세와 능력을 위임받은 위대한 왕을 의미하는 것이다.

아마도 모세와 엘리야가 이 땅에 내려와 예언할 시에 하나님 아버지와 예수님으로부터 막강한 능력을 받았기 때문에, 땅 위의 나라들의 왕들은 대적할 수 없어서 무저갱의 왕에게 도움을 청하지 않았나 추측된다. 그래서 무저갱의 왕이 땅 위로 올라와 모세와 엘리야 선지자들을 죽이는 것이다.

「요한계시록」 11:7 - 저희가 그 증거를 마칠 때에 무저갱으로부터 올라오는 짐승이 저희로 더불어 전쟁을 일으켜 저희를 이기고 저희를 죽일 터인즉(Now when they have finished their testimony, the beast that comes up from the Abyss will attack them, and overpower and kill them.(NIV); And when they shall have finished their testimony, the beast that ascendeth out of the bottomless pit shall make war against them, and shall overcome them and kill them.(21st Century King James); When they complete their testimony, the beast that comes up out of the bottomless pit(1) will declare war against them, and he will conquer them and kill them. / (1)Or the abyss, or the underworld (New Living)

17:11 - 전에 있었다가 시방 없어진 짐승은 여덟째 왕이니 일곱 중에 속한 자라 저가 멸망으로 들어가리라(The beast who once was, and now is not, is an eighth king. He belongs to the seven and is going to his destruction.(NIV)

「다니엘」 7:17 - 그 네 큰 짐승은 네 왕이라 세상에 일어날 것이로되('The four great beasts are four kingdoms that will rise from the earth.

(NIV); These great beasts, which are four, are four kings, which shall arise out of the earth.(KJV); "These four huge beasts represent four kingdoms that will arise from the earth.(New Living)

7:23 - 모신 자가 이처럼 이르되 네째 짐승은 곧 땅의 네째 나라인데 이는 모든 나라보다 달라서 천하를 삼키고 밟아 부숴뜨릴 것이며("He gave me this explanation: 'The fourth beast is a fourth kingdom that will appear on earth. It will be different from all the other kingdoms and will devour the whole earth, trampling it down and crushing it.(NIV)

나중에 『바이블 매트릭스』 7권 『「다니엘」과 「요한계시록」을 과학적 관점으로 해석』에서 자세히 다루겠지만, 이 무저갱의 왕이 등장해 두 증인인 모세와 엘리야를 죽이고 곧 사라진다. 사라졌다는 것은 다시 땅속으로 들어갔다는 것을 의미한다. 그랬다가 무저갱의 짐승이 「요한계시록」 17장의 '큰 음녀에게 내릴 심판(The Woman on the Beast)'에 다시 마지막(네 번째)으로 등장한다(「요한계시록」 17:3 & 8). 그래서 「요한계시록」 17장 8절에 "네가 본 짐승은 전에 있었다가 시방 없으나 장차 무저갱으로부터 올라와 멸망으로 들어갈 자니 땅에 거하는 자들로서 창세 이후로 생명책에 녹명되지 못한 자들이 이전에 있었다가 시방 없으나 장차 나올 짐승을 보고 기이히 여기리라"라고 기록한 것이다. 이로 미루어 보아 땅속의 나라들의 왕과 왕들이 가장 막강한 에너지와 자원을 가져 막강한 권세를 마지막 때까지 행사할 것으로 추측된다.

「요한계시록」 17:8 - 네가 본 짐승은 전에 있었다가 시방 없으나 장차 무저갱으로부터 올라와 멸망으로 들어갈 자니 땅에 거하는 자들로서 창세 이후로 생명책에 녹명되지 못한 자들이 이전에 있었다가 시방 없으나 장차 나올 짐승을 보고 기이히 여기리라(The beast, which you saw, once was, now is not, and will come up out of the Abyss and go to his destruction. The inhabitants of the earth whose names have not been written in the book of life from the creation of the world will be astonished when they see the beast, because he once was, now is not, and yet will come.)(NIV)

그러면 미래에는 땅속의 나라들이 얼마나 있을까? 그것은 「요한계시록」 17장에 기록되어 있는데, 일곱 머리는 일곱 왕들을 말하는 것이고, 열 뿔이란[1] 아직 나라를 얻지 못했으나 짐승과 더불어 임금처럼 권세를 누릴 10개의 왕들을 말하는 것으로, 먼 미래에는 땅속에도 수많은 나라들이 들어섬을 알 수 있다. 일곱 머리의 일곱 왕들은 구체적으로 과거의 바벨론제국, 페르시아(바사)제국, 그리스 헬라제국, 로마제국과 로마 교황청과, 먼 미래에 등장할, 즉 본절에서 살펴보는 무저갱제국(나라)과 다음 절에서 살펴볼 바다제국(나라)과 땅의 제국(나라)을 말하는데, 이에 대해서는 『바이블 매트릭스』 7권 『「다니엘」과 「요한계시록」을 과학적 관점으로 해석』에서 자세히 다루기로 한다.

「요한계시록」 17:3 - 곧 성령으로 나를 데리고 광야로 가니라 내가 보니 여자가 붉은 빛 짐승을 탔는데 그 짐승의 몸에 참람된 이름들이 가득하고 일곱 머리와 열 뿔이 있으며(The Spirit took control of me, and the angel carried me to a desert. There I saw a woman sitting on a red beast that had names insulting to God written all over it; the beast had seven

---

1 『바이블 매트릭스』 4권 『하나님들의 과학기술과 우리가 창조해야 할 미래(상)』의 2부 3장 2절인 "또 다른 의미 - 이스라엘을 멸망시킨 네 뿔들"에서 살펴본 바와 같이 뿔(horn)은 하나님들의 온 땅을 두루 살피는 통신시설을 주로 의미하지만, 「스가랴」의 뿔은 열국=나라=왕국=왕을 의미하는 것이다.

heads and ten horns.(NIV)

17:9 - 지혜 있는 뜻이 여기 있으니 그 일곱 머리는 여자가 앉은 일곱 산이요("This calls for a mind with wisdom. The seven heads are seven hills on which the woman sits.)

17:10 - 또 일곱 왕이라 다섯은 망하였고 하나는 있고 다른이는 아직 이르지 아니하였으나 이르면 반드시 잠간 동안 계속하리라(They are also seven kings. Five have fallen, one is, the other has not yet come; but when he does come, he must remain for a little while.)

17:11 - 전에 있었다가 시방 없어진 짐승은 여덟째 왕이니 일곱 중에 속한 자라 저가 멸망으로 들어가리라(The beast who once was, and now is not, is an eighth king. He belongs to the seven and is going to his destruction.)

17:12 - 네가 보던 열 뿔은 열 왕이니 아직 나라를 얻지 못하였으나 다만 짐승으로 더불어 임금처럼 권세를 일시 동안 받으리라("The ten horns you saw are ten kings who have not yet received a kingdom, but who for one hour will receive authority as kings along with the beast.)

4. 바다/바닷속의 인간들/나라들, 바다/바닷속에서 나오는 짐승(왕)

두 번째로 「요한계시록」에 등장하는 짐승이 바로 바다에서(out of the sea) 올라오는 짐승(왕)이다. 이 때 바다에서라는 말은 영문성경을 보면 바다 또는 바닷속으로부터 올라오는 왕이란 뜻이다. 그렇다면 먼 미래에는 바다나 바닷속에도 나라가 생긴다는 것이 아닌가? 왜 바닷속의 나라들이 등장할까? 그것은 에너지와 자원 때문일 것이다. 바다에는 무궁무진한 에너지와 어류 등의 자원들이 널려 있다. 특히 남극과 북극에는 어마어마한 광물들과 에너지가 묻혀 있다. 이들 에너지와 자원을 제일 먼저 획득하는 민족이 바다나 바닷속에 나라들을 세우게 될 것으로 보인다.

「요한계시록」 13장에는 바다에서 나오는 한 짐승이 등장한다(The Beast out of the Sea). 「요한계시록」에 등장하는 짐승의 순서로 보면 두 번째 짐승이다. 1절에는 "내가 보니 바다에서 한 짐승이 나오는데 뿔이 열이요 머리가 일곱이라 그 뿔에는 열 면류관이 있고 그 머리들에는 참람된 이름들이 있더라"라고 기록되어 있는데, 짐승이란 바다 나라들의 가장 힘이 센 통합된 왕을 말하고, 뿔이 열이란 앞으로 나올 열 개의 왕들을 의미하는 것으로, 먼 미래에는 바닷속에도 수많은 나라들이 들어섬을 알 수 있다.

일곱 머리의 일곱 왕들은 구체적으로 과거의 바벨론제국, 페르시아(바사)제국, 그리스 헬라제국, 로마제국과 로마 교황청과, 먼 미래에 등장할, 즉 앞 절에서 살펴본 무저갱제국(나라)과 본절에서 살펴보는 바다 제국(나라)과 다음 절에서 살펴볼 땅의 제국(나라)을 말하는데, 이에 대해서는 『바이블 매트릭스』 7권 『「다니엘」과 「요한계시록」을 과학적 관점으로 해석』에서 자세히 다루기로 한다.

「요한계시록」 13:1 - 내가 보니 바다에서 한 짐승이 나오는데 뿔이 열이요 머리가 일곱이라 그 뿔에는 열 면류관이 있고 그 머리들에는 참람된 이름들이 있더라(And the dragon stood on the shore of the sea. And I saw a beast coming out of the sea. He had ten horns and seven heads, with ten crowns on his horns, and on each head a blasphemous name.(NIV); And I stood upon the sand of the sea, and saw a beast rise up out of the sea, having seven heads and ten horns, and upon his horns ten crowns, and upon his heads the name of blasphemy.(KJV); Then I saw a beast rising up out of the sea. It had seven heads and ten horns, with ten crowns on its horns. And written on each head were names that blasphemed God.(New Living); Then I saw a beast coming up out of the sea. It had ten horns and seven heads; on each of its horns there was a crown, and on each of its heads there was a name that was insulting to God.(Good News)

5. 땅 위의 인간들/나라들, 땅에서 나오는 짐승(왕), 바벨론(바그다드)의 재등장, 아마겟돈 전쟁

「요한계시록」에 세 번째로 등장하는 짐승이 바로 땅에서 올라오는 왕이다. 현재의 땅 위의 인간들과 나라들을 말하는데, 먼 미래에는 180도가 바뀌지 않나 생각한다. 땅 위를 개발하고 영토를 확장하고 땅 위의 에너지인 석유와 자원을 차지하기 위해 보이지 않는 또는 보이는 전쟁을 한다. 지금도 중동을 중심으로 전 세계 패권국가들이 수시로 전쟁을 일으킨다. 그런데 먼 훗날을 예언하는 「요한계시록」에까지 땅 위의 나라들이 기록된 점으로 미루어 보아, 먼 미래에도 땅 위의 나라들이 막강한 에너지와 자원을 바탕으로 큰 영향력을 미칠 것으로 보이지만, 지금과는 180도 다를 것으로 보인다.

「요한계시록」 13장 11절에는 "내가 보매 또 다른 짐승(beat)이 땅에서 올라오니 새끼 양같이 두 뿔이 있고 용(dragon)처럼 말하더라"라고 기록하고 있는데, 땅에서 올라오는 힘이 막강한 왕은 두 뿔, 즉 신생나라(새끼 양)의 두 왕들을 거느리고 있다는 것이다. 이 땅의 막강한 왕은 「요한계시록」 13장 15절~18절의 '666 표'를 받게 하면서 「요한계시록」 16장과 19장까지 등장한다.

「요한계시록」 13:11 - 내가 보매 또 다른 짐승이 땅에서 올라오니 새끼 양같이 두 뿔이 있고 용처럼 말하더라(Then I saw another beast, coming out of the earth. He had two horns like a lamb, but he spoke like a dragon.(NIV); And I beheld another beast coming up out of the earth; and he had two horns like a lamb, and he spake as a dragon.(KJV); Then I saw another beast come up out of the earth. He had two horns like those of a lamb, but he spoke with the voice of a dragon.(New Living); Then I saw another beast, which came up out of the earth. It had two horns like a lamb's horns, and it spoke like a dragon.(Good News)

먼 미래의 마지막 날에는 지금의 땅 위의 나라들이 권세가 180도로 재편될 것으로 생각되는데, 그게 「요한계시록」 17장의 '큰 음녀에게 내릴 심판'과 18장의 '바벨론의 패망'에 잘 설명되어있다. 음녀(the great prostitute), 즉 여자(a woman)는 큰 성(the great city)인 바벨론(Babylon) 성을 의미한다. 이것으로 보아 과거의 바벨론은 지금 이라크의 바그다드로, 지금은 전쟁으로 인해 거의 폐허상태이지만, 끝 날의 먼 미래에는 불의의 하나님들(용=뱀=마귀=사단)[2]의 도움으로 다시 재건되면서 하나님 아버지와 예수님께 대적하는 막강한 권력과 세력을 가질 것으로 보인다.

그리고 이 땅의 짐승(왕)은 예수님 군대와 한판의 전쟁을 치르게 되는데, 그게 「요한계시록」 16장 12절~16절의 아마겟돈(Armageddon) 전쟁이며, 그 결과는 「요한계시록」 19장 19절~21절에 자세히 기록되

2 『바이블 매트릭스』 4권 『하나님들의 과학기술과 우리가 창조해야 할 미래(상)』의 1부 6장인 「요한계시록」의 "용/뱀/마귀/사단은? 의로운 하나님들과 불의의 하나님들"을 참조하라.

어 있다. 바다제국의 짐승(왕)도 무저갱제국의 짐승(왕)도 먼저 죽지만, 끝까지 남아 예수님 군대와 싸우는 짐승은 땅의 짐승임을 알 수 있다. 결국 땅의 짐승도 예수님에게 잡혀 유황 불못에 던져지게 된다(「요한계시록」 19:20).

5. 하늘의 인간들/나라들 – 하늘의 짐승?

자, 이번에는 하늘, 즉 우주공간에 세울 나라들을 살펴보자. 살펴보기 전에, 앞서 소개했던 「요한계시록」 5장 3절을 다시 한번 보자. 여기에는 분명 하늘 위나 하늘 안에 있는 어떤 인간(one or man in heaven)도 봉인을 뜯어 책을 펼 수 없다고 기록하고 있다는 점이다. 그렇다면 이는 하늘 위나 하늘 안에 사는 인간들과 나라들이 있다는 것이 아닌가? 여기서 하늘(heaven)이란 좁은 의미로 『바이블 매트릭스』 1권 『우주창조의 비밀』에서 밝혔듯이, 「창세기」 1장의 궁창(expanse)인 하늘(sky)이고 동시에 하늘(heaven)을 말하는 것으로, 이는 오늘날 화성과 목성 사이의 소행성대(Asteroid belt)를 의미한다고 했다. 그렇지만 넓은 의미로는 우주(Universe)라고 했다. 그렇다면 그것은 태양계의 행성이나 다른 우주공간에 인간들이 나라를 세운다는 것이 아닌가?

「요한계시록」 5:3 – 하늘 위에나 땅 위에나 땅 아래에 능히 책을 펴거나 보거나 할 이가 없더라(But no one in heaven or on earth or under the earth could open the scroll or even look inside it.(NIV); And no man in heaven, nor in earth, neither under the earth, was able to open the book, neither to look thereon.(KJV); But no one in heaven or on earth or under the earth was able to open the scroll and read it.(New Living); But there was no one in heaven or on earth or in the world below who could open the scroll and look inside it.(Good News)

본권 1부 1장 1절의 1-4의 "시스템이 다른 곳에 가려면? 다시 태어나서(부활/휴거), 우주선/공간/웜홀 이동"에서 살펴보았듯이, 우리 인간들은 아예 다른 행성을 지구의 대기와 환경에 맞게 식민지화(植民地化, Colonization)하는 것을 꿈꾼다고 했다. 바로 오닐(Gerard K. O'neill)은 『고도의 선구자』(1977)에서 우주에 오닐기지를 건설하자고 제안했다. 오닐은 지구와 태양계 내에 수만 명의 사람이 살 수 있는 기지를 구축하자고 제안했으며, 태양계 내의 수천 개의 소행성들의 물질을 잘 이용하고 이곳에서 재배방법을 개발하면 무한한 식량과 에너지를 얻을 수 있다고 제안했다. 이것이 영화 〈슈퍼맨(Man of Steel, 2013)〉에 등장하는 테라포밍 또는 텔리포밍(Teraforming or Teleforming) 기술이다. 자기가 사는 행성의 대기와 환경과 토양대로 다른 행성을 식민지화하는 기술이다. 또하나 2014년 11월 6일에 개봉된 〈인터스텔라(Interstellar)〉

의 웜홀이동(Wormhole Transport) 기술이다. 이런 방식으로 우리 인간들은 화성도 식민지화하고 우주의 다른 행성도 식민지화 할 가능성이 매우 높다. 또는 생명이 서식할 수 있는 생명가능지대인 골디락스 존(Goldilocks zone)이나 생명서식지(Habitable zone)의 행성을 찾아 식민지화할 가능성이 높다.

그런데 「요한계시록」을 보면 '하늘의 인간'은 등장하지만 '하늘의 짐승'은 아예 등장하지 않는다는 것이다. 왜 등장하지 않을까? 이것은 무엇을 의미하는 것일까? 다음 2절의 일곱 봉인의 심판과 여섯 천사의 나팔의 심판을 보면 하늘로부터 심판이 시작된다. 그러니 하늘에서 짐승이 올라올 수 있을까? 그것은 하늘을 불로 멸망하니 올라오는 것이 아니라 떨어지는 것이다. 무화과 나무가 떨어지듯 바람에 흔들리는 추풍낙엽처럼 별들과 행성들이 떨어지는 것이다. 인간이 만든 식민지 행성도 오닐기지도 다 떨어질 것임에 틀림없다. 이뿐이랴! 화성과 목성 사이에 있는 소행성대의 200만 개의 소행성들도 지구를 향해 돌진해 떨어질 것이다.

2절 왜 짐승들이 올라올까? 재난의 시작, 일곱 봉인 심판과 여섯 천사의 나팔 심판

1. 에너지/자원의 고갈→빙하기→기근과 전쟁, 재난의 시작

지금이 2015년이니까 물고기자리의 끝자락에 와 있으며 85년이 더 지나면 물병자리(AD 2100~)에 진입한다. 물병자리에 진입하면 지금의 과학은 아무것도 아니다. 아니 염소자리(AD 4260~)에 진입하면 물병자리의 과학기술은 아무것도 아닐 것이다. 과거 하나님들께서 이 땅에서 오셔서 행한 과학기술들을 인간들이 재발견하여 재창조하는 과정이므로, 결국 인간들의 과학기술은 하나님들의 영역까지 발전할 것이다. 따라서 먼 미래의 어느 시점부터 인간은 하나님들의 경지에 도달한 과학기술을 바탕으로 오만에 빠져 자기들이 하나님인 양 불의하고 불경한 자들이 될 것으로 보인다. 게다가 과학기술이 하나님들의 영역까지 발전하려면 그 만큼의 에너지와 자원이 필요하여, 인간들은 결국 하늘(우주행성), 땅, 땅속, 바다와 바닷속의 에너지와 자원을 다 고갈시킬 것이다. 고갈시킨다는 것은 지구를 멸망시킨다는 의미이다. 따라서 지구(땅)를 멸망시키는 자들을 심판하시려 예수님께서 재림하시는 것이다(「요한계시록」 11:18).

따라서 짐승들이 올라오는 첫 번째 이유로 서기 6420년부터 시작되는 '궁수자리(AD 6420~8579)'의 어느 시점부터 에너지와 자원의 고갈에 따른 기근과 전쟁으로 인해 짐승들(왕들)이 올라올 가능성이 매우 높다. 이 때 짐승들이 올라온다는 것은 서로 상대방의 공간에 있는 에너지와 자원을 쟁취하기 위해 서로 전쟁을 한다는 뜻이다. 이 때의 상황은 영화 〈인터스텔라〉처럼 먼 미래의 지구는 황폐하게 될 것이다. 인간들이 땅 위의 에너지와 땅속의 에너지와 바다와 바닷속의 에너지와 자원을 다 소진시켜 이 지구는 에너지를 잃어 차가워질 것이며, 그 결과 노아 홍수 전에 있었던 빙하기[3]와 똑같은 시기가 올 것으로 예측된다. 그로 인해 민족이 민족을, 나라가 나라를 대적하여 전쟁이 일어날 것이고, 또한 전쟁으로 인하여 처처에 기근과 지진이 있을 것이다. 이 때의 전쟁은 무시무시한 핵전쟁일 것이고, 아니 서기 6500년의 무

3 『바이블 매트릭스』 2권 『인간창조와 노아 홍수의 비밀』를 참조하라.

기를 생각해보라. 그것은 핵 이상의 전쟁이 될 것으로 보인다.

이 때부터 인간은 불법(wickedness, inequity, evil, sin)을 자행하게 되고, 많은 사람들이 사랑(love)이 식어(cold) 불경한 자(Ungodly man)가 되어, 하나님을 무시하고 적대시할 가능성이 매우 크다. 이것이 재난의 징조(Signs of the End of the Age)(「마태복음」 24:3~14; 「마가복음」 13:3~13; 「누가복음」 21:7~19)가 될 것이고, 그 뒤를 이어 큰 환란(The Great Distress or The Tribulation)(「마태복음」 24:15~28; 「마가복음」 13:14~23; 「누가복음」 21:20~24; 「요한계시록」 6장~8장)이 올 가능성이 매우 크다. 다음 「마태복음」의 기록을 보면 이 예측은 분명하게 보인다.

「마태복음」 24:7 - 민족이 민족을, 나라가 나라를 대적하여 일어나겠고 처처에 기근과 지진이 있으리니(Nation will rise against nation, and kingdom against kingdom. There will be famines and earthquakes in various places.(NIV)

24:8 - 이 모든 것이 재난의 시작이니라(All these are the beginning of birth pains.)

24:12 - 불법이 성하므로 많은 사람의 사랑이 식어지리라(Because of the increase of wickedness, the love of most will grow cold,)

2. 일곱 봉인 심판(=큰 환란), 노아의 홍수와 소돔과 고모라의 몇 백배

자, 이번에는 두 번째로 무저갱의 짐승(왕), 바다의 짐승, 땅 위의 짐승이 왜 올라오는지 그 구체적인 이유를 알아보자. 핵심은 바로 재난의 징조(Signs of the End of the Age) 이후의 두 가지의 심판이다. 이 두 가지의 심판은 어느 상황에 이루어질까? 그것은 하나님 아버지와 예수님께서 천상에서 내려오셔서 화성과 목성 사이의 소행성대(The Asteroid Belt)에 하늘의 보좌(The Throne in Heaven)(「요한계시록」 4장)를 정하여 베푸시고 난 후부터 일곱 봉인의 심판이 이루어진다. 따라서 우리 인간들은 하나님 아버지와 예수님의 보좌를 외계인의 공격이라고 간주하여, 지구방위사령부를 구축하고, 하나님 아버지와 예수님의 천상의 군대를 대적할 가능성이 매우 높다.

그래서 재난의 징조 이후에 하나님 아버지와 예수님은 일곱 봉인의 심판인 일곱 번의 큰 환란(Great Distress or Tribulation)(「마태복음」 24:15~28; 「마가복음」 13:14~23; 「누가복음」 21:20~24; 「요한계시록」 6장~8장)과 여섯 천사의 나팔 심판인 여섯 번의 화(woes)(「요한계시록」 8:6~9장)를 통해 이들 땅속-바다-땅 위의 불의한 자들, 즉 경건치 못한 자들을 심판하시는 것이다. 자세한 것은 『바이블 매트릭스』 7권에서 다루기로 하고, 일곱 봉인의 심판과 여섯 천사의 심판이 어떠하길래 짐승들이 올라오는지 간단히 살펴보자.

2-1. 일곱 봉인 심판, 예수님의 증거-노아의 홍수/소돔과 고모라의 몇 백배

우선 「요한계시록」 6장~8장의 예수님의 일곱 봉인의 심판인 일곱 번의 큰 환란을 보자. 이 사건은 노아의 홍수와 소돔과 고모라와 관련되어 있으며, 심판의 강도가 노아의 홍수와 소돔과 고모라의 멸망 때보다 몇 십 배 아니 몇 백배 큰 심판이다. 예수님께서는 다음과 같이 말씀하셨다.

"노아의 때에 된 것과 같이 인자의 때에도 그러하리라("Just as it was in the days of Noah, so also will it be in the days of the Son of Man.)"(「마태복음」 24:37; 「누가복음」 17:26)(NIV).

"롯이 소돔에서 나가던 날에 하늘로서 불과 유황이 비 오듯 하여 저희를 멸하였느니라, 인자의 나타나는 날에도 이러하리라(But the day Lot left Sodom, fire and sulfur rained down from heaven and destroyed them all. It will be just like this on the day the Son of Man is revealed.)"(「누가복음」 17:29~30).

"내가 진실로 너희에게 이르노니 심판 날에 소돔과 고모라 땅이 그 성보다 견디기 쉬우리라(I tell you the truth, it will be more bearable for Sodom and Gomorrah on the day of judgment than for that town.)"(「마태복음」 10:15 & 「누가복음」 10:12).

노아의 때에 일어난 것과 똑같이 일곱 번의 환란, 즉 심판이 있다는 것이다. 노아의 홍수는 BC 13020년에 일어났는데, 노아의 홍수가 일어나기 전에도 여섯 번의 기근과 재앙이 있었다. 그리고 일곱 번째의 재앙이 바로 노아의 홍수이다. 그래서 이것을 알아야 하는데, 이는 이미 『바이블 매트릭스』 2권 『인간창조와 노아 홍수의 비밀』의 6부 3장 4절인 "첫해는 600년, 샤앗탐은 600년, 6샤앗탐(3,600년) 동안의 기근"에서 자세히 소개했다. 또한 소돔과 고모라는 의로운 하나님들께서 핵무기 이상으로 멸망시켰는데(c.BC 2023), 이는 『바이블 매트릭스』 4권 『하나님들의 과학기술과 우리가 창조해야 할 미래(하)』의 2부 7장인 "아브라함의 이동경로와 소돔과 고모라에 숨겨진 비밀"에서 자세히 소개했다. 이것을 알아야 「요한계시록」 6장과 위에 소개한 예수님의 말씀을 이해할 수 있다.

「요한계시록」 6장에는 흰 말(a white horse), 붉은 말(a red horse), 검은 말(a black horse), 청황색 말(a pale horse)이 등장하는데, 이는 본권 1부

1장 2절 2-4의 "성경의 병거, 불말, 홍마/흑마/백마도 소형 우주선이나 유무인 정찰기"에서 소개했듯이 모두 우주선, 소형우주선, 유무인 전투기나 정찰기를 말하는 것이다. 먼 미래의 무기들을 말하는 것으로 지금의 우주선이나 전투기라고 생각하면 안 된다. 지금으로서는 상상할 수 없는 엄청난 차세대 무기들이다.

2-2. 첫째 인/둘째 인 – 흰 말/붉은 말로 불의의 경건치 못한 인간들을 초토화

예수님께서 첫째 인을 떼실 때에 흰 말(a white horse)이, 둘째 인을 떼실 때에 붉은 말(a red horse)이 화성과 목성 사이의 소행성대에 진입한 하나님 아버지의 보좌, 즉 블랙홀과 같은 거대항공모함우주선에서 나와 이 땅의 불의하고 경건치 못한 인간들을 초토화시킨다.

「요한계시록」 6:1 - 내가 보매 어린 양이 일곱 인 중에 하나를 떼시는 그 때에 내가 들으니 네 생물 중에 하나가 우뢰 소리같이 말하되 오라 하기로(I watched as the Lamb opened the first of the seven seals. Then I heard one of the four living creatures say in a voice like thunder, "Come!")(NIV)

6:2 - 내가 이에 보니 흰 말이 있는데 그 탄 자가 활을 가졌고 면류관을 받고 나가서 이기고 또 이기려고 하더라(I looked, and there before me was a white horse! Its rider held a bow, and he was given a crown, and he rode out as a conqueror bent on conquest.)

6:3 - 둘째 인을 떼실 때에 내가 들으니 둘째 생물이 말하되 오라 하더니(When the Lamb opened the second seal, I heard the second living creature say, "Come!")

6:4 - 이에 붉은 다른 말이 나오더라 그 탄 자가 허락을 받아 땅에

서 화평을 제하여 버리며 서로 죽이게 하고 또 큰 칼을 받았더라(Then another horse came out, a fiery red one. Its rider was given power to take peace from the earth and to make men slay each other. To him was given a large sword.)

2-3. 셋째 인 – 검은 말에 의한 노아 홍수의 재판, 빙하기/흉년, 아들 딸을 잡아 상을 차려

예수님께서 셋째 인을 떼실 때에 검은 말(a black horse)이 등장하는데, 탄 자가 한 쌍의 저울(a pair of scales)을 가졌다는 것은 기근이 든다는 것이다. 왜 기근이냐 하면 인간들이 땅 위-바다-땅속의 에너지와 자원을 고갈시켜 빙하기에 접어들었기 때문에 농사를 지울 수 없다는 것이다. 이는 노아 홍수 전의 다섯 번째~여섯 번째의 샤앗팀(sha-at-tam)과 유사하다. 먹을 것이 없어 딸과 아들을 잡아 상을 차리는 것과 같다. 하루 종일 일해봐야 하루 임금, 즉 노동의 가치가 밀 한 되요 보리 석 되라는 것이다. 한 데나리온(a denarius)은 그리스 용어로 하루의 임금(a day's wages or a day's pay)이라는 뜻이다. 그러니 아들 딸을 잡아 상을 차릴 것이다. 참으로 처참한 상황이 아닐 수 없다.

「요한계시록」 6:5 - 세째 인을 떼실 때에 내가 들으니 세째 생물이 말하되 오라 하기로 내가 보니 검은 말이 나오는데 그 탄 자가 손에 저울을 가졌더라(When the Lamb opened the third seal, I heard the third living creature say, "Come!" I looked, and there before me was a black horse! Its rider was holding a pair of scales in his hand.)(NIV)

6:6 - 내가 네 생물 사이로서 나는 듯하는 음성을 들으니 가로되 한 데나리온에 밀 한 되요 한 데나리온에 보리 석 되로다 또 감람유와 포도주는 해치 말라 하더라(Then I heard what sounded like a voice among the four living creatures, saying, "A quart of wheat for a day's wages, and three quarts of barley for a day's wages, and do not damage the oil and the wine!")(NIV); And I heard a voice in the midst of the four beasts say, A measure of wheat for a penny, and three measures of barley for a penny; and see thou hurt not the oil and the wine.(KJV); And I heard a voice from among the four living beings say, "A loaf of wheat bread or three loaves of barley will cost a day's pay(1). And don't waste(2) the olive oil and wine." / (1)Greek A choinix [1 quart or 1 liter] of wheat for a denarius, and 3 choinix of barley for a denarius. A denarius was equivalent to a laborer's full day's wage (2)Or harm(New Living)

이뿐이랴! 이 때에는 나부터 살기가 힘들어 형제가 형제를 죽는데 내어줄 것이고, 아비가 자식을 죽는데 내어 줄 것이며, 자식들이 부모를 배반하고 부모를 죽게 할 것이다. 참으로 비정한 상황이 아닐 수 없다.

「마가복음」 13:12 - 형제가 형제를, 아비가 자식을 죽는 데 내어 주며 자식들이 부모를 대적하여 죽게 하리라("Brother will betray brother to death, and a father his child. Children will rebel against their parents and have them put to death.(NIV)

2-4. 넷째 인 – 청황색 말로 땅의 1/4의 인간들과 생물들을 죽여

예수님께서 넷째 인을 떼실 때에 노아의 홍수가 일어나기 전에 일어났던 흉년과 전염병이 들게 된다는 것이다. 청황색 말을 탄 자가 땅의 인간들과 생물들을 검과 흉년과 전염병과 땅의 짐승들을 동원하여 다 죽인다. 노아의 홍수 때와 똑같다. 그러나 강도는 몇 십배 몇 백배 높을 것이다. 특히 땅의 짐승들(wild beasts or animals)로 인간들을 죽인다는 것인데, 이것은 과학적으로 설명이 가능하다. 이미 『바이블 매트릭스』 4권 『하나님들의 과학기술과 우리가 창조해야 할 미래(하)』의 2부 9장의 "애굽에 내린 10개의 재앙, 인간(신)과 동물/곤충의 인터넷이스(BBI)"에서 소개한 BBI 기술이다.

「요한계시록」 6:7 - 네째 인을 떼실 때에 내가 네째 생물의 음성을 들으니 가로되 오라 하기로(When the Lamb opened the fourth seal, I heard the voice of the fourth living creature say, "Come!")(NIV)

6:8 - 내가 보매 청황색 말이 나오는데 그 탄 자의 이름은 사망이니 음부가 그 뒤를 따르더라 저희가 땅 사분 일의 권세를 얻어 검과 흉년과 사망과 땅의 짐승으로써 죽이더라(I looked, and there before me was a pale horse! Its rider was named Death, and Hades was following close behind him. They were given power over a fourth of the earth to kill by sword, famine and plague, and by the wild beasts of the earth.)(NIV); And I looked, and behold a pale horse: and his name that sat on him was Death, and Hell followed with him. And power was given unto them over the fourth part of the earth, to kill with sword, and with hunger, and with death, and with the beasts of the earth (KJV); I looked up and saw a horse whose color was pale green. Its rider was named Death, and his companion was the Grave(1). These two were given authority over one-fourth of the earth, to kill with the sword and famine and disease(2) and wild animals. / (1) Greek was Hades (2)Greek death (New Living)

2-5. 다섯째 인 – 두루마리(우주복)를 주며 수가 차기까지 기다리라, 환란의 지속

예수님께서 다섯째 인을 떼실 때에, 이미 하나님 아버지의 말씀과 증거로 인하여 피를 흘리고 죽은 자들(남/여)의 영(혼)들이 더 이상 기다릴 수 없다고 간구(신원)한다. 그러자 하나님 아버지를 위해 피를 흘리고 죽은 영혼들의 수와 같이 다른 형제들도 그들처럼 죽임을 받아 그 수가 같아질 때까지 기다리라 한다. 기다리라는 것은 환란이 지속된다는 의미이고, 그 환란 속에서도 회개하거나 하나님 아버지와 예수님을 증거하고 죽을 의로운 자들이 있다는 것을 의미하는 것이다. 그러나 의로운 자들도 환란 속에서 반드시 죽어야 함을 의미하는 것이다.

여기서 죽은 영혼들에게 하얀 두루마기(a white robe)를 주신다는 뜻은 무엇일까? 하나님의 보좌, 즉 거대항공모함우주선이 소행성대에 진입했다는 것을 이해하면, 하얀 두루마리는 바로 하얀 우주복이다. 아담, 아브라함, 야곱, 이삭 등과 많은 의로운 선지자들, 그리고 많은 죽은 의로운 자들을 데리고 오신다고 했으니 이들임이 틀림없다.

「요한계시록」 6:9 - 다섯째 인을 떼실 때에 내가 보니 하나님의 말씀과 저희의 가진 증거를 인하여 죽임을 당한 영혼들이 제단 아래 있어(When he opened the fifth seal, I saw under the altar the souls of those who had been slain because of the word of God and the testimony they had maintained.)(NIV)

6:10 - 큰 소리로 불러 가로되 거룩하고 참되신 대주재여 땅에 거하는 자들을 심판하여 우리 피를 신원하여 주지 아니하시기를 어느 때까지 하시려나이까 하니(They called out in a loud voice, "How long, Sovereign Lord, holy and true, until you judge the inhabitants of the earth and avenge our blood?")

6:11 - 각각 저희에게 흰 두루마기를 주시며 가라사대 아직 잠시 동안 쉬되 저희 동무 종들과 형제들도 자기처럼 죽임을 받아 그

수가 차기까지 하라 하시더라(Then each of them was given a white robe, and they were told to wait a little longer, until the number of their fellow servants and brothers who were to be killed as they had been was completed.)

「마태복음」 8:11 - 또 너희에게 이르노니 동서로부터 많은 사람이 이르러 아브라함과 이삭과 야곱과 함께 천국에 앉으려니와(I say to you that many will come from the east and the west, and will take their places at the feast with Abraham, Isaac and Jacob in the kingdom of heaven)

「누가복음」 13:28 - 너희가 아브라함과 이삭과 야곱과 모든 선지자는 하나님 나라에 있고 오직 너희는 밖에 쫓겨난 것을 볼 때에 거기서 슬피 울며 이를 갊이 있으리라("There will be weeping there, and gnashing of teeth, when you see Abraham, Isaac and Jacob and all the prophets in the kingdom of God, but you yourselves thrown out.)

13:29 - 사람들이 동서 남북으로부터 와서 하나님의 나라 잔치에 참석하리니(People will come from east and west and north and south, and will take their places at the feast in the kingdom of God.)

「데살로니가전서」 4:14 - 우리가 예수의 죽었다가 다시 사심을 믿을찐대 이와 같이 예수 안에서 자는 자들도 하나님이 저와 함께 데리고 오시티라(We believe that Jesus died and rose again and so we believe that God will bring with Jesus those who have fallen asleep in him.)

2-6. 여섯째 인 – 해와 달이 변해, 보좌의 중력, 소돔/고모라보다 강도 높은 핵무기 심판(I)

앞의 다섯 번의 봉인 심판에서 땅 위의 인간들과 생물체들은 거의 1/4이 죽을 것이다. 그러나 남은 자들 중 어떤 자들은 회개를 하고 하나님 아버지와 예수님 편으로 돌아오기도 하겠지만, 대다수의 인간들은 다섯 번의 기근, 흉년, 전염병, 소형우주선무기, 차세대 전투기 등에 의한 인간 초토화로 더욱 감정이 악해져 하나님 아버지와 예수님을 적대시 할 것이다. 그래서 남은 자들은 왕들을 중심으로 똘똘 뭉칠 것이다. 그래서 왕들이 땅 위에서 올라오는 것이다. 더욱이 다음 여섯 번째 심판을 보시라.

예수님께서 여섯째 인을 떼실 때에 큰 지진이 일어난다. 큰 지진(a great earthquake)이란 오늘날의 진도 6이나 7이 아닐 것이다. 그 이상의 지진일 것이다. 하나님 아버지의 보좌가 소행성대에 진입했다고 상상해보라. 이미 『바이블 매트릭스』 1권 『우주창조의 비밀』과 『바이블 매트릭스』 2권 『인간창조와 노아 홍수의 비밀』에서 니비루(Nibiru)인 마르둑(Marduk) 행성이 우리 태양계에 진입할 때 엄청난 블랙홀의 바람과 중력장과 초고에너지에 의해 행성들의 궤도가 바뀌고 이로 인해 지구의 남극대륙이 깨져 노아의 홍수가 일어났다고 했다. 마찬가지로 하나님 아버지의 보좌의 강력한 중력장에 의해 그 여파로 『바이블 매트릭스』 1권 『우주창조의 비밀』(2013, pp. 218~220)에서 살펴보았던 지구를 보호해주는 밴앨런대(Van Allen Belts)의 자기장은 파괴될 것이고, 그로 인해 지구에는 각종 큰 지진이 일어날 것이다.

동시에 이러한 중력장 이외에 오늘날 핵무기 이상의 핵을 사용할 수도 있을 것이다. 그래서 해가 검게 변한다는 것은 지진 구름이나 핵

구름에 의해 가리워졌다는 것을 의미한다. 영화 〈매트릭스〉라고 생각하면 이해하기 쉽다. 인간과 매트릭스의 싸움에서 매트릭스의 전원을 끊기 위해 인간들은 태양을 향해 핵구름을 쏜다. 그래서 온통 세상이 어둡게 설정되어 있다. 아울러 달이 피같이 붉게 변했다는 것도 지구에 무시무시한 지진이 일어나고 핵공격을 받아 그 영향으로 붉게 물들었다는 뜻일 것이다. 이 또한 소돔과 고모라가 바로 이와 같은 핵무기에 의해 멸망되었다는 것을 이해하면 분명 핵무기 이상의 심판이다.

「요한계시록」 6:12 - 내가 보니 여섯째 인을 떼실 때에 큰 지진이 나며 해가 총담같이 검어지고 온 달이 피같이 되며(I watched as he opened the sixth seal. There was a great earthquake. The sun turned black like sackcloth made of goat hair, the whole moon turned blood red,)(NIV)

2-7. 여섯째 인 – 별들이 떨어지고, 소행성대가 사라지고, 산과 섬이 옮겨지고(II)

하나님 아버지의 보좌의 중력장은 그 이상으로 발휘할 것이다. 그 결과 무화과 나무가 떨어지듯 바람에 흔들리는 추풍낙엽처럼 하늘의 별들이 땅에 떨어질 것이다. 하늘에 구축한 인간이 만든 식민지 행성들도 오닐기지도 다 떨어질 것임에 틀림없다. 그러므로 하늘을 차지했던 인간들은 올라오는 것이 아니라 떨어지는 것이다. 이뿐이랴! 화성과 목성 사이에 있는 소행성대(하늘)의 200만 개의 소행성들도 지구를 향해 돌진해 떨어지거나 종이 축이 말리는 것같이 사라질 것이다. 그 여파로 땅의 섬들과 산들이 바다로 가라앉거나 땅속으로 사라지거나 하늘로 솟아오를 것이다. 그래서 사람들은 산과 바위에게 말하기를 "우리 위에 떨어져 보좌에 앉으신 이의 낯에서와 어린 양의 진노에서 우리를 가리우라"고 아우성치는 것이다.

「요한계시록」 6:13 - 하늘의 별들이 무화과나무가 대풍에 흔들려 선과실이 떨어지는 것같이 땅에 떨어지며(and the stars in the sky fell to earth, as late figs drop from a fig tree when shaken by a strong wind.)(NIV); And the stars of heaven fell unto the earth, even as a fig tree casteth her untimely figs, when she is shaken of a mighty wind.(KJV); Then the stars of the sky fell to the earth like green figs falling from a tree shaken by a strong wind.(New Living)

6:14 - 하늘은 종이 축이 말리는 것같이 떠나가고 각 산과 섬이 제 자리에서 옮기우매(The sky receded like a scroll, rolling up, and every mountain and island was removed from its place.)(NIV)

6:16 - 산과 바위에게 이르되 우리 위에 떨어져 보좌에 앉으신 이의 낯에서와 어린 양의 진노에서 우리를 가리우라(They called to the mountains and the rocks, "Fall on us and hide us from the face of him who sits on the throne and from the wrath of the Lamb!)

2-8. 여섯째 인 – 하늘 권능들이 흔들림→하늘의 전쟁→하늘을 불살라(III)

이 상황은 「마태복음」 24장 29절의 "즉시 해가 어두워지며 달이 빛을 내지 아니하며 별들이 하늘에서 떨어지며 하늘의 권능들이 흔들리리라"와 같다. 하늘의 권능 또는 천체가 흔들린다는 것은 하늘에서 전쟁이나 심판이 있다는 것을 의미한다. 하나님 아버지와 예수님의 군대가 인간이 식민지화한 우주의 행성들과의 전쟁이나 심판이 있을 수도 있다. 땅뿐만이 아니라 하늘에서도 인간들이 하나님 아버지와 예수님을 적대시할 것임에 틀림없을 것이다.

「마태복음」 24:29 - 그 날 환난 후에 즉시 해가 어두워지며 달이 빛을 내지 아니하며 별들이 하늘에서 떨어지며 하늘의 권능들이 흔들리리라("Immediately after the distress of those days "'the sun will be darkened, and the moon will not give its light; the stars will fall from the sky, and the heavenly bodies will be shaken.'(NIV); Immediately after the tribulation of those days shall the sun be darkened, and the moon shall not give her light, and the stars shall fall from heaven, and the powers of the heavens shall be shaken:(KJV); "Immediately after the anguish of those days, the sun will be darkened, the moon will give no light, the stars will fall from the sky, and the powers in the heavens will be shaken(1). / (1)See Isa 13.10; 34.4; Joel 2.10(New Living)

또한 이렇게 확대해석할 수도 있다. 하나님들도 의로운 하나님들과 불의의 하나님들이 있다고 했다. 하늘이나 이 땅에서 결국은 선과 악의 싸움이다. 차후에 『바이블 매트릭스』 7권에서 자세히 설명하겠지만, 바로 「요한계시록」 12장에는 '여자와 용(The Woman and the Dragon)'이 등장하는데, 12장 7절에는 "하늘에 전쟁이 있으니(And there was an war in heaven…)"를 예언하고 있다. 물론 이것은 여섯째 인의 심판 때 일어나는 것이 아니라 그 이후에 일어나는 일이지만, 시간상 사건이 그 전에 발생할 수도 있다는 가정아래 여기에 소개하는 것이다. 이때 용(dragon)은 사단(마귀)의 불의의 하나님들을 의미하는 것이다. 불의의 하나님들과 의로운 하나님들 간의 일대 전쟁을 그리고 있다. 그런데 이 전쟁에서 용이 이기지 못하여 다시 하늘에서 있을 곳을 얻지 못하고 이 땅으로 쫓겨 내려온다.

「요한계시록」 12:7 - 하늘에 전쟁이 있으니 미가엘과 그의 사자들이 용으로 더불어 싸울쌔 용과 그의 사자들도 싸우나(And there was war in heaven. Michael and his angels fought against the dragon, and the dragon and his angels fought back.(NIV)

12:8 - 이기지 못하여 다시 하늘에서 저희의 있을 곳을 얻지 못한 지라(But he was not strong enough, and they lost their place in heaven.)

12:9 - 큰 용이 내어쫓기니 옛 뱀 곧 마귀라고도 하고 사단이라고도 하는 온 천하를 꾀는 자라 땅으로 내어쫓기니 그의 사자들도 저와 함께 내어쫓기니라(The great dragon was hurled down--that ancient serpent called the devil, or Satan, who leads the whole world astray. He was hurled to the earth, and his angels with him.)

있을 곳이 없다는 것은 악의 하나님들의 지배하던 하늘의 권능 또는 천체가 다 불에 타서 무너진다는 것을 의미하는 것이다. 하늘에 있던 불경스러운 인간들이나 불의의 하나님들이 지배하던 행성들과 별들이 다 불에 타서 무너지는 것이다. 따라서 하늘의 별들이 불에 타서 지구로 떨어지는 것이다. 이러한 별들이 떨어진다면 땅 위나 바다 위나 바다 안이나 땅속이나 견딜 수가 없을 것이다. 그래서 짐승(왕)이 올라오는 것이다. 하늘의 짐승이 있다면 어떻게 올라오겠는가? 올라오는 것이 아니라 무화과나무의 과실이 대풍에 흔들려 떨어지듯이 불에 타는 별들과 같이 땅에 떨어지는 것이다.

「요한계시록」 6:13 - 하늘의 별들이 무화과나무가 대풍에 흔들려 선과실이 떨어지는 것같이 땅에 떨어지며(and the stars in the sky fell to earth, as late figs drop from a fig tree when shaken by a strong wind.)(NIV)

이것은 「베드로후서」 3장 7절과 같은 내용이다. 하늘과 땅은 불사르기 위하여 예비해두셨는데 심판과 멸망의 날에 경건치 않은 사람들을 심판하기 위함이라는 것이다. 하늘을 불사른다? 오늘기지나 다른 행성에 가서 사는 사람들이 이 여섯째 봉인의 심판에서 자유로울 수 있을까?

「베드로후서」 3:7 - 이제 하늘과 땅은 그 동일한 말씀으로 불사르기 위하여 간수하신 바 되어 경건치 아니한 사람들의 심판과 멸망의 날까지 보존하여 두신 것이니라(By the same word the present heavens and earth are reserved for fire, being kept for the day of judgment and destruction of ungodly men.(NIV)

이것은 예수님께서 이 땅에 공중재림하시기 이전의 소행성대의 하나님의 보좌에서 내리는 여섯째 봉인의 심판이다.

「요한계시록」 6:15 - 땅의 임금들과 왕족들과 장군들과 부자들과 강한 자들과 각 종과 자주자가 굴과 산 바위 틈에 숨어(Then the kings of the earth, the princes, the generals, the rich, the mighty, and every slave and every free man hid in caves and among the rocks of the mountains.(NIV)

6:16 - 산과 바위에게 이르되 우리 위에 떨어져 보좌에 앉으신 이의 낯에서와 어린 양의 진노에서 우리를 가리우라(They called to the mountains and the rocks, "Fall on us and hide us from the face of him who sits on the throne and from the wrath of the Lamb!)

6:17 - 그들의 진노의 큰 날이 이르렀으니 누가 능히 서리요 하더라(For the great day of their wrath has come, and who can stand?")

2-9. 일곱째 인 – 불을 담은 향로를 땅에 쏟아, 뇌성/음성/번개/지진

예수님께서 일곱째 인을 떼실 때에 다른 천사가 금향로에 모든 성도들의 기도들인 향을 가득 담아 하나님께 드리고, 그 대신 단 위의 불

(fire)을 향로에 담아 땅에 쏟자 땅에서는 뇌성(천둥)과 우르르 하는 음성과 번개와 지진이 일어난다. 이 때의 불은 핵무기 이상의 불이 될 것이고, 아니면 공중에서 폭발되는 차세대 무기가 될 것이며, 그 불 핵폭탄으로 인해 무수한 불경한 사람들이 죽을 것이다. 그 대규모 폭발로 일해 천둥과 번개와 지진이 일어날 것이고, 이로 인해 많은 불경한 자들이 또한 죽을 것이다.

「요한계시록」 8:3 - 또 다른 천사가 와서 제단 곁에 서서 금향로를 가지고 많은 향을 받았으니 이는 모든 성도의 기도들과 합하여 보좌 앞 금단에 드리고자 함이라(Another angel, who had a golden censer, came and stood at the altar. He was given much incense to offer, with the prayers of all the saints, on the golden altar before the throne.(NIV)

8:4 - 향연이 성도의 기도와 함께 천사의 손으로부터 하나님 앞으로 올라가는지라(The smoke of the incense, together with the prayers of the saints, went up before God from the angel's hand.)

8:5 - 천사가 향로를 가지고 단 위의 불을 담아다가 땅에 쏟으매 뇌성과 음성과 번개와 지진이 나더라(Then the angel took the censer, filled it with fire from the altar, and hurled it on the earth; and there came peals of thunder, rumblings, flashes of lightning and an earthquake.)

3. 여섯 천사의 나팔 심판 – 화들(Woes)

예수님께서 일곱째 인을 떼실 때에 하늘이 반 시 동안 고요하더니 하나님 아버지 앞에 선 일곱 천사가 일곱 나팔 불기를 준비하면서 「요한계시록」 8장과 9장에는 여섯 천사의 여섯 나팔 심판이 기록되어 있다. 이것은 예수님께서 이 땅에 공중재림하시기 이전의 소행성대의 하나님의 보좌에서 내리는 여섯 천사의 나팔 심판이다. 단, 일곱 번째 천사의 나팔은 심판이 아니라 하나님의 보좌에서 예수님이 별도의 보좌를 타시고 이 땅의 공중으로 재림하시는 것을 알리는 것과 동시에 부활과 휴거를 알리는 나팔이다. 따라서 첫째에서 여섯째 천사의 나팔이 심판 나팔이다. 어떤 심판인지? 왜 짐승들이 올라오는지 그 이유를 간단히 살펴보고 자세한 것은 『바이블 매트릭스』 7권에서 다루기로 한다.

3-1. 첫째 천사의 나팔 – 피우박과 불이 내려와 땅의 1/3이 타서 없어져

첫째 천사가 나팔을 부니 피 섞인 우박과 불이 나서 땅에 쏟아지매 땅의 삼분의 일이 타서 없어지고, 수목의 삼분의 일도 타서 없어지고, 각종 푸른 풀들도 모두 타서 없어진다. 피 섞인 우박과 불은 원자자유 전환 기술로 가능하다고 했다. 물을 피로 포도주로 만드는 세상에 끝날의 하나님 아버지와 예수님의 과학기술로 본다면 이것은 아무것도 아닐 것이다. 이것은 「베드로후서」 3장 7절과 같은 내용이다. 하늘과 땅은 불사르기 위하여 예비해두셨는데 심판과 멸망의 날에 경건치 않은 사람들을 멸망하기 위함이라는 것이다. 땅의 1/3이 타서 없어졌다는 것은 거기 거주하는 인간들은 파리(하루살이)같이 죽었다는 것인데, 그러니 땅 위와 땅속의 짐승들이 어찌 하겠는가?

「요한계시록」 8:7 - 첫째 천사가 나팔을 부니 피 섞인 우박과 불이 나서 땅에 쏟아지매 땅의 삼분의 일이 타서 사위고 수목의 삼분의 일도 타서 사위고 각종 푸른 풀도 타서 사위더라(The first angel sounded his trumpet, and there came hail and fire mixed with blood, and it was hurled down upon the earth. A third of the earth was burned up, a third of the trees were burned up, and all the green grass was burned up.(NIV)

「베드로후서」 3:7 - 이제 하늘과 땅은 그 동일한 말씀으로 불사르기 위하여 간수하신 바 되어 경건치 아니한 사람들의 심판과 멸망의 날까지 보존하여 두신 것이니라(By the same word the present heavens and earth are reserved for fire, being kept for the day of judgment and destruction of ungodly men.)

「이사야」 51:6 - 너희는 하늘로 눈을 들며 그 아래의 땅을 살피라 하늘이 연기같이 사라지고 땅이 옷같이 해어지며 거기 거한 자들이 하루살이같이 죽으려니와 나의 구원은 영원히 있고 나의 의는 폐하여지지 아니하리라(Lift up your eyes to the heavens, look at the earth beneath; the heavens will vanish like smoke, the earth will wear out like a garment and its inhabitants die like flies. But my salvation will last forever, my righteousness will never fail.)

3-2. 둘째 천사의 나팔 – 1/3의 바다와 1/3의 피조물과 1/3의 배가 멸망

자, 첫째 천사의 나팔 심판에서 땅의 1/3을 타 태워 죽였으니 그 다음은 바다가 되는 것이다. 둘째 천사가 나팔을 부니 불붙는 큰 산과 같은 것이 바다에 던져져, 바다의 삼분의 일이 피가 되고, 바다 가운데 생명 가진 피조물들의 삼분의 일이 죽고, 바다 위에나 바다 안에 있는 배들의 삼분의 일이 깨어진다. 이 것은 바다에 존재하는 인간들 중 1/3인 불경한자들이 다 죽는다는 것을 뜻하는 것이다. 그러니 바다 위에서 짐승(왕)이 견디다 못해 올라와서 하나님 아버지와 예수님을 대적하는 것이다.

「요한계시록」 8:8 - 둘째 천사가 나팔을 부니 불붙는 큰 산과 같은 것이 바다에 던지우매 바다의 삼분의 일이 피가 되고(The second angel sounded his trumpet, and something like a huge mountain, all ablaze, was thrown into the sea. A third of the sea turned into blood,(NIV)

8:9 - 바다 가운데 생명 가진 피조물들의 삼분의 일이 죽고 배들의 삼분의 일이 깨어지더라(a third of the living creatures in the sea died, and a third of the ships were destroyed.)

3-3. 셋째 천사의 나팔 – 쑥 별이 1/3의 물을 쓰게 만들어 사람들을 죽여

자, 다음은 땅 위나 땅속의 물의 근원인 1/3의 물 샘들과 강물들을 쑥 별로 강타해서 쓰게 만들어 사람들, 즉 불경한자들을 죽인다. 셋째 천사가 나팔을 부니 횃불같이 타는 큰 별이 하늘에서 떨어져 강들의 삼분의 일과 여러 물 샘에 떨어진다. 땅과 바다의 물의 근원인 강들과 강들의 근원인 상류의 샘물을 멸망시키는 것이다. 이 불타는 별 이름은 쑥(Wormwood)[4]인데, 그 결과 물들의 삼분의 일이 쑥이 되어, 그 물들이 쓰게 됨을 인하여 많은 사람이 죽는다. 그래서 회개를 하지 않는 불경한 땅 위와 바다의 짐승들이 하나님 아버지와 예수님을 대적하러 올라오는 것이다.

「요한계시록」 8:10 - 세째 천사가 나팔을 부니 횃불 같이 타는 큰 별이 하늘에서 떨어져 강들의 삼분의 일과 여러 물샘에 떨어지니(The third angel sounded his trumpet, and a great star, blazing like a torch, fell from the sky on a third of the rivers and on the springs of water--)(NIV); And the third angel sounded, and there fell a great star from heaven, burning as it were a lamp, and it fell upon the third part of the rivers, and upon the fountains of waters;(KJV); Then the third angel blew his trumpet, and a great

4 Wormwood - http://en.wikipedia.org/wiki/Wormwood_(Bible)

star fell from the sky, burning like a torch. It fell on one-third of the rivers and on the springs of water.(New Living)

8:11 - 이 별 이름은 쑥이라 물들의 삼분의 일이 쑥이 되매 그 물들이 쓰게 됨을 인하여 많은 사람이 죽더라(the name of the star is Wormwood. A third of the waters turned bitter, and many people died from the waters that had become bitter.)(NIV); The name of the star was Bitterness(1). It made one-third of the water bitter, and many people died from drinking the bitter water. / (1)Greek Wormwood(New Living)(New Living)

이 쑥 별은 무엇을 의미하는 것일까? 그리스어로 'apsinthos'라고 하는데, 이는 '고통(Bitterness)' 또는 '독(poison)'이란 뜻이다. 쑥 별이 강과 샘물에 떨어져 물이 화학적 반응을 일으켜 쓰게 되어 고통을 당하여 많은 사람들이 죽는다는 것이다. 랜드(W. W. Rand)의 『성경사전(A dictionary of the Holy Bible, 1859)』[5]에 의하면 이 쑥이라 불리는 별은 천상의 힘있는 왕자(a mighty prince) 혹은 하늘의 권능(power of the sky)을 의미한다고 되어 있다. 이것은 앞서 설명한 여섯째 인 심판의 하늘의 권능 또는 천체가 흔들리는 것과 같은 이치이다. 하늘에서 의로운 하나님들과 불의의 하나님들의 일대 전쟁에서 불의의 하나님들이 차지하고 있던 별이 의로운 하나님들의 심판의 불에 타서 이 땅으로 떨어질 가능성이 매우 높다.

또 다른 미래학자들은 소행성대에 존재하는 혜성(Comet)이 지구

---

5 Rand, W. W. (1859), A dictionary of the Holy Bible - https://archive.org/details/dictionholybible00randrich

와 충돌할 것이라는 시나리오를 쓰고 있는데, 혜성이 지구에 진입하면서 대기의 산소와 질소를 만나 질산 비(nitric-acid rain)를 만들어 강물이 변하여 고통을 준다는 것이다. 이렇게도 해석할 수 있지만, 앞의 여섯째 인의 심판에서 소행성대는 이미 사라졌다는 것을 볼 때 타당성은 낮아 보인다. 그런데 쑥 별이 하나 떨어지는데 지구의 1/3의 물이 쓰게 되려면 쑥 별이 대기에 진입하면서 여러 조각으로 쪼개져 그 파편이 떨어질 것이라는 점이다. 또 다른 성경학자들은 핵무기를 들고 있다. 독을 가진 핵무기가 떨어지면 물을 독으로 변하게 될 것이라는 점이다.

이렇게 볼 때 천상의 힘있는 왕자(a mighty prince) 혹은 하늘의 권능(power of the sky)인 별일 가능성이 매우 높다. 또한 인간이 만든 가장 큰 오닐기지가 될 수도 있을 것이다.

3-4. 넷째 천사의 나팔 – 침을 받아 달/해/별의 1/3이 어두워져, 빛의 1/3이 줄어

다음은 1/3의 해와 달과 별들의 생명을 끊어버리는 것이다. 넷째 천사가 나팔을 부니 해 삼분의 일과 달 삼분의 일과 별들의 삼분의 일이 침(struck or smitten)을 받아, 그 삼분의 일이 어두워지니, 낮 삼분의 일은 비췸이 없고 밤도 삼분의 일이 비춤이 없게 된다. 여기서 중요한 부분은 삼븐의 일이 침을 받는다는 것이다. 침을 받는다는 것은 무엇으로부터 강타를 당했다는 의미이다. 이는 『바이블 매트릭스』 1권 『우주 창조의 비밀』에서 소개한 마르둑(Marduk) 행성의 중력장과 비슷하다고 생각하면 될 것 같다. 소행성대에 진입한 보좌, 즉 거대항공모함우주선과 블랙홀로부터 강력한 중력장의 에너지나 초고에너지인 우주선(Cosmic Ray)으로 강타했다고 볼 수 있다. 소행성대에서 보이는 열두 개의 별자리에 속한 1/3 별들에게 강타를 했다는 것은 지금으로서는 상상할 수 없는 무시무시한 에너지이다. 아마도 블랙홀의 초고에너지가 아닌가 추측된다. 만약에 우리 인간들이 우주공간의 행성을 식민지화라고 오닐기지를 만들었다고 가정했을 때 넷째 천사의 나팔 심판을 피할 방법이 있을까?

「요한계시록」 8:12 - 네째 천사가 나팔을 부니 해 삼분의 일과 달 삼분의 일과 별들의 삼분의 일이 침을 받아 그 삼분의 일이 어두워지니 낮 삼분의 일은 비췸이 없고 밤도 그러하더라(The fourth angel sounded his trumpet, and a third of the sun was struck, a third of the moon, and a third of the stars, so that a third of them turned dark. A third of the day was without light, and also a third of the night.(NIV); And the fourth angel sounded, and the third part of the sun was smitten, and the third part of the moon, and the third part of the stars; so as the third part of them was darkened, and the day shone not for a third part of it, and the night likewise.(KJV); Then the fourth angel blew his trumpet, and one-third of the sun was struck, and one-third of the moon, and one-third of the stars, and they became dark. And one-third of the day was dark, and also one-third of the night.(New Living)

3-5. 다섯째 천사의 나팔 – 무저갱(땅)의 황충, 전갈의 쏘임으로 5달간 괴롭힘

이제부터는 땅속을 심판하시는 것이다. 다섯째 천사가 나팔을 부니, 별이 하늘에서 땅에 떨어지는데, 그 별이 무저갱(땅속)의 축(the shaft)을 여는 열쇠(key)를 갖는다. 별이 땅에 떨어졌다고 상상해보라. 일개 혜성이 떨어져도 엄청 큰 구멍이 생길 것인데, 별이 떨어졌으니 엄청 커다란 구멍이 생겨 무저갱, 즉 땅 속으로 통하는 축인 게이트웨이(Gateway)를 연 것이다.

그 별이 무저갱을 여니 무저갱의 구멍에서 연기가 올라와 해와 공기가 어두워지고, 올라온 연기로부터 황충들(메뚜기들, locusts)이 나오고 다시 땅에 내려와 땅의 전갈들(scorpions)과 같은 권세(권능, power)를 갖는다. 이 때 권세란 전갈들이 갖고 있는 꼬리에 있는 쏘는 침(sting)을 말하는 것이다. 그런데 황충들은 땅의 풀이나 푸른 것이나 각종 수목은 해하지 않고 오직 이마에 하나님의 인 맞지 아니한 사람들(only those people who did not have the seal of God on their foreheads)만 5개월 동안 죽이지는 않고 괴롭게만(torment or torture or pain) 한다. 괴로움(고통)이 하도 커서 죽고 싶어도 이 때는 죽지 못한다는 것이다. 그러니 땅과 무저갱에서 짐승(왕)이 올라오는 것이다. 황충들이 무엇인지, 무저갱의 사자(the angel of the Abyss)는 무엇을 의미하는지는 『바이블 매트릭스』 7권에서 자세히 다룰 예정이다.

「요한계시록」 9:1 - 다섯째 천사가 나팔을 불매 내가 보니 하늘에서 땅에 떨어진 별 하나가 있는데 저가 무저갱의 열쇠를 받았더라(The fifth angel sounded his trumpet, and I saw a star that had fallen from the sky to the earth. The star was given the key to the shaft of the Abyss.(NIV); And the fifth angel sounded, and I saw a star fall from heaven unto the earth: and to him was given the key of the bottomless pit.(KJV); Then the fifth angel blew his trumpet, and I saw a star that had fallen to earth from the sky, and he was given the key to the shaft of the bottomless pit(1). / (1)Or the abyss, or the underworld; also in 9.11(New Living)

9:2 - 저가 무저갱을 여니 그 구멍에서 큰 풀무의 연기 같은 연기

가 올라오매 해와 공기가 그 구멍의 연기로 인하여 어두워지며(When he opened the Abyss, smoke rose from it like the smoke from a gigantic furnace. The sun and sky were darkened by the smoke from the Abyss.(NIV)

9:3 - 또 황충이 연기 가운데로부터 땅 위에 나오매 저희가 땅에 있는 전갈의 권세와 같은 권세를 받았더라(And out of the smoke locusts came down upon the earth and were given power like that of scorpions of the earth.)

9:4 - 저희에게 이르시되 땅의 풀이나 푸른 것이나 각종 수목은 해하지 말고 오직 이마에 하나님의 인 맞지 아니한 사람들만 해하라 하시더라(They were told not to harm the grass of the earth or any plant or tree, but only those people who did not have the seal of God on their foreheads.)

9:5 - 그러나 그들을 죽이지는 못하게 하시고 다섯 달 동안 괴롭게만 하게 하시는데 그 괴롭게 함은 전갈이 사람을 쏠 때에 괴롭게 함과 같더라(They were not given power to kill them, but only to torture them for five months. And the agony they suffered was like that of the sting of a scorpion when it strikes a man.)

9:6 - 그 날에는 사람들이 죽기를 구하여도 얻지 못하고 죽고 싶으나 죽음이 저희를 피하리로다(During those days men will seek death, but will not find it; they will long to die, but death will elude them.)

9:7 - 황충들의 모양은 전쟁을 위하여 예비한 말들 같고 그 머리에 금 같은 면류관 비슷한 것을 썼으며 그 얼굴은 사람의 얼굴 같고(The locusts looked like horses prepared for battle. On their heads they wore something like crowns of gold, and their faces resembled human faces.)

9:8 - 또 여자의 머리털 같은 머리털이 있고 그 이는 사자의 이 같으며(Their hair was like women's hair, and their teeth were like lions' teeth.)

9:9 - 또 철흉갑 같은 흉갑이 있고 그 날개들의 소리는 병거와 많은 말들이 전장으로 달려들어가는 소리 같으며(They had breastplates like breastplates of iron, and the sound of their wings was like the thundering of many horses and chariots rushing into battle.)

9:10 - 또 전갈과 같은 꼬리와 쏘는 살이 있어 그 꼬리에는 다섯 달 동안 사람들을 해하는 권세가 있더라(They had tails and stings like scorpions, and in their tails they had power to torment people for five months.)

9:11 - 저희에게 임금이 있으니 무저갱의 사자라 히브리 음으로 이름은 아바돈이요 헬라 음으로 이름은 아볼루온이더라(They had as king over them the angel of the Abyss, whose name in Hebrew is Abaddon, and in Greek, Apollyon.)

3-6. 여섯째 천사의 나팔 – 결박된 네 천사가 풀려나, 인간 1/3을 죽여

여섯째 천사가 나팔을 부니, 사람 삼분의 일을 죽이기로 예비한, 유프라테스강에 결박된 네 천사가(the four angels which are bound in the great river Euphrates) 풀려나, 이만만(2억)의 마병대를 지휘하여, 마병대의 입에서 나오는 불(fire)과 연기(smoke)와 유황(sulfur)으로 사람 삼분의 일을 죽인다. 그러니 짐승들이 올라오고 똘똘 뭉치는 것이다. 유프라테스강에 결박된 네 천사에 대해서는 차후에 『바이블 매트릭스』 7권에서 자세히 다룰 예정이다.

「요한계시록」 9:13 - 여섯째 천사가 나팔을 불매 내가 들으니 하나님 앞 금단 네 뿔에서 한 음성이 나서(The sixth angel sounded his trumpet, and I heard a voice coming from the horns of the golden altar that is before God.(NIV)

9:14 - 나팔 가진 여섯째 천사에게 말하기를 큰 강 유브라데에 결박한 네 천사를 놓아 주라 하매(It said to the sixth angel who had the trumpet, "Release the four angels who are bound at the great river Euphrates.")

9:15 - 네 천사가 놓였으니 그들은 그 년 월 일 시에 이르러 사람 삼분의 일을 죽이기로 예비한 자들이더라(And the four angels who had been kept ready for this very hour and day and month and year were released to kill a third of mankind.)

9:16 - 마병대의 수는 이만만이니 내가 그들의 수를 들었노라 (The number of the mounted troops was two hundred million. I heard their number)

9:17 - 이같이 이상한 가운데 그 말들과 그 탄 자들을 보니 불빛과 자주빛과 유황빛 흉갑이 있고 또 말들의 머리는 사자 머리 같고 그 입에서는 불과 연기와 유황이 나오더라(The horses and riders I saw in my vision looked like this: Their breastplates were fiery red, dark blue, and yellow as sulfur. The heads of the horses resembled the heads of lions, and out of their mouths came fire, smoke and sulfur.)

9:18 - 이 세 재앙 곧 저희 입에서 나오는 불과 연기와 유황을 인하여 사람 삼분의 일이 죽임을 당하니라(A third of mankind was killed by the three plagues of fire, smoke and sulfur that came out of their mouths.)

9:19 - 이 말들의 힘은 그 입과 그 꼬리에 있으니 그 꼬리는 뱀 같고 또 꼬리에 머리가 있어 이것으로 해하더라(The power of the horses was in their mouths and in their tails; for their tails were like snakes, having heads with which they inflict injury.)

9:20 - 이 재앙에 죽지 않고 남은 사람들은 그 손으로 행하는 일을 회개치 아니하고 오히려 여러 귀신과 또는 보거나 듣거나 다니거나

하지 못하는 금, 은, 동과 목석의 우상에게 절하고(The rest of mankind that were not killed by these plagues still did not repent of the work of their hands; they did not stop worshiping demons, and idols of gold, silver, bronze, stone and wood--idols that cannot see or hear or walk.)

9:21 - 또 그 살인과 복술과 음행과 도적질을 회개치 아니하더라(Nor did they repent of their murders, their magic arts, their sexual immorality or their thefts.)

4. 불사르는 심판의 순서, 하늘→땅→바다→땅속→땅(바벨론), 선과 악의 싸움

앞서 살펴본 바와 같이 공간, 즉 하늘 위나 땅 위나 바다나 바닷속이나 땅속에 거주하는 불경한 자들(ungodly men)이 일곱 봉인의 심판과 여섯 천사의 심판을 피할 수 있을까? 심판의 순서가 공간에 따라 동시다발적이지만, 굳이 순서를 정한다면, 필자가 생각하기엔, 우선 천상에서 소행성다로 내려오시면서 불경하고 불의한 하나님들과 우주에 거주하는 불경한 자들을 심판하시는 것이 아닌가 생각한다. 그래서 별들과 행성들이 불에 타서 지구로 떨어지는 것이다. 그 다음 땅과 바다가 불에 타고 그 다음 땅속도 불사르는 것이다. 마지막은 「요한계시록」 18장의 이 땅의 바벨론의 패망(The Fall of Babylon)이 있겠고, 뒤를 이어 「요한계시록」 20장의 불의의 하나님들의 사단의 패망(Satan's Doom)이 있을 것이다.

이것은 다시 한번 반복하지만 「베드로후서」 3장 7절과 같은 내용이다. 하늘과 땅은 불사르기 위하여 예비해 두셨는데 심판과 멸망의 날에 경건치 않은 사람들을 심판하기 위함이라는 것이다. 하늘을 불사른다? 오닐기지나 다른 행성에 가서 사는 사람들이 이 심판에서 자유로울 수 있을까?

「베드로후서」 3:7 - 이제 하늘과 땅은 그 동일한 말씀으로 불사르기 위하여 간수하신 바 되어 경건치 아니한 사람들의 심판과 멸망의 날까지 보존하여 두신 것이니라(By the same word the present heavens and earth are reserved for fire, being kept for the day of judgment and destruction of ungodly men.(NIV); But the heavens and the earth, which are now, by the same word are kept in store, reserved unto fire against the day of judgment and perdition of ungodly men.(KJV); And by the same word, the present heavens and earth have been stored up for fire. They are being kept for the day of judgment, when ungodly people will be destroyed.(New Living)

이미 『바이블 매트릭스』 4권 『하나님들의 과학기술과 우리가 창조해야 할 미래(상)』의 1부 6장인 "「요한계시록」의 용/뱀/마귀/사단은? 의로운 하나님들과 불의의 하나님들"에서 자세히 다루었지만, 천상에 계시는 하나님들도 두 그룹이 있다는 것을 알아야 한다. 문제는 불의의 하나님들이다. 「에베소서」 6장 12절에는 이를 잘 설명하고 있다. 우리의 씨름, 즉 싸움은 첫째 '정사와 권세와 이 어두움의 세상 주관자들'과 '하늘에 있는 악의 영들'이라고 기록하고 있는데, 후자는 바로 불의의 하나님들을 말하는 것이다. 우주와 세상은 선과 악의 싸움이다. 결국 악은 무너진다는 것이다. 자세한 것은 차후에 『바이블 매트릭스』 7권에서 자세히 다룰 예정이다.

「에베소서」 6:12 - 우리의 씨름은 혈과 육에 대한 것이 아니요 정사와 권세와 이 어두움의 세상 주관자들과 하늘에 있는 악의 영들에게 대함이라(For our struggle is not against flesh and blood, but against the rulers, against the authorities, against the powers of this dark world and against the spiritual forces of evil in the heavenly realms.)(NIV)

2장

세차운동의 12개 별자리로 보는 시대(Times)의 상징/표적(Signs) 예측과 지속되는 마야달력

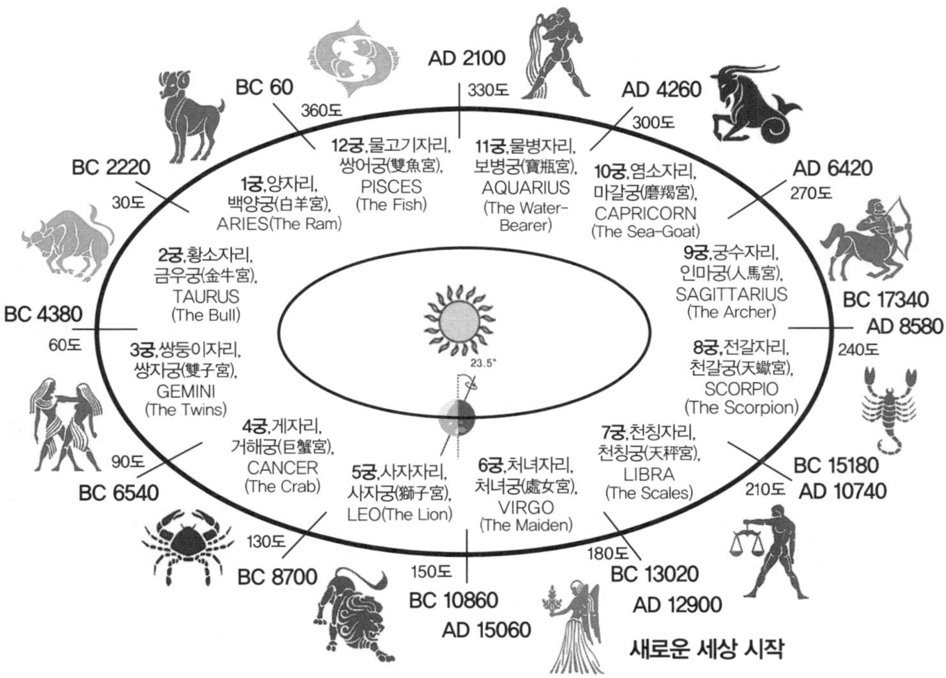

세차운동(歲差運動, Precession)에 의해 대주기(Grand Circle) 혹은 대년(Great Year)인 25,920년에 따라 변하는 시대별 춘분의 12개 별자리.

본장은 세차운동에 의해 대주기(Grand Circle) 혹은 대년(Great Year)인 25,920년에 따라 변하는 시대별 춘분의 열두 개 별자리로 보는 세대(Generation)와 미래 시대(Times)의 예측으로, 이미 소개한 『바이블 매트릭스』 4권 『하나님들의 과학기술과 우리가 창조해야 할 미래(하)』의 3부 1장인 "세차운동으로 보는 세대/시대별 상징과 미래 과학기술"을 바탕으로 간략하게 정리하고 본 절의 내용에 맞게 업데이트하며, 시대별 상징/표적을 별자리에 매핑하여 미래를 예측해 보고자 한다.

1절 물병자리(2,100~4,259), 땅 위/땅속/하늘(우주)을 지배하는 나라가 등장

AD 2100년부터 시작하는 물병자리의 이미지는 물병을 든 사람(The Water Bearer)이란 뜻이다. '공기, 전기, 자기를 물병에 담는다' 또는 '담은 물을 쏟는다'는 뜻의 보병궁(寶甁宮) 이란 '인간 중심의 인간이 진실을 배울 수 있고, 스스로 생각할 수 있는 존재' 또는 그 이상의 의미로, 여러 종교철학에서 얘기하는 계시들이 실제로 이루어지는 신인조화(神人調和) 시대를 일컫는다. 다시 말해 거시적인 신의 계시나 말씀의 시대는 끝나고, 즉 신본(神本) 시대는 끝나고, 우리 인간들이 스스로 신의 지식(비밀)과 진실, 즉 과학기술을 드러내어 신을 만남으로써 신인조화, 정확하게는 인신조화(人神調和)를 이루는 시대를 의미한다. 즉 인본(人本) 시대가 시작되는 것이다.

물고기자리의 끝자락에 와 있는 지금은 과학기술에 불꽃이 붙었다고 해도 과언이 아니다. 영국의 과학저널 『네이처(Nature)』는 1,869년부터 하나님들의 창조 지식을 재발견해 그 연구결과를 과학논문으로 발표하고 있으며, 미국의 『사이언스(Science)』는 1880년부터 발견한 지식을 논문으로 발표하고 있다. 그리고 그 유명한 알프레드 노벨(Alfred Bernhard Nobel, 1883~1896)은 노벨상을 제정해, 인류를 위해 창조지식을 발견한 과학자들에게 1901년부터 노벨상을 수여하고 있다. 이제 과학은 빠른 속도로 발전하여 어디로 가는 것인지조차 알 수 없을 정도이다. 분명 물병자리에 진입하면 이 속도는 빛의 속도를 능가하여 인간의 과학기술은 우주를 넘어 거의 신의 경지에 도달할 것임에 틀림이 없다.

1. 신의 경지에 도달한 과학기술, 땅 위의 나라들과 도시들

이 물병자리에 인간들은 물의 근원을 밝혀낼 것이고, 미네랄(mineral) 테라헤르츠파(THz)를 발견할 것이며, 생명의 흔적을 남기는 미네랄의 기전을 밝혀낼 것이고, 기체를 액체로 액체를 고체로 또는 그 반대 순으로 자유롭게 물질을 전환시키는 원자자유전환기술을 발견할 것이다. 이것뿐이 아니라 1905년에 아인슈타인(Albert Einstein, 1879~1955)이 발표한 그 유명한 물질과 에너지의 등가(Matter-energy equivalence) 방정식인 $E=mc^2$에 도전하여 빛을 물질로 물질을 빛으로 전환시키는 방법을 찾아낼 것이다.

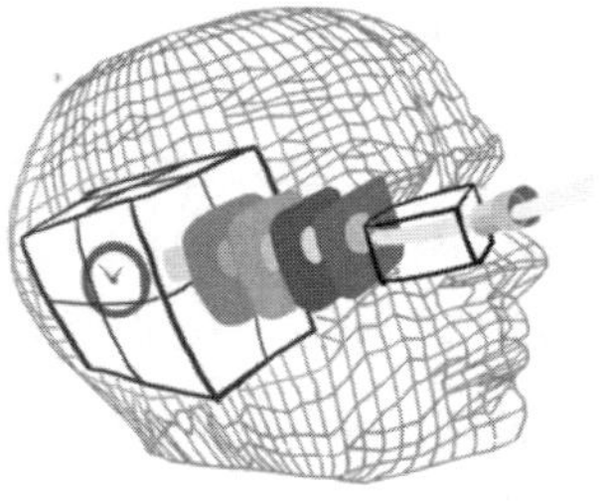

그러면 영화 〈제 5원소(The Fifth Element, 1997)〉에 나오는 나는 자동차가 등장할 것이고, 영화 〈마이너리티 리포트(Minority Report, 2002)〉에 나오는 자기부상(Magnetic Levitation) 3~4차원 전기자동차가 등장할 것이며, 말을 하는

양자/인공지능 컴퓨터가 등장할 것이며, 생각하는 대로 메시지를 타인이나 동물이나 곤충에 전달하는 브레인-브렌인 인터페이스(Brain-Brain Interface)나 텔레파시(Telepathy)나 텔레키네시스(Telekinesis)가 등장할 것이고, 타인의 마음을 읽어 내는 기기들이 등장할 것이다. 그야말로 땅과 땅 위의 에너지와 자원을 이용하여 지금으로서는 상상도 할 수 없는 과학의 발전을 이룩하여 이 땅과 땅 위에는 엄청난 나라들의 최첨단 도시들이 건설될 것이다.

2. 우주의 에너지와 자원, 우주의 나라들과 도시들

또한 물병자리에 인간들은 우주공간이나 우주행성의 에너지와 자원을 이용하는 우주공학기술을 눈부시게 발전시키게 될 것이다. 그 결과 지구와 행성을 연결하는 우주엘리베이터(Space elevator)[1]를 통해 달-화성 등의 우주여행이 가능하고, 우리은하와 다른 은하 여행도 가능할 것이다.

또한 2014년에 개봉된 〈인터스텔라〉처럼 우주 공간이동(원격이동, 순간이동, 블랙홀 이동-웜홀 이동-화이트홀 이동)도 가능하여 우주선을 이용한 우주공간 거주 및 이동 등 모든 패러다임이 변화하고 우주적인 평화와 환희의 시대로 진입할 것이다.

이때가 되면 오닐(Gerard K. O'neill)이 『고도의 선구자』에서 제안했던 오닐기지가 우주에 건설될 것이고 오닐기지로의 여행도 가능하게

1 http://en.wikipedia.org/wiki/Space_elevator

될 것이다. 오닐은 지구와 태양계 내에 수만 명의 사람이 살 수 있는 기지를 구축하자고 제안했으며, 태양계 내의 수천 개의 소행성들의 물질을 잘 이용하고 이곳에서 재배방법을 개발하면 무한한 식량과 에너지를 얻을 수 있다고 제안했다. 이것이 영화 〈슈퍼맨(Man of Steel, 2013)〉에 등장하는 테라포밍 또는 텔리포밍(Teraforming or Teleforming) 기술이다. 자기가 사는 행성의 대기와 환경과 토양대로 다른 행성을 식민지화하는 기술이다. 실제로 우리 인간들은 2500년경에 200만 개의 오닐기지를 건설할 것으로 추측된다. 소위 말하는 하늘이나 우주행성이나 항성간 공간에 인간들이 거주하는 우주행성나라와 나라의 행성도시들이 등장하게 될 것이다.

2014년 12월에 미항공우주국(NASA)이 지구와 가장 인접한 행성인 금성에 인류의 정착지를 만드는 새로운 프로그램인 하복(High Altitude Venus Operational Concept, HAVOC)을 공개해 관심을 끌고있다. 아직 콘셉트 단계로 구체적인 개발 방식과 일정 등은 정해지지 않았으나, 상상에서 시작해 현실로 이어지는 과거의 사례에 비추어 본다면 이 또한 가능성을 배제할 수는 없다(IFLScience.com, 18 Dec 2014).[2] Image credit: NASA Langley Research Center[3]

3. 땅속의 열/마그마/물, 땅속의 나라들, 생물체로봇/복제인간의 등장?

마지막으로 물병자리 시대에 지구 내부의 지하왕국과 지하도시가 건설될 것으로 보인다. 다시 말해 땅속의 나라들과 도시들이 건설되는

---

2 NASA - HAVOC(High Altitude Venus Operational Concept)
http://gizmodo.com/nasa-lets-explore-venus-in-solar-zeppelins-and-build-c-1672805652

3 Schmandt et al., "Dehydration melting at the top of the lower mantle", Science, Vol 344, No. 6189, pp. 1265-1268, 13 Jun 2014. http://www.sciencemag.org/content/344/6189/1265.abstract
Science Daily - New evidence for 'oceans' of water deep in Earth: Water bound in mantle rock alters view of Earth's composition(12 Jun 2014)
http://www.sciencedaily.com/releases/2014/06/140612142309.htm

것이다. 지구 내부에는 지열, 마그마, 바닷물보다 많은 물이 존재한다. 이러한 자원들이 땅속에 존재한다는 것은 이들 에너지와 자원들을 이용한 나라들과 도시들이 언젠가는 건설될 것이라는 점이다.

지구의 경우 이 지각구조 판 밑으로 돌과 철로 구성된 6,370킬로미터가 있다. 이곳은 바로 지구 행성의 열 엔진(a planetary engine)이 작동되는 곳이다. 이 열 엔진이 어떻게 작동되고 있으며 태양과의 상호작용에 의해 지구의 자기장이 어떻게 유지되고 작동되는지가 물병자리에서 밝혀질 것이다. 의로운 자들은 의로운 곳에 사용하겠지만 불의한 자들은 이 에너지를 이용해 세계를 지배하고자 악적인 무시무시한 무기에 사용할 것임은 뻔한 일이다.

바로 영화 〈매트릭스(Matrix)〉의 지구의 핵에 건설한 시온(Zion)의 도시이다. 이는 지구 핵의 열 엔진을 이용해 건설한 도시이다. 지구 표면에서 6,370km 핵의 도시까지 2중 3중 문의 안전을 위한 게이트웨이(Gateway)가 건설될 것으로 보인다. 그리고 이 게이트웨이는 하늘의

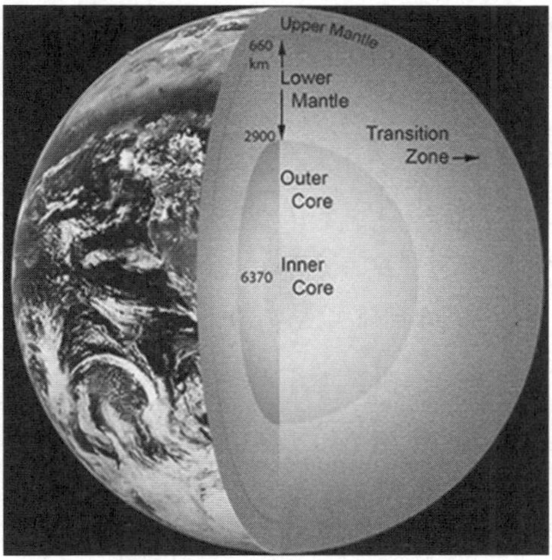

지구의 반지름은 6,370km. 지각으로부터 410~660km 부분에 위치한 전이대에 바닷물 3배 규모의 제2의 바다가 발견되다. Image Credit : Schmandt et al., Science, 13 Jun 2014.

나라들에서 우주의 에너지와 자원을 공급받기 위해 하늘에 건설할 우주엘리베이터와 연결이 될 것이다. 하지만 공교롭게도 영화에서는 지구의 핵은 평온지대인 시온(Zion)의 동산으로 묘사되고 있다. 토네이도의 중심부는 무풍지대와 같이 지구의 핵도 가장 안전한 곳일 지도 모른다.

지구 내부, 즉 땅속에서 바닷물 3배 규모의 제2의 바다가 발견되었다. 지구 내부의 핵과 지각(지표면) 사이에 있는 부분을 맨틀(Mantle)이라 하는데, 맨틀은 지표면으로부터 깊이 30~2,900km에 광범위하게 존재하는 두꺼운 암석층으로 지구 총 부피의 약 70~80%를 차지하고 질량으로는 68%를 차지한다. 그 중 지각으로부터 410~660km 부분에 위치한 맨틀을 전이대(the transition zone)라 하는데, 미국 뉴멕시코 대학(University of New Mexico)의 지진학자 브랜든 쉬만트(Brandon Schmandt) 박사를 주축으로 하는 미국 5개 대학 공동 연구팀이, 이곳에 '제2의 바다가 있다(the 2nd largest reservoir of water)'는 것을 발견하여

『사이언스』지에 논문을 발표했다(Schmandt et al., Science, 13 Jun 2014; Science Daily, 12 Jun 2014).[4]

물론 땅속의 바닷물은 지구 표면의 바닷물과 같은 형태는 아니다. 엄청나게 높은 압력과 온도에서 물 형태를 유지하는 것은 불가능하다. 2,000도 가까운 온도와 엄청난 압력 때문에 수분은 암석 결정 속에 결합된 형태로만 존재한다. 지질학자들은 지진파를 통해 상부 맨틀과 하부 맨틀의 경계층인 지하 410~660km 지점의 암석에 다량의 수분이 포함돼 있음을 알아낸 것이다. 지진파는 젖은 암석을 통과할 때 속도가 늦어진다. 연구진은 미국 전역에서 2,000개 이상의 지진계로 측정한 자료를 분석해 북아메리카 지하 맨틀 경계층에 방대한 수분 함유층이 있음을 확인했다.

문제는 이러한 전이대에 있는 물을 어떻게 채취할 것인가이다. 그것은 생물체의 구조와 기능 및 지능을 산업 전반에 적용시키는 생체모방기술(Biomimetic or Biomimicry)로 해결할 가능성이 매우 높다. 다시 말해 생물체로봇들을 개발하는 것이다. 땅속에서 이러한 에너지와 자원을 채취하려면 인간의 능력으로서는 불가능할 것이다. 그래서 땅속을 휘젓고 다닐 수 있는 전갈(Scorpion) 로봇이나 두더지 로봇이 등장하게 될 것이다. 다시 말해 생체들이 갖고 있는 지능을 기계에 융합하게 될 것이다. 이미 『바이블 매트릭스』 4권 『하나님들의 과학기술과 우리가 창조해야 할 미래(하)』의 2부 9장 "애굽에 내린 10개의 재앙,

---

4 Schmandt et al., "Dehydration melting at the top of the lower mantle", Science, Vol 344, No. 6189, pp. 1265-1268, 13 Jun 2014. http://www.sciencemag.org/content/344/6189/1265.abstract
Science Daily - New evidence for 'oceans' of water deep in Earth: Water bound in mantle rock alters view of Earth's composition(12 Jun 2014)
http://www.sciencedaily.com/releases/2014/06/140612142309.htm

인간(신)과 동물/곤충의 인터페이스(BBI)"의 5절인 "동물과 곤충을 유도하는 초음파기술, 인간(신)과 동물의 인터페이스(BBI)"와 6절의 "나노 접착제 분자 털과 양자동조(Quantum Sync) 기술"에서 밝혔듯이 어디에도 달라 붙을 수 있는 황충(메뚜기, locust)과 전갈의 지능이 융합된 생물체로봇들이 등장하게 될 것으로 보인다. 또한 동시에 인간복제를 할 가능성이 매우 높다.

4. 하늘과 땅→불사르기 위해→보존하여 두신 것

그런데 왜 이곳에 물들이 암석 속에 존재할까? 그것은 언제인가 이 물을 이용하여 땅속에 나라가 생겨날 것이라는 것을 암시해주는 것은 아닐까? 앞서 살펴보았던 「베드로후서」 3장 7절을 다시 한번 보자. "이제 하늘과 땅은 그 동일한 말씀으로 불사르기 위하여 간수하신 바 되어 경건치 아니한 사람들의 심판과 멸망의 날까지 보존하여 두신 것(are reserved or are kept in store or have been stored up"이라는데, 왜 이곳에 물과 다른 에너지들과 자원들이 존재하는지 그 이유를 설명하는 내용이라 필자는 생각한다.

「베드로후서」 3:7 - 이제 하늘과 땅은 그 동일한 말씀으로 불사르기 위하여 간수하신 바 되어 경건치 아니한 사람들의 심판과 멸망의 날까지 보존하여 두신 것이니라(By the same word the present heavens and earth are reserved for fire, being kept for the day of judgment and destruction of ungodly men.(NIV); But the heavens and the earth, which are now, by the same word are kept in store, reserved unto fire against the day of judgment and perdition of ungodly men.(KJV); And by the same word, the present heavens and earth have been stored up for fire. They are being kept for the day of judgment, when ungodly people will be destroyed.(New Living)

따라서 이러한 지구 내부, 즉 땅속의 에너지와 자원을 먼저 차지하는 민족과 나라들이 먼 미래에는 전 세계를 지배할 것이다. 따라서 먼 미래에는 땅속의 나라들과 도시들로 개편될 것임을 예측해 볼 수 있다.

2절 염소자리(4260~6419)~ 처녀자리(12900)의 상징/표적 예측

1. 염소자리(4260~6419), 바다의 나라가 등장, 생물체로봇/복제인간의 등장?

물병자리 시대가 끝나는 서기 4259년 다음에는 염소자리 시대(서기 4260~6419)로 진입한다. 하늘의 우주와 땅과 땅의 내부에 있는 에너지와 자원들을 다 캐서 사용했으니 이 때부터는 바다로 진입하여 바다 자원을 이용할 것으로 예측된다. 남북극에는 엄청난 자원들이 미래를 기다리고 있다. 바다에는 가스 하이드레이트(Gas Hydrate)를 비롯한 무궁 무진한 에너지와 자원들이 존재한다. 따라서 지금도 각 나라들은 심해잠수정, 해저로봇, 수중음파탐지기, 해저정거장 건설에 총성 없는 전쟁을 하고 있다.

분명 염소자리 시대에는 바다와 해저를 지배하는 왕국들이나 나라들이 탄생할 것이다. 남극과 북극을 중심으로 재편될 것으로 필자는 예측하고 있다. 북극보다는 남극을 지배하는 왕국이 힘이 더 셀 것으로 보고 있다. 왜냐하면 노아의 홍수를 보더라도 그 근원지는 남극이기 때문이다. 따라서 이 때가 되면 바다와 해저를 지배하는 나라들로 재편 될 것이다.

이미 『바이블 매트릭스』 4권 『하나님들의 과학기술과 우리가 창조해야 할 미래(하)』의 3부 1장 5절의 "염소자리(AD 4260년~)의 상징과 미래 과학기술"에서 바다를 지배하는 나라가 등장하는 근거를 소개했으므로, 여기에서는 그 이후에 발견된 바다의 비밀을 하나만 소개하기로 한다.

열의 손가락이 발견되다! 미국 매릴랜드 대학 및 버클리대 과학자들이 지진파(seismic waves)를 이용한 컴퓨터 모델링 접근으로 중앙 태평양(central Pacific)의 하와이(Hawaii) 아래, 즉 바다 지각 표면(ocean floor)에서 1,000km의 심층(deep mantel) 사이에 존재하는, 수천 마일 길게 늘어진, 열(heat) 띠를 추적해 이를 '열의 손가락(fingers of Heat)'으로 그려내는 데 성공했다(French et al., 2013).[5] 열이 있는 지역과 움직이는 속도를 그림으로 매핑하다 보니 꼭 사람의 손가락처럼 보여 이름을 '열의 손가락'이라 표현하고 있다.

이 지도는 하와이나 타히티(Tahiti) 같은 섬들이 어떻게 서로 열 체인(chains)으로 연결되어 있는지 그 탄생의 비밀을 알려줄 뿐만 아니라 왜 이들 지역이 화산대(Hotspot Volcanic Islands)를 이루는지를 설명하고 있다. 바로 이들 섬 아래에는 빠르게 움직이는 손가락들과 느리게

---

5 French et al., "Waveform Tomography Reveals Channeled Flow at the Base of the Oceanic Asthenosphere", Science, DOI:10.1126/science.1241514, Published Online 5 Sep 2013.
http://www.sciencemag.org/content/early/2013/09/04/science.1241514

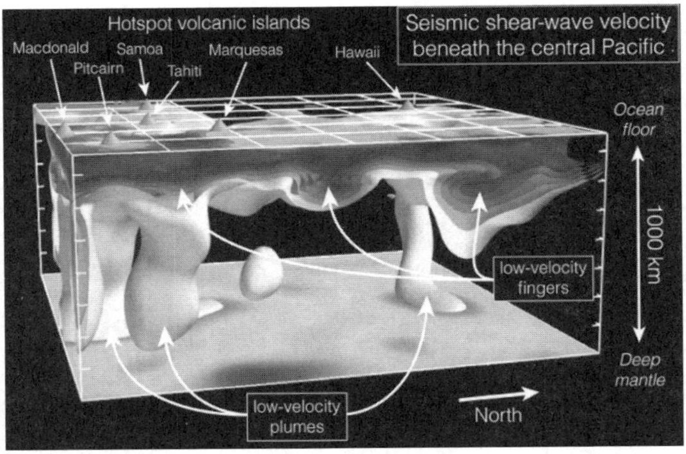

열의 손가락 – 이 지도는 하와이나 타히티(Tahiti) 같은 섬들이 어떻게 서로 열 체인으로 연결되어 있는지 그 탄생의 비밀을 알려줄 뿐만 아니라 왜 이들 지역이 화산대를 이루는지를 설명하고 있음. Credit: French et al.(2013)

움직이는 손가락들이 뿌리처럼 아래로 뻗어 있다(Science Daily, 2013).[6] 그런데 그림을 보면 손가락들이 뻗어 있는데, 손가락들 사이로는 텅 빈 공간들이 있다. 바로 이 텅 빈 공간들이 우리 인간들이 언젠가는 들어가 살 바다 왕국이 아닐까?

땅속의 나라들과 마찬가지로 바다와 바닷속에 있는 에너지와 자원을 채취하기 위해서는 바닷가재 로봇(Robot Lobster) 등의 생체로봇들이나 인간복제를 할 가능성이 매우 높다.

6 Science Daily - Beneath Earth's Surface, Scientists Find Long 'Fingers' of Heat(05 Sep 2013). http://www.sciencedaily.com/releases/2013/09/130905142815.htm

2. 궁수자리(6420~8579), 재난의 징조→기근/지진/빙하기→에너지/자원 전쟁

지금이 2015년이니까 물고기자리의 끝자락에 와 있으며 85년이 더 지나면 물병자리(AD 2100~)에 진입한다. 물병자리에 진입하면 지금의 과학은 아무것도 아니다. 아니 염소자리(AD 4260~)에 진입하면 물병자리의 과학기술은 아무것도 아닐 것이다. 과거 하나님들께서 이 땅에서 오셔서 행한 과학기술들을 인간들이 재발견하여 재창조하는 과정이므로, 결국 인간들의 과학기술은 하나님들의 영역까지 발전할 것이다. 그 반대로 과학기술이 하나님들의 영역까지 발전하려면 그만큼의 에너지와 자원이 필요하여 결국 인간들은 하늘(우주행성), 땅, 땅속, 바다와 바닷속의 에너지와 자원을 다 고갈시킬 것이다. 그 결과 이 땅에는 차디찬 빙하기가 도래할 것이다. 이 빙하기는 노아의 홍수 이전에 있었던 빙하기와 비슷하나 수준과 강도는 몇 백배 클 것으로 예측된다.

따라서 서기 6420년부터 시작되는 '궁수자리'가 문제이다. 궁수자리란 『바이블 매트릭스』 4권 『하나님들의 과학기술과 우리가 창조해야 할 미래(하)』의 3부 1장 6절의 "불경한 자들의 파멸, 궁수자리(AD 6420~)와 전갈자리(AD 8580~)의 상징과 의미"에서 밝혔듯이, 반인반마(半人半馬)가 전갈자리를 향해 활을 당기고 있는 것으로 이는 빙하기에 따른 기근과 에너지 쟁탈 전쟁이 일어날 것이라 예측할 수 있다. 이 때의 전쟁이란 땅 위의 나라들, 바다의 나라들, 땅속의 나라들이 고갈된 에너지와 자원들을 위한 쟁탈 전쟁으로 이것은 무시무시한 핵전쟁 일 것으로 보이지만, 서기 6420년의 무기를 생각해보면, 그것은 핵 이상의 전쟁이 될 것으로 보인다.

따라서 궁수자리의 어느 시점부터 인간은 하나님들 경지에 도달한 과학기술을 바탕으로 오만에 빠져 자기들이 하나님인 양 불법(wickedness, inequity, evil, sin)을 자행하게 되고, 많은 사람들이 사랑(love)이 식어(cold) 불경한 자(Ungodly man)가 되어, 하나님들을 무시하고 적대시할 가능성이 매우 크다. 또한 땅 위, 땅속, 그리고 바다와 바닷속의 자원들인 에너지와 자원을 인간들이 다 소진한 결과, 지구의 환경이 빙하기로 바뀌면서, 그로 인해 민족이 민족을, 나라가 나라를 대적하여 전쟁이 일어날 것이고, 처처에 기근과 지진이 있을 것이다. 이것이 '재난의 징조(Signs of the End of the Age)'와 재난의 시작(「마태복음」 24:3~14; 「마가복음」 13:3~13; 「누가복음」 21:7~19)이 될 것이고, 그 뒤를 이어 '큰 환란(The Great Distress or The Tribulation)'인 예수님의 일곱 봉인의 심판이 시작될 가능성이 매우 크다(「마태복음」 24:15~28; 「마가복음」 13:14~23; 「누가복음」, 「요한계시록」 6장).

「마태복음」 24:7 - 민족이 민족을, 나라가 나라를 대적하여 일어나겠고 처처에 기근과 지진이 있으리니(Nation will rise against nation, and kingdom against kingdom. There will be famines and earthquakes in various places.(NIV)

24:8 - 이 모든 것이 재난의 시작이니라(All these are the beginning of birth pains.(NIV); All these are the beginning of sorrows.(KJV); But all this is only the first of the birth pains, with more to come.(New Living)

24:12 - 불법이 성하므로 많은 사람의 사랑이 식어지리라(Because of the increase of wickedness, the love of most will grow cold,)

3. 전갈자리(8580~10739), 여섯 봉인 심판과 여섯 천사의 심판

이미 『바이블 매트릭스』 4권 『하나님들의 과학기술과 우리가 창조해야 할 미래(하)』의 3부 1장 6절의 "불경한 자들의 파멸, 궁수자리(AD 6420~)와 전갈자리(AD 8580~)의 상징과 의미"에서 자세히 다루었기 때문에, 필자가 보기에는 이 전갈자리에서 여섯 봉인 심판과 일곱 천사의 일곱 나팔(Seven trumpets)에 의한 여섯 천사의 여섯 나팔의 심판인 화들(Woes)(「요한계시록」 8:6~9장)이 있을 것으로 예측된다. 이것은 예수님께서 이 땅에 공중재림하시기 이전에 소행성대의 하나님의 보좌에서 내리는 여섯 천사의 나팔 심판이다.

이 중 전갈은 본권 2부 1장 2절 2-3-5의 "다섯째 천사의 나팔-무저갱의 황충, 전갈의 쏘임으로 5달간 괴롭힘"에서 살펴본 대로 다섯번째 천사의 나팔 심판에 등장한다.

4. 천칭자리(10740~12899), 예수님의 재림/천년 왕국/심판의 부활

천칭자리에 대해서는 『바이블 매트릭스』 4권 『하나님들의 과학기술과 우리가 창조해야 할 미래(하)』의 3부 1장 7절의 "심판과 새로운 창조, 천칭자리(AD 10740~)와 처녀자리(AD 12900~)의 상징과 의미"에서 살펴본 대로, 그리스 신화에 따르면 천칭자리는 제우스와 법의 여신 테미스(Themis)의 딸이며 정의의 여신인 아스트라에아(Astraea)가 가지고 다니던 정의의 저울대로 알려져 있다. 이 저울대는 인간의 선악을 재어 운명을 결정하는 데 쓰이던 것으로 정의와 공평을 위해 봉사한 아스트라에아의 공적을 기리기 위하여 하늘에 올려졌다고 한다. 유독 천칭자리는 다른 별자리와는 달리 동물의 상징이 없다.

그리스 신화에 따르면 신과 인간들은 제우스의 아버지인 크로노스(Cronus)가 세상을 지배하고 있을 때를 황금시대(Golden Age)라고 불렀다.[7] 왜냐하면 모든 생물은 늙지 않고, 지상에 있는 모든 혜택을 받으며, 어떤 고통이나 번민도 없이 행복하게 살 수 있었기 때문이었다. 그런데 초목이 살기 힘든 겨울이 생기고, 은의 시대(Silver Age)로 들어서자 사람들은 먹을 것을 얻기 위해 땀을 흘리며 열심히 일을 해야만 했다. 그리고 필연적으로 사람들 사이에 추악한 싸움이 일어나기 시작했다. 그때까지 신들은 지상에서 인간과 함께 살았지만 싸움이 도처에서 일어나자 신들은 하나 둘씩 모두 천상계로 올라가버렸다. 그러나 사람들이 싸우긴 했지만 결코 살인은 하지 않았기 때문에 정의의 여신 아스트라에아는 지상에 남아 사람들에게 계속해서 정의를 설파했다.

아스트라에아는 손에 천칭을 들고 있다가 싸움이 일어나면 그 당사자들을 천칭에 올려놓고 옳고 그름을 쟀다. 바른 인간을 태운 접시는 올라가고, 부정한 인간을 태운 접시는 내려갔다고 한다. 이 천칭을 갖고 아스트라에아는 아주 공정하게 재판을 했던 것이다. 그러나 은의 시대가 끝나고, 청동의 시대(Bronze Age)가 되자 사람들은 한층 더 야만적으로 변해 친형제조차도 죽이기 시작했다. 청동의 시대에는 서로를 죽이며 스스로 멸망의 길을 걷고 말았다. 이어지는 영웅의 시대(Heroic Age)는 신들을 존경하는 영웅들이 나타나 이전보다는 나은 시대가 되었다. 그러나 그것을 지나 철의 시대(Iron Age)에 들어서자 사람들은 완전히 타락하고, 집단으로 무기를 들고 전쟁을 하기에 이르렀다. 인간들의 세상이 여기에까지 이르자 마침내 아스트라에아도 인간을 포기하고 천상계로 가버렸다. 이렇게 해서 아스트라에아는 처녀자리가 되고,

---

7 Five Ages of Man - http://en.wikipedia.org/wiki/Ages_of_Man, http://en.wikipedia.org/wiki/Astraea_(mythology)

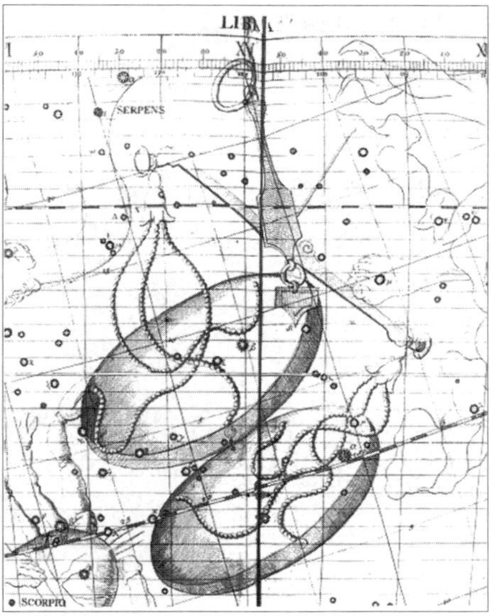

1729년에 플램스티드(John Flamsteed)가 그린 별자리의 천칭자리. Image Credit : Ian Ridpath at http://www.ianridpath.com/startales/libra.htm

아스트라에아가 들고 있던 천칭은 천칭자리가 되었다고 한다.

그러나 아스트라에아는 언젠가 지구로 다시 온다고 한다. 다시 돌아와 인간들을 저울에 달고 심판을 한다고 한다. 그리고는 그 전의 황금시대에 그녀가 했던 대사(ambassador)의 역할을 다시해 지상에 유토피아적인 황금시대(utopian Golden Age)를 건설한다고 한다.

그렇다면 천칭자리(AD 10740~AD 12899)에 예수님이 소행성대의 하나님 아버지의 보좌에서 공중재림하신다는 것은 아닌가? 저울을 가지고 심판하러 오신다는 것이 아닌가? 마지막 수확을 하러 오신다는 것이 아닌가?(「요한계시록」 14장 14절~20절).

5. 처녀자리(12900), 새로운 세상 시작(새 하늘과 새 땅)

앞절에서 살펴보았듯이 아스트라에아는 처녀자리가 되고, 아스트라에아가 들고 있던 천칭은 천칭자리가 되었다. 그러나 페르세포네(Persephone) 또는 데메테르(Demeter) 여신이라는 설도 있다. 보통 서양에서는 정의의 여신이 칼과 천칭을 들고 있으나, 옛 별자리 그림의 처녀자리는 보리 이삭을 든 여신의 모습으로 그려져 있다. 여기서 이 여신은 식물의 싹틈과 곡물의 수확을 맡아보는 대지의 여신 데메테르라고도 하고 또는 그의 딸 페르세포네라기도 한다. 처녀자리는 봄이 왔음을 알리는 대표적인 별자리이다.

대지의 여신 데메테르와 제우스의 딸인 페르세포네에 관한 이야기는 다음과 같다. 페르세포네는 지하세계의 왕인 하데스(Hades)의 마음을 사로잡을 정도로 아름다운 여인이었다. 페르세포네의 아름다움에 반한 하데스는 그녀를 납치하여 자신의 아내로 삼았다. 페르세포네는 지하세계에서 부족할 것 없는 생활을 하였지만 가끔씩 땅 위의 풍경들을 생각할 때면 깊은 슬픔에 잠기곤 하였다. 한편 페르세포네가 지하세계로 납치된 후 딸을 잃은 데메테르는 비탄에 빠졌고 토지의 여신이 슬퍼하자 대지는 황폐해졌고, 사람과 동물들이 살 수 없는 지경에 이르게 되었다. 신들의 왕인 제우스는 이를 방관할 수 없어 지하세계의 왕이자 자신의 형인 하데스를 설득하였다. 결국 제우스의 도움으로 페르세포네는 일 년의 반 동안만 지하세계에 있고 나머지 반은 지상에서 어머니와 함께 지낼 수 있게 되었다. 딸을 만나게 되어 데메테르의 슬픔이 가시게 되면 땅은 다시 활기를 찾게 된다. 봄이 되면 동쪽 하늘로 떠오르는 처녀자리는 지하세계에서 지상으로 올라오는 페르세포네의 모습인 것이다.

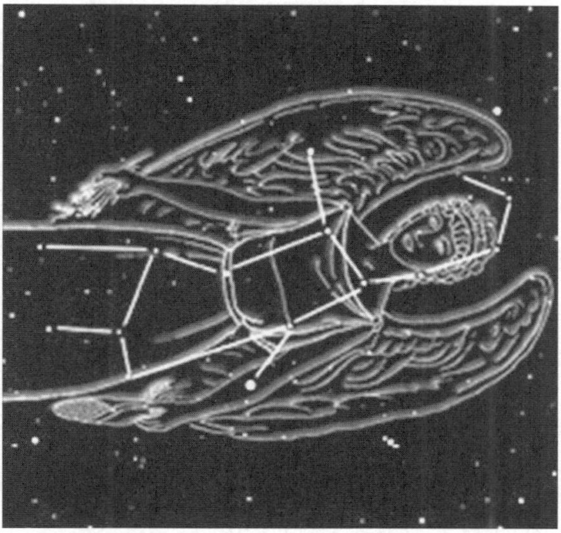

처녀자리의 도습. Image Credit : 네이버캐스트/처녀자리

새로운 생명의 탄생을 상징하는 처녀자리. Image Credit : http://commons.wikimedia.org/wiki/Category:Virgo_(astrology)

처녀자리의 상징은 처녀(Virgin maiden)를 의미하는데, 새로운 생명을 탄생시킨다는 뜻이다. 이를 확대 해석하면 AD 12900년부터 새로운 세상이 열린다는 뜻이다. 그렇다면 새로운 세상이란 「요한계시록」 21장에 명시되어 있는 '새 하늘과 새 땅(The New Jerusalem)'인 두 번째 우주창조가 아닐까?

3절 결론 - 시대별 상징/표적 요약

자 지금까지 살펴본 세차운동에 의한 시대별 상징과 표적(signs)을 정리하여 별자리에 매핑하면 다음 그림과 같을 것이다.

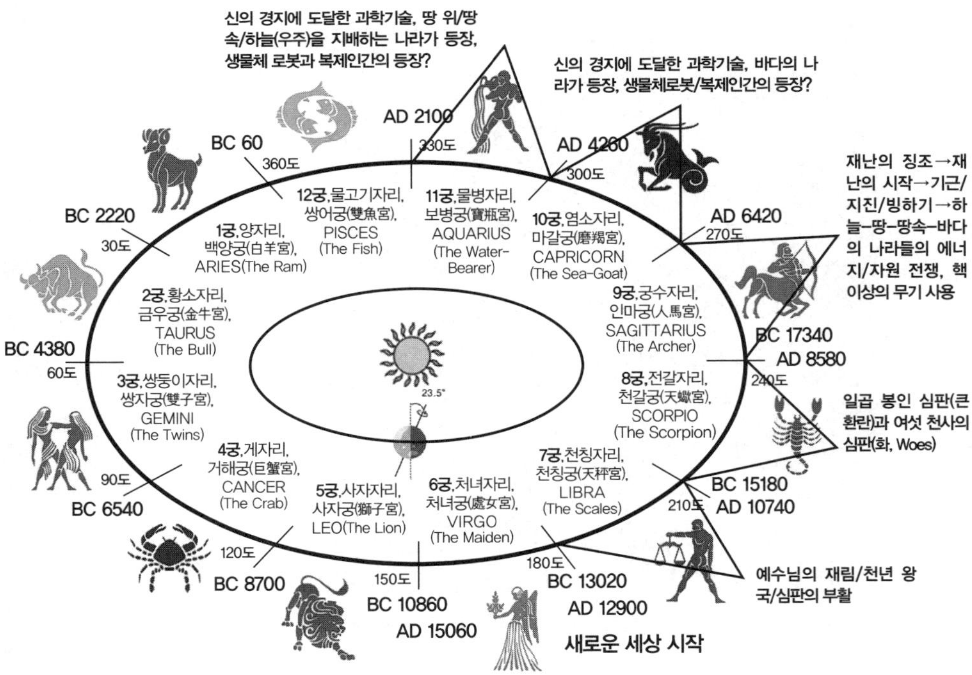

4절 마야달력도 끝이 2012년이 아니라 7500년과 12900년까지 간다

소위 '마야 종말설(Maya Turn Over)'이라는 것이 있었다. 고대 마야인(Mayan)이 쓰던 달력인 촐킨(Tzolkin)에 기초한 것으로 기원전 3114년 8월 13일을 원년으로 시작해 13번째 박툰(Baktun=394년의 주기)인 2012년 12월 21일을 끝으로 달력이 끝나기 때문에 마야 종말설이 등장했다. 마야달력의 날짜를 가리키는 수는 18진법과 20진법을 사용한 복잡한 것으로, 기존 달력들을 현대식으로 풀면 2012년에 끝이 난다. 이 것을 계산하면 3114+2012=5,126년이며, 13×394 = 5,122년으로, 이를 마야달력의 대주기(Grand Circle, Great Year)라 하는데, 평균으로 계산하면 대주기는 대략 5,125년의 사이클이다. 그래서 많은 사람들이 2012년 12월 21일을 지구 종말의 날로 예측하고 있었다. 그런데 아무일 없이 지나갔다. 문제는 발견된 마야달력이었다. 이 달력은 나무껍질 종이에 쓰여진 13~14세기의 것으로 그 동안 종말론의 근거가 되어왔다. 따라서 이 마야달력의 끝을 근거로 2012년 12월 22일에 지구가 멸망한다는 해석이 있었고, 2009년에는 이를 모티브로 한 미국 영화 〈2012〉도 나왔었다.

미국 보스턴대(Boston University) 윌리엄 사투르노(William A. Saturno) 교수를 중심으로 하는 미국 고고학 공동연구팀이 과테말라 북동부에 있는 술툰(Xultun) 마야 유적지에서 800년대 초반께 건축된 집의 벽화에 최고(最古)의 마야달력이 그려져 있는 것을 발견했다(Saturno et al., Science, 11 May 2012).[8] 이는 지금까지 발견된 13~14세기의 마야달력보다 수세기 앞선 것으로, 주거용 건축물의 내부에서 마야 미술이 발견된 것은 처음이다. 벽화는 벽 3면과 천장을 덮고 있다. 연구진에 따르면 동쪽 벽의 상형문자 판은 벽에 기록된 날짜로부터 약 7,000년간 화성과 금성, 월식의 천문학적인 주기를 예측하고 있다. 이 달력은 매우 복잡해 숫자 5를 뜻하는 줄과 숫자 1을 뜻하는 점 등으로 이뤄진 6개월 단위의 시간이 최고 250만 일까지 순환하고 있음을 가리키고 있다. 이 건물은 유적 도굴자가 남긴 열대우림 오지로 이어지는 길에서 2010년 발견됐으며, 작은 벽화 방(a small painted room)은 2011년에 발굴되었다.

벽화 해독에 참여한 연구자들은 이 달력이 2012년 12월에 끝나는 것이 아니라 새로운 주기인 13번의 박툰, 즉 14번째 박툰에서 시작해 26번째 박툰까지, 즉 또 다른 5,125년이라는 대주기가 시작하는 시간의 흐름이 있다는 것을 밝혀냈다(BBC, 10 May 2012).[9] 다시 말해 2012년부터 또 다른 대주기인 5125년이 시작되어 대략 7137년의 미래까지 간다는 것을 밝혀낸 것이다.

이미 『바이블 매트릭스』 1권 『우주창조의 비밀』의 1부 6장 3절 3-4의 "세차운동, 12개 별자리와 대년"에서 소개했던 바와 같이 지구의 지축이 12개의 별자리를 360도 도는 이른바 대주기(Grand Circle)는 25920년에 다시 돌아오게 된다(72년×360도=25,920년, 2,160년×12별자리 = 25,920년). 이것을 천문학자들은 '대년(Great Year)' 혹은 '플라톤의 해(Platonic Great Year)' 혹은 '피타고라스의 해(BC 582~BC 497, Pythagorean Great Year)'라

---

8 Saturno et al., "Ancient Maya Astronomical Tables from Xultun, Guatemala", Science, Vol. 336, No. 6082, pp. 714-717, 11 May 2012.
http://www.sciencemag.org/content/336/6082/714.abstract

9 BBC - Maya art and calendar at Xultun stun archaeologists(10 May 2012)
http://www.bbc.com/news/science-environment-18018343

술툰 유적지에서 발견된 마약의 달력은 2012년이 끝이 아니라 7137년의 미래까지 감을 예측. Image Credit : 논문저자들(William A. Saturno, David Stuart) Via BBC

고 부르는데, 이러한 명칭이 붙은 것은 고대 그리스의 철학자인 플라톤(Plato, BC 428~BC 348)도 이러한 현상을 알고 있었기 때문이다. 따라서 이 현상을 세차운동(歲差運動, Precession)의 주기(세차주기)라 하는데, 밀란코비치(Milutin Milankovitch, 1879~1958)는 세차운동의 주기를 약 22,000년으로 보았고, 에드헤마르(Joseph Adhemar, 1797~1862)는 세차주기를 26,000년으로 계산했으며, 현대과학은 정확히 25,920년으로 계산한다. 그런데 마야인들은 25,920년을 5개로 나누어 마야의 대주기를(Great Year) 만들었음을 알 수 있다.

이를 고려해서 세차운동에 의한 대주기 혹은 대년인 25,920년에 따라 변하는 춘분의 12개 별자리에 새로운 마야 달력의 대주기를 찍어 보면 다음과 같을 것이다. 2,012년에 5,125년을 더하면 7,137년이다. 대략 7,500년이라 하고 좌표를 찍어보면 궁수자리의 중간에 찍힌다. 그러다가 5,125년의 마야 대주기가 다시 시작하여 12900년경에 시작되는 처녀자리까지 가게 될 것이다. 이 처녀자리는 바로 노아 홍수가 일어난 BC 13020년과 일치한다.[10]

---

10 자세한 내용은 『바이블 매트릭스』 2권 『인간창조와 노아 홍수의 비밀』을 참조하라.

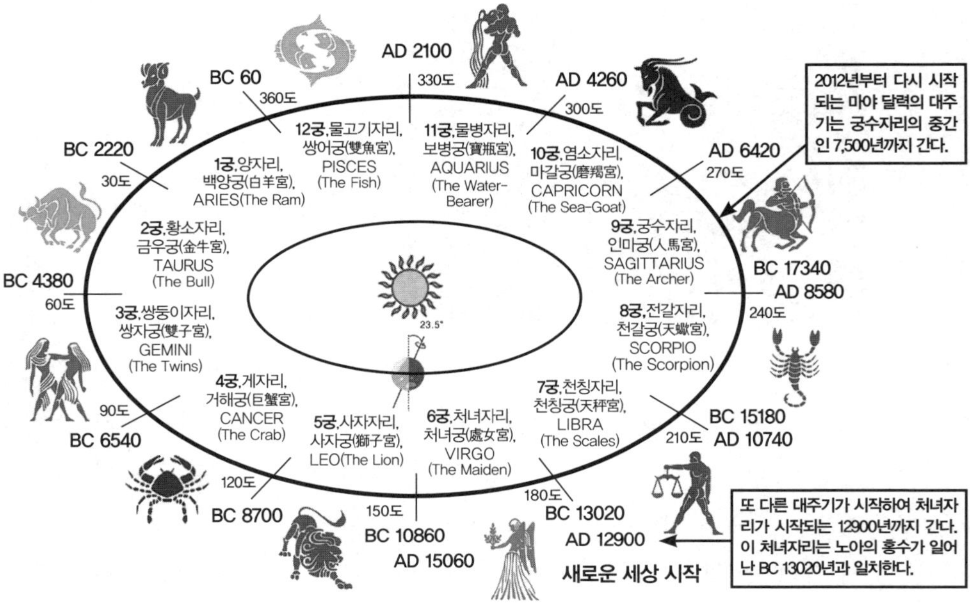

세차운동(歲差運動, Precession)에 의해 대주기(Grand Circle) 혹은 대년(Great Year)인 25,920년에 따라 변하는 시대별 춘분의 12개 별자리로 보는 마야달력의 대주기의 좌표.

이렇게 본다면 앞에서 보았던 시대별 상징/표적 요약과 마야달력은 큰 맥락으로 궁수자리를 거쳐 천칭자리를 거쳐 처녀자리까지 감을 알 수 있으며, 큰 축으로 궁수자리에서부터 무언가가 일어나고 전갈자리와 천칭자리에서 무언가가 일어나며, 처녀자리에서 새로운 생명이 탄생한다는 것을 예측해 볼 수 있다.

3장
이 세대(this generation)의 예수님 재림시기 예측

1절 이 세대(BC 13020~AD 12900년)란?

예수님의 재림이 언제인지 예측할 수 있을까? 본절은 꽤나 필자를 괴롭혔다. 언제 오실까? 많은 분들은 예측할 수 없다고 한다. 그러나 예수님 재림의 정확한 날짜(the day)와 시간(the hour)은 예측할 수 없지만, 이 세대의 그 시대, 즉 때(Time), 즉 시기는 예측할 수 있다고 본다.

1. 예수님 재림 날짜(day)와 시간(hour)은 하나님 아버지만 아신다

「마태복음」 24장에는 민족과 민족이 나라와 나라가 대적하는 에너지와 자원 전쟁과 기근과 지진이 일어나는 재난의 징조(Signs of the End of the Age)(「마태복음」 24:3~14; 「마가복음」 13:3~13; 「누가복음」 21:7~19)와, 그 뒤를 이어 큰 환란(Great Distress or Tribulation)(「마태복음」 24:15~28; 「마가복음」 13:14~23; 「누가복음」 21:20~24)인 일곱 봉인(Seven Seals)의 심판(「요한계시록」 6장)과, 그리고 그 뒤를 이어 예수님께서 하나님 아버지의 소행성대(하늘)의 보좌에서 별도의 거대항공모함 우주선을 타시고 오시는 재림의 징조가 하늘에서 보인다는 인자의 오심(「마태복음」 24:29~31; 「마가복음」 13:24~27; 「누가복음」 21:25~28)이 상세히 기록되어 있다.

그런데 언제 오시는가에 대해 「마태복음」 24장 36절에는 예수님께서 다음과 같이 말씀하셨다. 예수님의 재림의 날(the day)과 시간(the hour)은 하늘의 천사들도 모르고 아들인 예수님도 모르고 오직 하나님 아버지만 알고 계신다는 것이다. "그런즉 너희는 그 날(day)과 그 시(hour)를 알지 못하니 깨어 있으라", 즉 항상 살피라는(keep watch) 것이다. 재림의 날짜와 시간은 어디까지가 하나님 아버지의 소관이라는 것이다.

「마태복음」 24:36 - 그러나 그 날과 그 때는 아무도 모르나니 하늘의 천사들도, 아들도 모르고 오직 아버지만 아시느니라(No one knows about that day or hour, not even the angels in heaven, nor the Son, but only the Father)(NIV); But of that day and hour knoweth no man, no, not the angels of heaven, but my Father only(KJV); "No one knows, however, when that day and hour will come - -neither the angels in heaven nor the Son; the Father alone knows(Good News).

「마태복음」 25:13 - 그런즉 깨어 있으라 너희는 그 날과 그 시를 알지 못하느니라("Therefore keep watch, because you do not know the day or the hour.)(NIV)

「마가복음」 13:32 - 그러나 그 날과 그 때는 아무도 모르나니 하늘에 있는 천사들도, 아들도 모르고 아버지만 아시느니라("No one knows about that day or hour, not even the angels in heaven, nor the Son, but only the Father.)

이것을 잘못 해석해서 많은 분들이 예수님의 재림을 예측할 수 없다고 하는데 그것은 아주 잘못된 것이다. 그렇다면 예수님 재림의 정확한 날짜(the day)와 시간(the hour)은 예측할 수 없지만, 때(Time), 즉 시기(시대)는 예측할 수 있지 않을까?.

2. 왜 이 시대(this time)/시대의 표적(the signs of the times)을 분별하지 못하느냐?

예수님께서는 이렇게 말씀하셨다. "너희가 저녁에 하늘이 붉으면 날이 좋겠다 하고, 아침에 하늘이 붉고 흐리면 오늘은 날이 궂겠다 하나니, 너희가 천기는 분별할 줄 알면서 시대의 표적은 분별할 수 없느냐?"고 꾸짖으셨다. 예수님께서 오시는 날짜(the day)와 시간(the hour)은 예측할 수 없지만, 시대의 표적/사인/상징(the signs of the times)은 분별할 줄 알아야 한다는 것이다. 여기서 시대의 표적/사인/상징이라는 것은 시대의 징후 다시 말해 앞 장에서 살펴보았던 세차운동(歲差運動, Precession)에 의해 대주기(Grand Circle) 혹은 대년(Great Year)인 25,920년에 따라 변하는 시대별 춘분의 12개 별자리를 말하는 것이다. 각 별자리의 사인(상징)을 왜 해석하지 못하느냐고 꾸짖으신 것이다.

「마태복음」 16:2 - 예수께서 대답하여 가라사대 너희가 저녁에 하늘이 붉으면 날이 좋겠다 하고(He replied, "When evening comes, you say, 'It will be fair weather, for the sky is red,')(NIV)

16: 3 - 아침에 하늘이 붉고 흐리면 오늘은 날이 궂겠다 하나니 너희가 천기는 분별할 줄 알면서 시대의 표적은 분별할 수 없느냐(and in the morning, 'Today it will be stormy, for the sky is red and overcast.' You know how to interpret the appearance of the sky, but you cannot interpret the signs of the times.)(NIV); And in the morning, It will be foul weather to day: for the sky is red and lowring. O ye hypocrites, ye can discern the face of the sky; but can ye not discern the signs of the times?(KJV)

세차운동에 의한 시대별 12개 별자리는 이미 본권 2부 3절의 "결론-시대별 상징/표적 요약"에서 각 시대별로 일어날 사건들을 제시한 바 있다.

이번에는 「누가복음」을 보자. 예수님은 더 나아가 "너희가 구름이 서에서 일어남을 보면 곧 말하기를 소나기가 오리라 하나니 과연 그러하고, 남풍이 붊을 보면 말하기를 심히 더우리라 하나니 과연 그러하

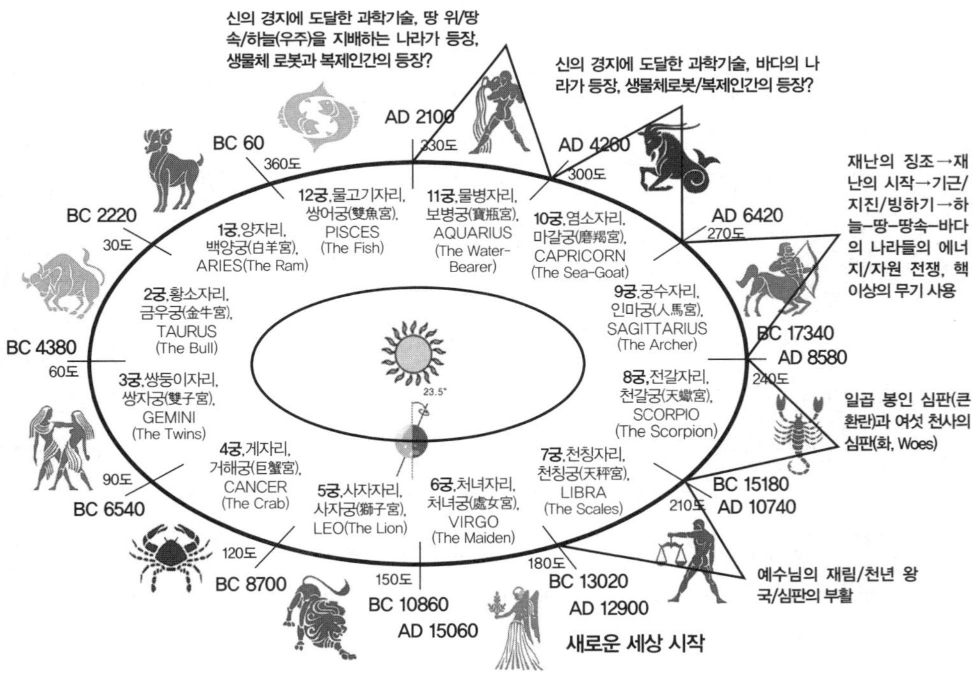

니라, 외식하는 자여 너희가 천지의 기상은 분변할 줄을 알면서 어찌 이 시대(the present time or this time)는 분변치 못하느냐"고 꾸짖으셨다. 이번에는 예수님이 온 시대, 즉 어느 별자리인지 모르느냐고 꾸짖으신 것이다. 여기서 이 시대란 예수님이 BC 6년에 탄생하시어 BC 26~27년에 십자가에 못 박혀 죽으시고 3일 만에 부활하셨으므로 분명 물고기자리 시대인 것이다.

「누가복음」 12:54 - 또 무리에게 이르시되 너희가 구름이 서에서 일어남을 보면 곧 말하기를 소나기가 오리라 하나니 과연 그러하고(He said to the crowd: "When you see a cloud rising in the west, immediately you say, 'It's going to rain,' and it does.)(NIV)

55 - 남풍이 붊을 보면 말하기를 심히 더우리라 하나니 과연 그러하니라(And when the south wind blows, you say, 'It's going to be hot,' and it is.)

56 - 외식하는 자여 너희가 천지의 기상은 분변할 줄을 알면서 어찌 이 시대는 분변치 못하느냐(Hypocrites! You know how to interpret the appearance of the earth and the sky. How is it that you don't know how to interpret this present time?)(NIV); Ye hypocrites, ye can discern the face of the sky and of the earth; but how is it that ye do not discern this time?(KJV)

이와 같이 천기를 알면서 예수님께서 언제 오실지 왜 시대를 분별하지 못하느냐고 꾸짖으셨다는 것은 우리보고 예측하라는 것이다. 다음도 마찬가지 비유이다.

「마태복음」 24:32 - 무화과나무의 비유를 배우라 그 가지가 연하여지고 잎사귀를 내면 여름이 가까운 줄을 아나니("Now learn this lesson from the fig tree: As soon as its twigs get tender and its leaves come out, you know that summer is near.)(NIV)

24:33 - 이와 같이 너희도 이 모든 일을 보거든 인자가 가까이 곧 문 앞에 이른 줄 알라(Even so, when you see all these things, you know that it is near, right at the door.)

「마가복음」 13:28 - 무화과나무의 비유를 배우라 그 가지가 연하여지고 잎사귀를 내면 여름이 가까운 줄을 아나니("Now learn this lesson from the fig tree: As soon as its twigs get tender and its leaves come out, you know that summer is near.)(NIV)

29 - 이와 같이 너희가 이런 일이 나는 것을 보거든 인자가 가까이 곧 문 앞에 이른 줄을 알라(Even so, when you see these things happening, you know that it is near, right at the door.)

「누가복음」 21:30 - 싹이 나면 너희가 보고 여름이 가까운 줄을 자연히 아나니(When they sprout leaves, you can see for yourselves and know that summer is near.)

31 - 이와 같이 너희가 이런 일이 나는 것을 보거든 하나님의 나라가 가까운 줄을 알라(Even so, when you see these things happening, you know that the kingdom of God is near.)

3. 이 세대(BC 13020~AD 12900)가 가기 전에 다 이루리라

3-1. 이 세대란 예수님이 오신 물고기자리가 속한 대년(BC 13020~AD 12900)

그 다음 예수님께서는 "내가 진실로 너희에게 말하노니 이 세대(this generation)가 지나가기 전에 이 일이 다 이루리라"고 말씀하셨다.

다 이룬다는 것은 예수님께서 다시 오셔서 심판과 천년 왕국과 새 하늘과 새 땅을 새롭게 창조한다는 것이다. 그런데 이 세대란 무엇을 말하는 것일까? 많은 분들은 사람의 세대를 계산한다. 한 세대를 대략 30년으로 계산해서 아담의 족보로부터 따지기 시작한다. 그런데 생각해 보라. 예수님의 재림은 의로운 자는 살리고 불의한 자를 심판하시러 오시는 것이다. 그런데 불의한 자들이 더 많다. 예수님께서 재림하셔서 심판하시는 날에는 대부분이 불의한 자들이다. 여기에 불의의 하나님들로 가세한다. 이렇듯 사람들을 심판하시러 오시는 마당에 왠 사람들의 30년 세대를 계산하는가?

필자가 보기엔 예수님이 오신 시대, 즉 물고기자리가 속한 12개의 별자리, 즉 25,920년의 대년을 말할 가능성이 매우 높다. BC 13020년에 노아의 홍수가 일어나서 360도 한 바퀴 도는 AD 12900년까지의 12 별자리를 한 세대라고 하는 것이다. 바로 「창세기」 7장 1절에도 여호와께서 노아가 이 세대에 의로운 자라고 기록되어 있는데, 이는 BC 13020년이 세대의 새로운 시점을 말하는 것이다. 그리고 AD 12900년이 끝이 아니라 새로운 하늘과 새 땅의 시작이다.

「창세기」 7:1 - 여호와께서 노아에게 이르시되 너와 네 온 집은 방주로 들어가라 네가 이 세대에 내 앞에서 의로움을 내가 보았음이니라(The LORD then said to Noah, "Go into the ark, you and your whole family, because I have found you righteous in this generation.)(NIV); And the LORD said unto Noah, Come thou and all thy house into the ark; for thee have I seen righteous before me in this generation.(KJV)

「마태복음」 24:34 - 내가 진실로 너희에게 말하노니 이 세대가 지나가기 전에 이 일이 다 이루리라(I tell you the truth, this generation will certainly not pass away until all these things have happened.)(NIV); Verily I say unto you, This generation shall not pass, till all these things be fulfilled.(KJV)

「마가복음」 13:30 - 내가 진실로 너희에게 말하노니 이 세대가 지나가기 전에 이 일이 다 이루리라(I tell you the truth, this generation will certainly not pass away until all these things have happened.)(NIV); Verily I say unto you, that this generation shall not pass, till all these things be done.(KJV)

「누가복음」 21:32 - 내가 진실로 너희에게 말하노니 이 세대가 지나가기 전에 모든 일이 다 이루리라("I tell you the truth, this generation will certainly not pass away until all these things have happened.)(NIV); Verily I say unto you, This generation shall not pass away, till all be fulfilled.(KJV)

3-2. 창세 이후로 흘린 의로운 피를 이 세대(BC 13020~AD 12900)가 담당

필자가 예측하는 것이 맞을 가능성이 높은 예수님의 말씀이 있다. 바로 「마태복음」 23장 35~36절의 말씀이다. 예수님은 "그러므로 의인 아벨(Abel)의 피(blood)로부터 성전과 제단 사이에서 너희가 죽인 바라갸의 아들 사가랴(Zechariah)의 피(blood)까지 땅 위에서 흘린 의로운 피가 다 너희에게 돌아가리라, 내가 진실로 너희에게 이르노니 이것이 다 이 세대(this generation)에게 돌아가리라"고 말씀하셨다.

아벨(Abel)은 「창세기」 4장에 등장하는 가인(Cain)과 아벨(Abel)이다. 아담(Adam)의 첫째아들이 가인이고 둘째아들이 아벨인데, 가인이 동생인 아벨을 들에 있을 때에 쳐 죽였다. 「창세기」 4장 7절을 보면 야훼 하나님은 "네가 선(right or well)을 행하면 어찌 낯을 들지 못하겠느냐 선을 행치 아니하면 죄(sin)가 문에 엎드리느니라 죄의 소원은 네게 있으나 너는 죄를 다스릴찌니라"라고 가인을 꾸짖으셨다. 아담의 탄생 연도는 성경연대기로 보면 BC 4114년이다.[1] 그러나 이것은 성경연대기이고 실제로 아담이 창조된 연대는 c.BC 301000년이라고 필자는 밝혔다.[2] 후자가 맞는다고 가정할 때 301000년은 25920년의 대주기가 열 바퀴도 넘게 돌았다는 것을 의미한다.

「마태복음」 23:35 - 그러므로 의인 아벨의 피로부터 성전과 제단 사이에서 너희가 죽인 바라갸의 아들 사가랴의 피까지 땅 위에서 흘린 의로운 피가 다 너희에게 돌아가리라(And so upon you will come all the righteous blood that has been shed on earth, from the blood of righteous Abel to the blood of Zechariah son of Berekiah, whom you murdered between the temple and the altar.(NIV); That upon you may come all the righteous bloodshed upon the earth, from the blood of righteous Abel unto the blood of Zacharias son of Barachias, whom ye slew between the temple and the altar.(KJV)

23:36 - 내가 진실로 너희에게 이르노니 이것이 다 이 세대에게 돌아가리라(I tell you the truth, all this will come upon this generation.)(NIV); Verily I say unto you, All these things shall come upon this generation(KJV).

그리고 사가랴(Zechariah)는 구약의 마지막 두번째 스가랴(Zechariah)를 쓴 선지자이다. 「스가랴」는 110년간의 아시리아(앗수르) 포로(Assyria Exile/Captivity, BC 723~BC 612)와 70년간의 바벨론 유수

---

1 자세한 것은 『바이블 매트릭스』 2권 『인간창조와 노아홍수의 비밀』의 부록인 "성경연대기(아브라함 기준의 아담의 족보)"를 참조하라.

2 자세한 것은 『바이블 매트릭스』 2권 『인간창조와 노아홍수의 비밀』의 2부 3장 5-3절의 "신들의 고생기간과 인간창조의 때? 301, 000년 전에 인간창조"와 5부 1장 4절의 "「창세기」 6장 3절의 120년은 120샤르-120년은 신들의 니비루의 공전주기"를 참조하라.

(Babylonian Captivity or Babylon Exile, BC 605~BC 539)가 끝나고 이스라엘 백성들이 다시 이스라엘로 돌아온다는 여호와의 예언을 선지자인 스가랴에게 말씀하신 내용을 기록한 것이다.

이 바벨론 유수에 종지부를 찍은, 즉 구원의 손길을 준 나라가 페르시아의 아케메니드제국(Achaemenid Empire, BC 576~BC 330)이었다. 아케메니드제국의 1대 왕인 키루스 대왕(Cyrus the Great, Cyrus II of Persia, 쿠루쉬, Kurush, 통치 BC 559~BC 530, 성경의 '고레스')이 세를 남쪽으로 확장시켜 바벨론 성을 무혈점령하고, 신바빌로니아 왕조를 멸망시킨 후(BC 539), BC 538년에 고레스 칙령을 발표해 1차 포로귀환이 이루어졌다(「역대하」 36:20~23, 「에스라」 1장). 그리고 BC 538년에 바벨론에서 돌아온 유대인들은 스룹바벨(Zerubbabel)의 지휘 아래 소규모의 예루살렘 성전 재건을 시작하여 BC 516년에 완공하였다(「에스라」 5장~6장). 이 예루살렘 성전을 재건하는 데 힘을 보태준 제국이 아케메니드제국으로, 1대 왕인 키루스 대왕부터 시작하여(「역대하」 36:22~23; 「에스라」 1:1~4), 5대 왕인 다리우스(Darius King of Persia, Darius I, 성경의 '다리오', 통치 BC 522~BC 486), 7대 왕인 아르타크세르크세스(Artaxersex I, 통치 BC 464~BC 424, 성경의 '아닥사스다')까지 이스라엘을 재건하는 데 큰 도움을 주었다(「에스라」 7장). 또한 6대 왕인 크세르크세스 1세(Xerses I, 통치 BC 485~BC 465, 성경의 '이하수에로')[3] 때에는 유대 출신의 에스더(Esther)가 왕후(Queen)가 되어 유대인의 재건을 도왔다(「에스더」).

그런데 「스가랴」 1장 1절은 보면 "다리오 왕 이년 팔월에 여호와의 말씀이 잇도의 손자 베레갸의 아들 선지자 스가랴에게 임하니라 가

3 http://en.wikipedia.org/wiki/Xerxes_I

라사대(In the eighth month, in the second year of Darius, came the word of the LORD unto Zechariah, the son of Berechiah, the son of Iddo the prophet, saying)"라고 기록하고 있는데, 다리오 왕 2년이라고 기록하고 있어, 이는 5대 왕인 다리오 왕 통치 BC 520년에 기록했음을 알 수 있다.

그리고 「누가복음」 11장 50~51절에는 보다 정확하게 기록되어 있는데, 예수님은 "창세 이후로 흘린 모든 선지자의 피를 이 세대가 담당하되, 곧 아벨의 피로부터 제단과 성전 사이에서 죽임을 당한 사가랴의 피까지 하리라 내가 너희에게 이르노니 과연 이 세대가 담당하리라"고 말씀하셨다. 창세 이후의 모든 선지자나 의로운 자들의 피를 이 세대, 즉 예수님께서 오신 이 세대가 모두 담당한다는 것이다. 담당한다는 것은 모든 피를 책임진다는(responsible), 다시 말해 심판을 받는 세대라는 것을 의미한다.

「누가복음」 11:50 - 창세 이후로 흘린 모든 선지자의 피를 이 세대가 담당하되(Therefore this generation will be held responsible for the blood of all the prophets that has been shed since the beginning of the world,(NIV); That the blood of all the prophets, which was shed from the foundation of the world, may be required of this generation;(KJV)

「누가복음」 11:51 - 곧 아벨의 피로부터 제단과 성전 사이에서 죽임을 당한 사가랴의 피까지 하리라 내가 너희에게 이르노니 과연 이 세대가 담당하리라(from the blood of Abel to the blood of Zechariah, who was killed between the altar and the sanctuary. Yes, I tell you, this generation will be held responsible for it all.)(NIV); From the blood of Abel unto the blood of Zacharias, which perished between the altar and the temple: verily I say unto you, It shall be required of this generation.(KJV)

그렇다. 이 세대란 예수님이 오신 시대, 즉 물고기자리가 속한 12개의 별자리, 즉 25920년의 대년을 말하는 것이다. BC 13020년에 노아의 홍수가 일어나서 360도 한 바퀴 도는 AD 12900년까지의 12별자리를 한 세대라고 하는데, 이 세대에 모든 것을 다 이룬다는, 즉 심판과 천년 왕국과 새로운 세상을 창조한다는 것이다.

이러한 관점으로 본다면 앞 장에서 필자가 예측한 시대별 상징/표적의 요약과 마야달력도 끝이 2012년이 아니라 7500년과 12900년까지 간다는 것이 잘못 예측한 것이 아니라 제대로 예측했음을 알 수 있다.

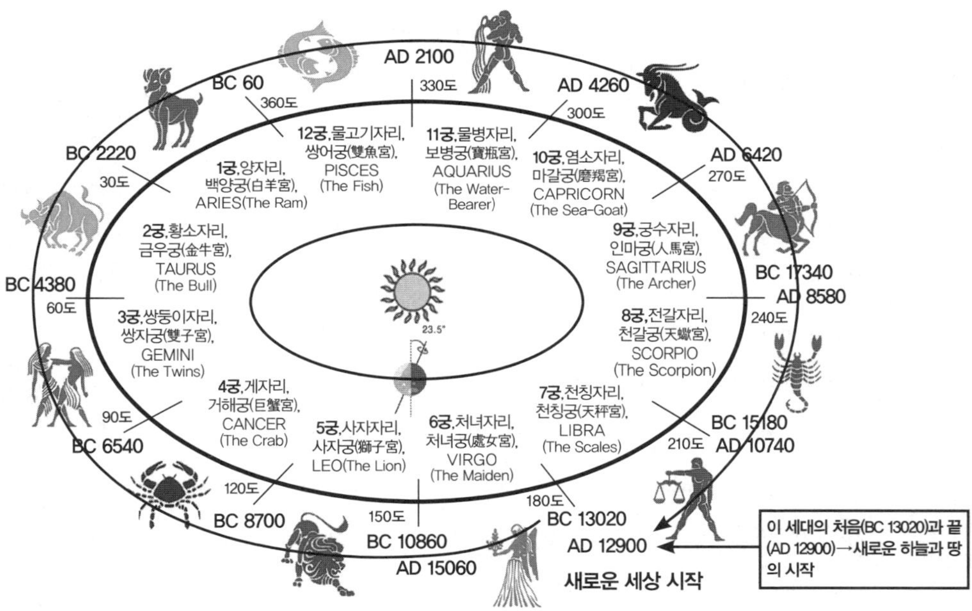

이 세대(This Generation)의 해석: 내가 진실로 너희에게 말하노니 이 세대가 지나가기 전에 이 일이 다 이루리라 (「마태복음」 24:34)

이 세대란 BC 13020년부터 시작하여 360도 한 바퀴 도는 AD 12900년까지의 12 별자리를 한 세대라고 하는데, 이 세대에 모든 것을 다 이룬다는, 즉 심판과 천년 왕국과 새로운 세상을 창조한다는 것이다.

3-3. 심판 때에 이 세대의 의로운 자들이 이 세대 사람을 정죄하리니

또한 예수님은 "심판 때에 니느웨 사람들이 일어나, 즉 부활하여 이 세대 사람을 정죄하리니 이는 그들이 요나의 전도를 듣고 회개하였음이어니와, 심판 때에 남방 여왕이 일어나 이 세대 사람을 정죄하리니 이는 그가 솔로몬의 지혜로운 말을 들으려고 땅 끝에서 왔음이어니라" 고 말씀하시고, 예수님은 요나와 솔로몬보다 더 위대하다고 말씀하셨다. 결론적으로 이 세대에 속한 많은 의로운 자들과 회개한 자들이 끝날 심판 때에 첫째 부활에 참여하여 이 세대에 속한 사람들의 둘째 부활을 심판하신다는 것이다.

「마태복음」 12:41 - 심판 때에 니느웨 사람들이 일어나(부활하여) 이 세대 사람을 정죄하리니 이는 그들이 요나의 전도를 듣고 회개하였음이어니와 요나보다 더 큰 이가 여기 있으며(The men of Nineveh will stand up at the judgment with this generation and condemn it; for they repented at the preaching of Jonah, and now one greater than Jonah is here.)(NIV)

12:42 - 심판 때에 남방 여왕이 일어나(부활하여) 이 세대 사람을 정죄하리니 이는 그가 솔로몬의 지혜로운 말을 들으려고 땅 끝에서 왔음이어니와 솔로몬보다 더 큰 이가 여기 있느니라(The Queen of the South will rise at the judgment with this generation and condemn it; for she came from the ends of the earth to listen to Solomon's wisdom, and now one greater than Solomon is here.)

「누가복음」 11:30 - 요나가 니느웨 사람들에게 표적이 됨과 같이 인자도 이 세대에 그러하리라

11:31 - 심판 때에 남방 여왕이 일어나 이 세대 사람을 정죄하리니

이는 그가 솔로몬의 지혜로운 말을 들으려고 땅 끝에서 왔음이어니와 솔로몬보다 더 큰 이가 여기 있으며

11:32 - 심판 때에 니느웨 사람들이 일어나 이 세대 사람을 정죄하리니 이는 그들이 요나의 전도를 듣고 회개하였음이어니와 요나보다 더 큰 이가 여기 있느니라

요나의 내용은 구약의 「요나(Jonah)」에 등장하는 실제 기록으로(BC 759)[4], 요나의 전도로 니네베(Nineveh, 성경의 '니느웨') 사람들이 회개를 하여 하나님이 재앙을 내리지 않았다(「요나」 3장). 남방 여왕은 「열왕기상」 10장과 「역대하」 9장에 등장하는 "스바 여왕이 솔로문을 찾아오다(The Queen of Sheba Visits Solomon)"의 내용으로 스바는 남방이란 뜻이다. 스바 여왕이 야훼 하나님의 지원을 받는 솔로몬(Solomon, 통치 BC 970~930)의 지혜로운 말을 들으려고 남방에서 왔다.

마지막으로 「마가복음」 8장 38절에는 "이 세대는 음란하고 죄 많은 세대"라고 예수님께서 말씀하셨다. 따라서 이 세대가 가장 불의한 세대로 이 세대가 가기 전에 다 이루리라는 말씀이시다.

「마가복음」 8:38 - 누구든지 이 음란하고 죄 많은 세대에서 나와 내 말을 부끄러워하면 인자도 아버지의 영광으로 거룩한 천사들과 함께 올 때에 그 사람을 부끄러워하리라(If anyone is ashamed of me and my words in this adulterous and sinful generation, the Son of Man will be ashamed of him when he comes in his Father's glory with the holy angels.")(NIV)

---

4 자세한 것은 『바이블 매트릭스』 4권 『하나님들의 과학기술과 우리가 창조해야 할 미래(상)』의 2부 5장 3절의 "요나의 물고기는 잠수함"을 참조하라.

2절 예수님의 재림시기(c.AD 10740년)와 재림 전후에 일어날 일들

앞서 이 세대의 처음은 BC 13020년에 일어난 노아의 홍수로부터 시작하여 끝과 동시에 시작인, 「요한계시록」 21장과 22장의 새로운 하늘과 새 땅은 AD 12900년이라는 것을 감안하면 예수님은 천칭자리가 시작되는 c.AD 10740년경에 오실 것으로 예측된다. 이러한 예측은 AD 12900년을 새로운 우주창조의 원년으로 보고, 이 시점부터 꺼꾸로 연도를 내려오면서, 별자리들의 시대의 상징과 표적을 매핑해서 예측한 것이다. 여기서는 중요한 사건만을 다루고 기타 자세한 것은 『바이블 매트릭스』 7권에서 다룰 예정이다.

1. 재난의 징조와 재난 시작(c.AD 6420~7500~8579)

그렇다면 c.AD 6420년부터 무엇이 일어난다는 말인가? 앞서 살펴보았던 마야달력의 AD 7500년을 거쳐 AD 12900년까지 간다는 것과 시대별 상징/표적 요약을 종합해보면 일어날 사건을 예측해 볼 수 있다.

필자가 보기엔 c.AD 6420년이 지나면 제일 먼저, 거짓 그리스도가 와서 사람을 미혹케 하여 난리와 난리 소문의 재난의 징조(Signs of the End of the Age)가 보이겠고, c.AD 7500년부터는 「마태복음」 24장 7절~8절의 "민족이 민족을, 나라가 나라를 대적하여 일어나겠고 처처에 기근과 지진이 있으리니, 이 모든 것이 재난의 시작이니라"고 예수님께서 말씀하신 것처럼, 이 때부터 재난이 시작되지(「마태복음」 24:3~14; 「마가복음」 13:3~13; 「누가복음」 21:7~19) 않나 생각된다.

「마태복음」 24:3 - 예수께서 감람산 위에 앉으셨을 때에 제자들이 종용히 와서 가로되 우리에게 이르소서 어느 때에 이런 일이 있겠사오며 또 주의 임하심과 세상 끝에는 무슨 징조가 있사오리이까(As Jesus was sitting on the Mount of Olives, the disciples came to him privately. "Tell us," they said, "when will this happen, and what will be the sign of your coming and of the end of the age?"(NIV)

24:4 - 예수께서 대답하여 가라사대 너희가 사람의 미혹을 받지 않도록 주의하라(Jesus answered: "Watch out that no one deceives you.)

24:5 - 많은 사람이 내 이름으로 와서 이르되 나는 그리스도라 하여 많은 사람을 미혹케 하리라(

For many will come in my name, claiming, 'I am the Christ,' and will deceive many.)

24:6 - 난리와 난리 소문을 듣겠으나 너희는 삼가 두려워 말라 이런 일이 있어야 하되 끝은 아직 아니니라(You will hear of wars and rumors of wars, but see to it that you are not alarmed. Such things must happen, but the end is still to come.)

24:7 - 민족이 민족을, 나라가 나라를 대적하여 일어나겠고 처처에 기근과 지진이 있으리니(Nation will rise against nation, and kingdom against kingdom. There will be famines and earthquakes in various places.)

24:8 - 이 모든 것이 재난의 시작이니라(All these are the beginning of birth pains.)

24:9 - 그 때에 사람들이 너희를 환난에 넘겨 주겠으며 너희를 죽이리니 너희가 내 이름을 위하여 모든 민족에게 미움을 받으리라("Then you will be handed over to be persecuted and put to death, and you will be hated by all nations because of me.)

24:10 - 그 때에 많은 사람이 시험에 빠져 서로 잡아 주고 서로 미워하겠으며(At that time many will turn away from the faith and will betray and hate each other,)

24:11 - 거짓 선지자가 많이 일어나 많은 사람을 미혹하게 하겠으며(and many false prophets will appear and deceive many people.)

24:12 - 불법이 성하므로 많은 사람의 사랑이 식어지리라(Because of the increase of wickedness, the love of most will grow cold,)

24:13 - 그러나 끝까지 견디는 자는 구원을 얻으리라(but he who stands firm to the end will be saved.)

24:14 - 이 천국 복음이 모든 민족에게 증거되기 위하여 온 세상에 전파되리니 그제야 끝이 오리라(And this gospel of the kingdom will be preached in the whole world as a testimony to all nations, and then the end will come.)

이 예측을 세차운동에 따른 이 세대의 12개 별자리 시대에 좌표로 찍어보면 c.AD 7500년부터 에너지 고갈에 따른 빙하기가 닥쳐, 하늘-땅-땅속-바다의 나라들이 에너지 획득을 위한 핵무기 이상의 전쟁을 일으킬 것이고, 그 여파로 인해 처처에 지진이 일어날 것이다. 그러고 보면 앞서 살펴보았던 마야달력과 시대별 상징/표적과 거의 일치하는 것을 알 수 있다.

2. 하나님 아버지의 보좌가 하늘(소행성대)에 진입(c.AD 8580~)

「요한계시록」 4장에 등장하는 하늘의 보좌(The Throne in Heaven)는 에녹(Enoch)의 열 번째 하늘에 계시던 하나님 아버지와 하나님 아버지의 보좌 우편에 앉아 계시던 예수님께서, 목성과 화성사이의 소행성대, 즉 하늘(궁창)[5]에 내려오셔서 보좌를 베푼 장면을 요한이 기록한 것이다. 열 번째 하늘의 블랙홀에서 소행성대로 내려오시는 것이다. 무엇을 타고 내려오셨나고 하면 블랙홀 자체라 말할 수도 있고, 거대항공모함 우주선을 타고 내려오셨다라고 말할 수도 있을 것이다. 대략 연도를 예측하면 c.AD 8580년이 아닌가 생각하는데, 이는 전갈자리가 시작될 때이다. 이 때 전갈자리의 전갈이란 독수리 또는 거대한 독수리란 뜻으로 항공모함과 딱 어울리는 말이라고 생각한다.

여기서는 시기, 즉 때를 예측하는 것으로, 소행성대에 진입한 하늘의 보좌에 대해서는 본권 3부 2장인 "예수님의 재림, 하나님 아버지의 보좌→예수님의 별도 보좌(거대우주선)를 타시고 재림"과 『바이블 매트릭스』 7권에서 자세히 다룰 예정이다.

「요한계시록」 4:1 - 이 일 후에 내가 보니 하늘에 열린 문이 있는데 내가 들은 바 처음에 내게 말하던 나팔 소리 같은 그 음성이 가로되 이리로 올라오라 이후에 마땅히 될 일을 내가 네게 보이리라 하시더라(After this I looked, and there before me was a door standing open in heaven. And the voice I had first heard speaking to me like a trumpet said, "Come up here, and I will show you what must take place after this."(NIV)

4:2 - 내가 곧 성령에 감동하였더니 보라 하늘에 보좌를 베풀었고 그 보좌 위에 앉으신 이가 있는데(At once I was in the Spirit, and there before me was a throne in heaven with someone sitting on it.)

이 때 보좌 위에 앉으신 이는 물론 하나님 아버지이시고, 우편에는 예수님이 앉아 계신다는 것을 의미한다.

---

5 궁창=하늘=소행성대에 대해서는 『바이블 매트릭스』 1권 『우주창조의 비밀』의 1부 5장 7절의 "마르둑과 티아마트의 두 번째 전쟁(충돌), 하늘과 지구 창조의 비밀"을 참조하라.

3. 일곱 봉인 심판(큰 환란)(c.AD 8580~9580), 니비루와 심판 기간의 단축

앞 장인 1장 2절의 "왜 짐승(왕)들이 올라올까? 재난의 시작, 일곱 봉인 심판과 여섯 천사의 나팔 심판"의 2-2절인 "일곱 봉인 심판(=큰 환란), 노아의 홍수와 소돔과 고모라의 몇 백배"에서 살펴본 「요한계시록」 6장 ~8장의 큰 환란(Great Distress or Tribulation)(「마태복음」 24:15~28; 「마가복음」 13:14~23; 「누가복음」 21:20~24)은 「요한계시록」 4장의 하늘의 보좌를 베푸신 후, 예수님께서 일곱인을 떼시기에 합당하다는 「요한계시록」 5장의 "책과 어린 양(The Scroll and the Lamb)"에 이어 바로 예수님의 일곱 봉인 심판이 시작된다. 따라서 「요한계시록」 4장(하늘의 보좌)-5장(책과 어린 양)-6장(일곱 봉인 심판)의 연결고리가 연속적이다.

그러므로 일곱 봉인 심판은 하늘의 보좌를 세팅하신 후인 c.AD 8580년 이후로 일어날 것으로 예측된다. 그런데 일곱 봉인 심판은 노아의 홍수와 관련되어 있다고 했다. 노아의 홍수는 BC 13020년에 일어났는데, 노아의 홍수가 일어나기 전에도 여섯 번의 기근과 재앙이 있었다. 그리고 일곱 번째의 재앙이 바로 노아의 홍수이다. 이는 이미 『바이블 매트릭스』 2권 『인간창조와 노아 홍수의 비밀』의 6부 3장 4절인 "첫해는 600년, 샤앗탐은 600년, 6샤앗탐(3,600년) 동안의 기근"에서 자세히 소개했다. 즉 1샤앗탐은 600년으로, 6번의 샤앗탐은 6×600=3,600년이 걸렸는데, 이것은 구약의 하나님들의 고향행성인 니비루(Nibiru)의 공전주기와 같다라고 했다. 니비루가 소행성대에 진입하자 그 중력으로 인해 남극대륙이 깨져 지진으로 인해 지구에는 엄청난 홍수가 덮쳤다고 했다.

그렇다면 앞절의 하늘의 보좌가 니비루(Nibiru)란 말인가? 나중에 다시 피력하겠지만, 니비루는 우리 태양을 시계방향으로 공전하는 미지의 행성이기 때문에, 열 번째 하늘에 계시는 하나님 아버지와 예수님의 고향행성, 즉 블랙홀은 아닌 것 같다. 니비루는 계급이 낮은 하나님들의 고향행성일 가능성이 높다.

어쨌거나 일곱 봉인 심판이 노아 홍수 이전에 있었던 7번의 재앙과 같다고 추측해 볼 때, 일곱 봉인 심판도 3,600년이 걸릴까? 이에 대한 예수님의 말씀이 계시다. 바로 「마태복음」 24장 22절에 "그 날들을 감하지 아니할 것이면 모든 육체가 구원을 얻지 못할 것이나 그러나 택하신 자들을 위하여 그 날들을 감하시리라"고 말씀하셨다. 3,600년은 너무 기니 택하신 자들을 위하여 그날들을 감하신다는 말씀이시다. 따라서 필자가 추측하건대 일곱 봉인 심판은 1,000년 안에 끝날 것으로 보인다.

「마태복음」 24:21 - 이는 그 때에 큰 환난이 있겠음이라 창세로부터 지금까지 이런 환난이 없었고 후에도 없으리라(For then there will be great distress, unequaled from the beginning of the world until now--and never to be equaled again.(NIV)

24:22 - 그 날들을 감하지 아니할 것이면 모든 육체가 구원을 얻지 못할 것이나 그러나 택하신 자들을 위하여 그 날들을 감하시리라(If those days had not been cut short, no one would survive, but for the sake of the elect those days will be shortened.(NIV); And except those days should be shortened, there should no flesh be saved: but for the elect's sake those days shall be shortened.(KJV); In fact, unless that time of calamity is shortened, not a single person will survive. But it will be shortened for the sake of God's chosen ones.(New Living)

4. 여섯 천사의 나팔 심판(여섯 번의 화, Woes)(c.AD 9580~10580)

앞 장인 1장 2절의 "왜 짐승(왕)들이 올라올까? 재난의 시작, 일곱 봉인 심판과 여섯 천사의 나팔 심판"의 2-3절인 "여섯 천사의 나팔 심판-화들(Woes)"에서 살펴본 「요한계시록」 8장~9장의 여섯 천사의 나팔 심판은 앞 절의 일곱 봉인 심판 이후에 바로 이어진다. 일곱 봉인의 심판이 1,000년 안에 이루진다고 가정했을 때 여섯 천사의 나팔 심판은 c.AD 9580년부터 이루어질 것으로 예측되어 진다.

이도 앞 절의 택하신 자들을 위하여 그 날들을 감하신다고 예수님께서 말씀하신 것을 바탕으로 예측해볼 때 여섯 천사의 나팔 심판도 1,000년 안에 끝날 것으로 보인다.

5. 한 때 두 때 반 때=42달=1260일=3.5년이란?

「다니엘」 7장 25절과 12장 7절과 「요한계시록」 11장~13장에는 한 때(a time) 두 때(times) 반 때(half a time or an half)인 42달, 1,260일, 즉 3.5년이 기록되어 있다. 「다니엘」에 두 번, 「요한계시록」에 다섯번 기록되어 있는데, 이것을 깨닫는데 수십 년이나 걸렸다. 아니 정확히 말하자면 2015년 2월에서야 이 뜻을 깨달았다. 어떻게 깨달았는지 이제부터 설명해보기로 한다.

「다니엘」 7장 25절과 12장 7절에는 '한 때 두 때 반 때'라고 두 번 언급되지만, 「요한계시록」에는 사건의 시간차로 두 번이나 언급되어 있다.「요한계시록」의 순서로 보면 여섯 천사의 여섯 나팔 심판이 끝나고 일곱 번째 천사가 나팔을 불기 전에,「요한계시록」 11장에는 두 증인인 모세와 엘리야가 이 땅에 내려오셔서 42달인 일천이백육실 일(1,260일=3.5년) 동안 증거하는 동안, 예루살렘이 42달 동안 불의의 이방인들에게 유린당한다고 첫 번째로 언급이 되어 있고(「요한계시록」 11:2~3), 두 번째는「요한계시록」 12장에 등장하는 하늘의 전쟁이 끝난 후 불의의 하나님들, 즉 용/뱀/마귀/사단과 휘하 천사들이 이 땅으로 쫓겨 내려와, 예수님을 낳으신 여자를 핍박하는지라, 여자가 의로운 하나님이 미리 예비하여 두신 곳인 광야로 도망해서 거기서 일천이백육실 일(1,260일=3.5년), 즉 한 때와 두 때와 반 때 동안 보호를 받으며라고(「요한계시록」 12:6 & 14) 계시되어 있으며, 같은 기간에 다른 사건인 용이 바다 짐승(왕)에게 권세를 주어, 바다 짐승(왕)과 땅의 짐승(왕)이 42달 동안 성도를 이길 권세를 받는다라고 계시되어 있다.

필자는 그 동안 '한 때 두 때 반 때'가 12개 별자리 중에 하나의 별자리가 아닌가 생각되어, 이를 그렇게 해석했었다. 다니엘은 BC 600~BC 520년에 선지자의 역할을 했으므로 세차운동에 따른 12개 별자리를 보면 양자리 시대에 속한다. 그러므로 한 때를 지난다고 했으니 그 다음의 물고기자리 시대를 지난다는 뜻이고, 그 다음 두 때를 지난다고 했으니 물병자리와 염소자리 시대를 지난다는 뜻이며, 반 때를 지난다는 것은 궁수자리 시대의 반이 되는 c.AD 7500년이 지나야 한다는 뜻으로 해석했었다.

그러나 모세와 엘리야가 내려오는 시점은 이미 여섯 천사의 여섯 나팔 심판이 끝나고, 일곱 번째 천사가 나팔을 불기 전이다. 여섯 천사의 나팔 심판은 대략 c.AD 9580년에 시작하여 1,000년이 지난 c.AD

10580년에 끝나고, 일곱 번째 나팔 소리에 맞추어 예수님의 재림과 부활과 휴거가 c.AD 10740년에 이루어질 것으로 예측되기 때문에 앞의 해석이 틀렸다는 것을 깨달았다.

그리고 「다니엘」 12장과 「요한계시록」 11장~13장을 여러 차례 정독하면서, '한 때 두 때 반 때'가 그 다음에 나오는 '일천이백육십 일(1,260일=3.5년)', 즉 42달과 같다는 것을 깨달았다. 따라서 한 때(a time)란 1년을 말하는 것이고, 두 때(times)란 2년을 말하는 것이며, 반 때(half a time or an half)란 0.5년을 말하는 것으로 한 때 두 때 반 때는 3.5년이라는 뜻이다.

따라서 시점으로 말하면 「요한계시록」 11장의 두 증인인 모세와 엘리야가 먼저 내려오시고(c.AD 10729.5~), 그 다음 42달(3.5년)이 지나서(c.AD 10733~), 「요한계시록」 12장의 여자와 용(The Woman and the Dragon)과 13장의 용이 바다 짐승(왕)에게 권세를 주어 42달(3.5년) 동안 성도를 이기게 되는 이른 바 '성도의 권세가 다 깨지게'되는 것이다(c.AD 10733~10736.5). 또한 그 다음의 '멸망의 가증한 것이 예루살렘에 세워지고'(c.AD 10736.5~) 또 다른 3.5년(1,290일)이 지나서(「다니엘」 12:11)(c.AD 10736.5~c.AD 10740~)야 예수님이 하늘의 아버지 보좌로부터 별도의 보좌로 이 땅에 공중재림하시게 되는 것이다(c.AD 10740~).

따라서 「다니엘」 12장 7절의 '한 때와 두 때와 반 때'와 「요한계시록」 11장 2절의 '42달'과 11장 3절의 '일천이백육십 일(1,260일=3.5년)은 모두 같은 기간인 3.5년=42달=1,260일에 일어나는 것이며, 그 후에 일어나는 「요한계시록」 12장 6절의 '일천이백육십 일(1,260일=3.5년)'과 12장 14절의 '한 때와 두 때와 반 때'와 13장 5절의 '42달'도 같은 기간에 일어나는 것이다.

이를 정리하면 다음과 같다.

1) 군대가 예루살렘을 에워싸기 시작하는 시기와 모세와 엘리야의 재림시기는 같고, 마치는 기간은 3.5년=42달=1,260일임(c.AD 10729.5~10733). 따라서 「다니엘」 12장 7절의 '한 때와 두 때와 반 때' = 「요한계시록」 11장 2절의 '42달' = 「요한계시록」 11장 3절의 '일천이백육십 일(1,260일=3.5년)은 모두 같은 기간에 일어나는 것임.

「다니엘」 12:7 – "…하늘을 향하여 영생하시는 자를 가리켜 맹세하여 가로되 반드시 한 때 두 때 반 때를 지나서…"

「요한계시록」 11:2 – "이방인에게 주었은즉 저희가 거룩한 성을 42달 동안 짓밟으리라"

「요한계시록」 11:3 – "두 증인에게 권세를 주리니 저희가 굵은 베옷을 입고, 1260 일을 예언하리라"

2) 성도의 권세가 다 깨짐을 나타내는 「다니엘」 12장 7절의 '한 때와 두 때와 반 때를 지나서' = 「요한계시록」 12장 6절의 '여자가…1260일 동안' = 「요한계시록」 12장 14절의 '한 때와 두 때와 반 때' = 「요한계시록」 13장 5절의 '42달'은 모두 같은 기간에 일어나는 것임(c.AD 10733~10736.5).

「다니엘」 12:7 – "한 때, 두 때, 반 때를 지나서, 성도의 권세가 다 깨어지기까지"

「요한계시록」 12:6 – "그 여자가 광야로 도망하매, 거기서 1,260일 동안 저를 양육하기 위하여 하나님의 예비하신 곳이 있더라"

「요한계시록」 12:14 - "그 여자가 큰 독수리의 두 날개를 받아 광야 자기 곳으로 날아가 거기서 그 뱀의 낯을 피하여 한 때와 두 때와 반 때를 양육받으매"

「요한계시록」 13:5 - "또 짐승이 큰 말과 참람된 말하는 입을 받고, 또 42달 일할 권세를 받으니"

6. 군대가 예루살렘을 에워싸면 끝(멸망)이 가까워(c.AD 10729.5~10733)

「누가복음」 21장 20절에는 "너희가 예루살렘이 군대들에게 에워싸이는 것을 보거든 그 멸망이 가까운 줄을 알라"라는 예수님의 말씀이 기록되어 있다. 이것은 무엇을 말하는 것일까? 이것을 필자가 깨닫는 데 시간이 꽤나 걸렸다. 이 불의의 사건은 다음 절에서 살펴볼 두 증인, 즉 모세와 엘리야가 이 땅에 재림하시면서 거의 동시에 일어나는 사건이다.

「누가복음」 21:20 - 너희가 예루살렘이 군대들에게 에워싸이는 것을 보거든 그 멸망이 가까운 줄을 알라("When you see Jerusalem being surrounded by armies, you will know that its desolation is near.(NIV)

21:24 - 저희가 칼날에 죽임을 당하며 모든 이방에 사로잡혀 가겠고 예루살렘은 이방인의 때가 차기까지 이방인들에게 밟히리라(They will fall by the sword and will be taken as prisoners to all the nations. Jerusalem will be trampled on by the Gentiles until the times of the Gentiles are fulfilled.

이것을 깨달으려면 「요한계시록」 11장 1절~3절의 두 증인(The

Two Witnesses)을 보아야 한다. 예수님의 가장 사랑하시는 네 번째 제자인 요한에게 천사가 측량하는 자를 주며, "하나님의 성전과 제단과 그 안에서 경배하는 자들을 척량하라"고 명령한다. 그런데, "성전 밖 마당은 척량하지 말고 그냥 두라 이것을 이방인에게 주었은 즉 저희가 거룩한 성을 마흔두 달 동안 짓밟으리라"고 천사는 말을 한다. 이것은 모세와 엘리야가 이 땅에 내려와 증거하고 예언하는 1,260일, 즉 42달 동안 하나님과 성도들의 성스러운 예루살렘 성이 불의의 이방인 군대들에게 에워싸인다는 것을 의미하는 것이다. 에워싸인다는 것은 42달 동안 예루살렘 성전을 유린, 즉 짓밟는다는 것을 의미하는 것이다. 연도로 보면 c.AD 10729.5년에 예루살렘을 에워싸기 시작하여 10733년까지 유린할 것으로 예측된다. 사건이 점점 더 극적으로 치닫는다는 느낌이 온다. 유린한다는 것은 불의한 자들이 마지막 남은 예루살렘 성전을 점령한다는 것을 말하는 것이다.

「요한계시록」 11:1 - 또 내게 지팡이 같은 갈대를 주며 말하기를 일어나서 하나님의 성전과 제단과 그 안에서 경배하는 자들을 척량하되(I was given a reed like a measuring rod and was told, "Go and measure the temple of God and the altar, and count the worshipers there.(NIV)

11:2 - 성전 밖 마당은 척량하지 말고 그냥 두라 이것을 이방인에게 주었은즉 저희가 거룩한 성을 마흔두 달 동안 짓밟으리라(But exclude the outer court; do not measure it, because it has been given to the Gentiles. They will trample on the holy city for 42 months.)

11:3 - 내가 나의 두 증인에게 권세를 주리니 저희가 굵은 베옷을 입고 일천이백육십 일을 예언하리라(And I will give power to my two witnesses, and they will prophesy for 1,260 days, clothed in sackcloth."(NIV); And I will give power unto my two witnesses, and they shall prophesy a thousand two hundred and threescore days, clothed in sackcloth.(KJV);

And I will give power to my two witnesses, and they will be clothed in burlap and will prophesy during those 1,260 days."(New Living)

7. 모세/엘리야의 재림, 한 때 두 때 반 때를 지나서(c.AD 10729.5~10733)

본절은 본권 1부 1장 3절 3-2의 "「요한계시록」의 두 증인의 죽음→부활→변형→승천〉"과 3-5의 "두 증인은? 요한과 바울? 모세와 엘리야가 마지막 때에 오신다"에서 소개한 내용과 연장선에 있는 내용이다. 두 증인, 즉 모세와 엘리야 선지자가 마지막 때에 이 땅에 내려오신다. 마지막 대란 소행성대(하늘)의 하나님 아버지 보좌로부터 별도의 보좌를 타시고 예수님이 이 땅에 공중재림하는 시기를 말하는 것으로, 이 땅에 예수님께서 공중재림하기 직전에 두 증인이 마지막 증거를 위해 내려오시는 것이다.

「다니엘」 12장 7절에는 두 천사 중 한 분이 마지막 때의 놀라운 일, 즉 기사(奇事)의 끝이 언제인가를 예언하는 기록이 나온다. 필자가 보기에는 이는 매우 중요한 것이다. 이 세대의 어느 시대(시기)에 끝이 오는지 예언하기 때문이다. 두 천사 중 한 분이 다른 분에세 묻기를 "이 기사의 끝이 어느 때까지냐"고 묻는다. 그러자 강물 위에 내려선 한 분이 "한 때 두 때 반 때(a time, times and half a time)를 지나서… 이 모든 일이 다 끝나리라"고 대답한다.

「다니엘」 12:6 - 그 중에 하나가 세마포 옷을 입은 자 곧 강물 위에 있는 자에게 이르되 이 기사의 끝이 어느 때까지냐 하기로(One of them said to the man clothed in linen, who was above the waters of the river, "How long will it be before these astonishing things are fulfilled?")

12:7 - 내가 들은즉 그 세마포 옷을 입고 강물 위에 있는 자가 그 좌우 손을 들어 하늘을 향하여 영생하시는 자를 가리켜 맹세하여 가로되 반드시 한 때 두 때 반 때를 지나서 성도의 권세가 다 깨어지기까지니 그렇게 되면 이 모든 일이 다 끝나리라 하더라(The man clothed in linen, who was above the waters of the river, lifted his right hand and his left hand toward heaven, and I heard him swear by him who lives forever, saying, "It will be for a time, times and half a time. When the power of the holy people has been finally broken, all these things will be completed.") (NIV); And I heard the man clothed in linen, which was upon the waters of the river, when he held up his right hand and his left hand unto heaven, and sware by him that liveth for ever that it shall be for a time, times, and an half; and when he shall have accomplished to scatter the power of the holy people, all these things shall be finished.(KJV); The man dressed in linen, who was standing above the river, raised both his hands toward heaven and took a solemn oath by the One who lives forever, saying, "It will go on for a time, times, and half a time. When the shattering of the holy people has finally come to an end, all these things will have happened."(New Living)

여기서 중요한 것은 '한 때 두 때 반 때를 지나서…'라는 것이다. 이것은 무엇을 의미하는가 하면 그 다음 다른 사건이 연속적으로 일어나야 모든 일이 끝남을 암시하는 것이다. 「요한계시록」 11장 3절에는 두 증인이 '일천이백육십 일(1,260일=3.5년)'을 증거하고 예언한다고 기록되어 있다. 따라서 '한 때 두 때 반 때'란 바로 1,260일, 즉 42달=3.5년임을 알 수 있다. 다시 말해 c.AD 10729.5년에 모세와 엘리야가 오셔서 3.5년 동안 증거하고 예언하기를 끝내는 c.AD 10733년에 또 다른 사건이 일어남을 의미한다.

「요한계시록」 11:3 - 내가 나의 두 증인에게 권세를 주리니 저희가 굵은 베옷을 입고 일천이백육십 일을 예언하리라(And I will give power to my two witnesses, and they will prophesy for 1,260 days, clothed in sackcloth."(NIV); And I will give power unto my two witnesses, and they shall prophesy a thousand two hundred and threescore days, clothed in sackcloth.(KJV); And I will give power to my two witnesses, and they will be clothed in burlap and will prophesy during those 1,260 days."(New Living)

8. 하늘의 전쟁, 성도의 권세가 다 깨어질 때 끝(멸망)(c.AD 10733~10736.5)

그런데 멸망(끝) 시기의 또 다른 조건이 있다. 한 때 두 때 반 때를 지나되, "한 때 두 때 반 때를 지나서 성도의 권세가 다 깨어지기까지니"라고 기록되었다는 점이다. 이 말씀은 한 때 두 때 반 때인, 즉 모세와 엘리야가 이 땅에 재림하시어 증거하고 예언하는 42달 동안, 같은 42달 기간에 예루살렘 성이 군대들에 에워싸여 유린당하고 나서, c.AD 10733년부터 또 다른 42달 동안 성도의 권세가 다 깨진다는 것(When the power of the holy people has been finally broken)을 의미하는 것이다.

「다니엘」 12:6 - 그 중에 하나가 세마포 옷을 입은 자 곧 강물 위에 있는 자에게 이르되 이 기사의 끝이 어느 때까지냐 하기로(One of them said to the man clothed in linen, who was above the waters of the river, "How long will it be before these astonishing things are fulfilled?")

12:7 - 내가 들은즉 그 세마포 옷을 입고 강물 위에 있는 자가 그 좌우 손을 들어 하늘을 향하여 영생하시는 자를 가리켜 맹세하여 가

로되 반드시 한 때 두 때 반 때를 지나서 성도의 권세가 다 깨어지기까지니 그렇게 되면 이 모든 일이 다 끝나리라 하더라(The man clothed in linen, who was above the waters of the river, lifted his right hand and his left hand toward heaven, and I heard him swear by him who lives forever, saying, "It will be for a time, times and half a time. When the power of the holy people has been finally broken, all these things will be completed.") (NIV); And I heard the man clothed in linen, which was upon the waters of the river, when he held up his right hand and his left hand unto heaven, and sware by him that liveth for ever that it shall be for a time, times, and an half; and when he shall have accomplished to scatter the power of the holy people, all these things shall be finished.(KJV); The man dressed in linen, who was standing above the river, raised both his hands toward heaven and took a solemn oath by the One who lives forever, saying, "It will go on for a time, times, and half a time. When the shattering of the holy people has finally come to an end, all these things will have happened."(New Living)

이 뜻은 「요한계시록」 12장의 하늘의 전쟁에서 의로운 하나님들에게 패한 불의의 하나님들이 이 땅으로 쫓겨 내려오고 불의의 하나님들에 가세한 불의한 사람들에 의해 예루살렘 성전을 접수하므로 의로운 성도들이 발 붙일 곳이 없어진다는 것이다.

그렇다면 어떻게 성도의 권세가 다 깨질까? 이것을 깨달으려면, 「요한계시록」 12장의 여자와 용(The Woman and the Dragon)과 13장의 짐승 두 마리(두 왕)를 깨달아야 한다. 우선 「요한계시록」 12장 7절에는 하늘의 전쟁(There was war in heaven)을 기록하고 있는데, 불의의 하나님들과 의로운 하나님들의 일대 전쟁이 일어난다. 이 전쟁에서 불의의 하나님들인 바로 용/뱀/마귀/사단들과 불의의 하나님들을 추종하는 천사들이 패배하여 이 땅으로 쫓겨 내려온다.[6]

「요한계시록」 12:7 - 하늘에 전쟁이 있으니 미가엘과 그의 사자들이 용으로 더불어 싸울쌔 용과 그의 사자들도 싸우나(And there was war in heaven. Michael and his angels fought against the dragon, and the dragon and his angels fought back.)(NIV)

12:8 - 이기지 못하여 다시 하늘에서 저희의 있을 곳을 얻지 못한지라(But he was not strong enough, and they lost their place in heaven.)

12:9 - 큰 용이 내어쫓기니 옛 뱀 곧 마귀라고도 하고 사단이라고도 하는 온 천하를 꾀는 자라 땅으로 내어쫓기니 그의 사자들도 저와 함께 내어쫓기니라(The great dragon was hurled down--that ancient serpent called the devil, or Satan, who leads the whole world astray. He was hurled to the earth, and his angels with him.)

그런데 이것이 문제이다. 불의의 하나님들이란 「창세기」 3장에 등장하는 하와(이브)를 꼬셔 선악과, 즉 임신을 하게 한 바로 그 뱀인 불의의 하나님들과 이들의 계보상의 불의의 고위급 하나님이다. 이들이 이 땅으로 쫓겨 내려와 인간들을 귀합해서 의로운 하나님 아버지와 예수님 하나님과 많은 하나님들을 대적하게 된다. 특히 용이 바다에서 올라오는 짐승(The Beast out of the Sea), 즉 왕에게 권세를 주어 용에게 경배하고 짐승에게 경배하게 한다. 또 짐승이 큰 말과 참람된 말하는 입

6 자세한 것은 『바이블 매트릭스』 4권 『하나님들의 과학기술과 우리가 창조해야 할 미래(상)』의 1부 6장인 "「요한계시록」의 용/뱀/마귀/사단은? 의로운 하나님들과 불의의 하나님들"을 참조하고, 기타는 본 권 3부인 "요한계시록 해설"을 참조하라.

((a mouth to utter proud words and blasphemies)을 받고, 42달 동안 일을 할 권세를 받아, 성도들과 싸워 이기게 된다. 성도의 권세가 다 깨졌다는 것은 바로 이것을 말하는 것이다. 용과 바다 짐승이 성도들을 대적하여 다 이기게 된다는 것은 성도들이 하나도 남지 않는다는 말이다.

「요한계시록」 13:4 - 용이 짐승에게 권세를 주므로 용에게 경배하며 짐승에게 경배하여 가로되 누가 이 짐승과 같으뇨 누가 능히 이로 더불어 싸우리요 하더라(Men worshiped the dragon because he had given authority to the beast, and they also worshiped the beast and asked, "Who is like the beast? Who can make war against him?"(NIV)

13:5 - 또 짐승이 큰 말과 참람된 말 하는 입을 받고 또 마흔두 달 일할 권세를 받으니라(The beast was given a mouth to utter proud words and blasphemies and to exercise his authority for forty-two months.(NIV); And there was given unto him a mouth speaking great things and blasphemies; and power was given unto him to continue forty and two months(KJV); Then the beast was allowed to speak great blasphemies against God. And he was given authority to do whatever he wanted for forty-two months.(New Living)

13:6 - 짐승이 입을 벌려 하나님을 향하여 훼방하되 그의 이름과 그의 장막 곧 하늘에 거하는 자들을 훼방하더라(He opened his mouth to blaspheme God, and to slander his name and his dwelling place and those who live in heaven.)

13:7 - 또 권세를 받아 성도들과 싸워 이기게 되고 각 족속과 백성과 방언과 나라를 다스리는 권세를 받으니(He was given power to make war against the saints and to conquer them. And he was given authority over every tribe, people, language and nation.)

여기서도 42달이 나온다. 따라서 c.AD 10733년부터 42달=3.5년 동안 용과 짐승이 무엇이든지 할 수 있는 권세를 부린다는 것이다. 그 권세는 하늘의 보좌에 계시는 하나님 아버지와 예수님을 비방하고, 이 땅의 성도들을 다죽이는 것이다. 그러나 3.5년이 지나서 c.AD 10736.5년에 또 다른 사건이 기다리고 있다.

9. 제사를 폐하고 멸망의 가증한 것(우상/666표)이 예루살렘에 세워지고 나서 1,290일(43달) 지나면 끝(멸망)(c.AD 10736.5~10740)

예수님께서 하늘(소행성)의 보좌에서 이 땅에 공중재림하시는 마지막 조건이 있다. 그것은 「다니엘」의 "매일 드리는 제사를 폐하며 멸망의 가증한 것이 예루살렘에 세울 때부터 일천이백구십 일 지난면 끝(멸망)"이라는 것이다. 이것은 무엇을 말하는 것일까? 필자가 이것을 깨닫는 데 꽤나 시간이 많이 걸렸다. "오직 지혜 있는 자는 깨달으리라"는 「다니엘」의 예언의 말씀과 예수님의 "읽는 자는 깨달을찐저"가 만만치 않음을 또 한번 깨달았다. 일단 「마태복음」과 「다니엘」을 보자.

「마태복음」 24:15 - 그러므로 너희가 선지자 다니엘의 말한 바 멸망의 가증한 것이 거룩한 곳에 선 것을 보거든(읽는 자는 깨달을찐저)('So when you see standing in the holy place 'the abomination that causes desolation,' spoken of through the prophet Daniel--let the reader understand--(NIV); When ye therefore shall see the abomination of desolation, spoken of by Daniel the prophet, stand in the holy place, (whoso readeth, let him understand:)(KJV); "The day is coming when you will see what Daniel the prophet spoke about?the sacrilegious object that causes desecration(1) standing in the Holy Place." (Reader, pay attention!)

/ (1)Greek the abomination of desolation. See Dan 9.27; 11.31; 12.11(New Living)

「다니엘」 12:8 - 내가 듣고도 깨닫지 못한지라 내가 가로되 내 주여 이 모든 일의 결국이 어떠하겠삽나이까(I heard, but I did not understand. So I asked, "My lord, what will the outcome of all this be?")(NIV)

12:9 - 그가 가로되 다니엘아 갈찌어다 대저 이 말은 마지막 때까지 간수하고 봉함할 것임이니라(He replied, "Go your way, Daniel, because the words are closed up and sealed until the time of the end.)

12:10 - 많은 사람이 연단을 받아 스스로 정결케 하며 희게 할 것이나 악한 사람은 악을 행하리니 악한 자는 아무도 깨닫지 못하되 오직 지혜 있는 자는 깨달으리라(Many will be purified, made spotless and refined, but the wicked will continue to be wicked. None of the wicked will understand, but those who are wise will understand.)

12:11 - 매일 드리는 제사를 폐하며 멸망케 할 미운 물건을 세울 때부터 일천이백구십 일을 지낼 것이요("From the time that the daily sacrifice is abolished and the abomination that causes desolation is set up, there will be 1,290 days.)(NIV); And from the time that the daily sacrifice shall be taken away, and the abomination that maketh desolate set up, there shall be a thousand two hundred and ninety days.(KJV); "From the time the daily sacrifice is stopped and the sacrilegious object that causes desecration(1) is set up to be worshiped, there will be 1,290 days. / (1) Hebrew the abomination of desolation.(New Living)

12:12 - 기다려서 일천삼백삼십오 일까지 이르는 그 사람은 복이 있으리라(Blessed is the one who waits for and reaches the end of the 1,335 days.)

12:13 - 너는 가서 마지막을 기다리라 이는 네가 평안히 쉬다가 끝날에는 네 업을 누릴 것임이니라("As for you, go your way till the end. You will rest, and then at the end of the days you will rise to receive your allotted inheritance.")

「다니엘」에는 이방의 군대들이 예루살렘에 쳐들어와서 예루살렘 성소를 더럽히며, 그 결과 성도들의 권세가 다 깨지고, 매일 드렸던 제사를 폐하고(abolish the daily sacrifce), 멸망케 하는 미운 물건(멸망의 가증한 것)을 세운다는(set up the abomination that causes desolation) 내용이 나온다. 남의 나라 군대가 쳐들어오면 그 나라의 성스러운 것을 다 폐하고 그곳에 자기 나라의 신당과 왕이나 황제의 상(Image)을 세워 경배하게 한다는 것인데, 역사적으로 볼 때 과거나 지금이나 다 그렇게 해왔다.

제사를 폐한다는 것은 의로운 하나님 아버지와 예수님께 드리는 제사를 폐한다는 것이 아니라, 불의의 하나님들과 바다 짐승(왕), 즉 적그리스도들에게 매일 드리는 제사를 폐한다는 것이다. 불의의 하나님들이 이 땅으로 쫓겨 내려와 자기들이 진짜 하나님들이고 예수님이며, 소행성대에 계시는 진짜 하나님 아버지와 진짜 예수님은 가짜이며, 지구를 침략하는 외계인이라고 회유할 것이다. 그래서 바다의 짐승(왕)과 많은 인간들이, 지금의 지구방위사령부와 같은 조직을 만들어, 불의의 하나님들에게 가세할 것이다. 그 결과 많은 사람들이 이들 적그리스도들을 진짜 하나님들이라고 믿고 경배, 즉 제사와 예물을 드릴 것이다.

그런데 곧 이어 「다니엘」의 '멸망의 가증한 것이 예루살렘에 세워'진다. 땅의 짐승은 곧 바로 용과 죽은 바다의 짐승을 위해 우상(an image)을 세운다. 그리고 땅의 짐승이 용의 권세를 받아 바다 짐승의 우상에게 생기를 주어, 바다 짐승의 우상으로 말하게 한다. 그리고 그 유명한 악마의 코드인 '666표'를 받게 한다. 바로 멸망의 가증한 것은 의로운 하나님 아버지와 예수님을 신성모독하는 우상과 666표임을 알 수 있다. 여기서 우상이란 우리가 알고 있는 우상이란 뜻도 있겠지만, 필자가 생각하기엔 예루살렘에 불의의 하나님들의 패자부활을 위해 최첨단 우주공항을 세운다는 뜻이 아닌가 한다. 하늘의 전쟁에서 패했으니 다시 올라가 패권을 차지하기 위한 우주기초가 세워질 것이 아닌가 생각한다.

「요한계시록」 13:14 - 짐승 앞에서 받은 바 이적을 행함으로 땅에 거하는 자들을 미혹하며 땅에 거하는 자들에게 이르기를 칼에 상하였다가 살아난 짐승을 위하여 우상을 만들라 하더라(Because of the signs he was given power to do on behalf of the first beast, he deceived the inhabitants of the earth. He ordered them to set up an image in honor of the beast who was wounded by the sword and yet lived.(NIV)

13:15 - 저가 권세를 받아 그 짐승의 우상에게 생기를 주어 그 짐승의 우상으로 말하게 하고 또 짐승의 우상에게 경배하지 아니하는 자는 몇이든지 다 죽이게 하더라(He was given power to give breath to the image of the first beast, so that it could speak and cause all who refused to worship the image to be killed.)

13:16 - 저가 모든 자 곧 작은 자나 큰 자나 부자나 빈궁한 자나 자유한 자나 종들로 그 오른손에나 이마에 표를 받게 하고(He also forced everyone, small and great, rich and poor, free and slave, to receive a mark on his right hand or on his forehead,)

13:17 - 누구든지 이 표를 가진 자 외에는 매매를 못하게 하니 이 표는 곧 짐승의 이름이나 그 이름의 수라(so that no one could buy or sell unless he had the mark, which is the name of the beast or the number of his name.)

13:18 - 지혜가 여기 있으니 총명 있는 자는 그 짐승의 수를 세어 보라 그 수는 사람의 수니 육백 육십 륙이니라(This calls for wisdom. If anyone has insight, let him calculate the number of the beast, for it is man's number. His number is 666.)

그런데, 다니엘은 "매일 드리는 제사를 폐하며 멸망케 할 미운 물건을 세울 때부터 일천이백구십 일을 지낼 것이요"라고 적고 있다는 점이다. 우상과 666표를 받게 한지 1,290일(43달)이 지나서 끝이 온다는 것으로, 1,290/360=3.58년이요, 1,290/365=3.53년이다. 그렇다면 예수님의 재림시기가 대략 c.AD 10740년이므로 10,740-3.5 = 10,736.5년이란 수치가 나온다.

또한 다니엘은 "기다려서 일천삼백삼십오 일까지 이르는 그 사람은 복이 있으리라"고 적고 있는데, 1,335/360=3.7년, 1,335/365=3.66년이 된다. 이것은 두 가지로 해석할 수 있을 것이다. (1) 결국 우상이 세워지고 나서 1,290일(43달)을 잘 견디든지 아니면 45일을 추가하여 1,335일(44.5달)까지 기다리면 예수님께서 이 땅에 공중재림하셔서 구원해 주신다는 것이다. 그래서 복이 있다는 것이다. 혹은 (2) 1,290일을 지내고 또 다른 1,335일까지 이르면 예수님께서 공중재림하셔서 구원해 주신다는 것이다.

10. 1,260일은 지구의 1,260일인가? 아니면 1,260년으로 해석해야 하나?

그런데 한 가지 문제가 있다. 그것은 바로 1,260일을 1,260년으로 해석해야 하나이다. 왜냐하면 구약에서는 하루(일일)를 일년으로 환산하는 사례가 있었기 때문이다. 이스라엘 12지파가 40일간의 가나안 탐지 보고에서 가나안은 꿀과 젖이 흐르지 않는 땅이라고 잘못 보고한 죄로 40일이 40년의 광야생활로 바뀐다. 또한 여호와 하나님께서 에스겔에게 남유대(다) 왕국(BC 931~BC 586)의 멸망을 예언하면서 예루살렘이 유린되는 기간이 40일, 즉 40년이 된다.

「민수기」 14:34 - 너희가 그 땅을 탐지한 날수 사십 일의 하루를 일년으로 환산하여 그 사십 년간 너희가 너희의 죄악을 질찌니 너희가 나의 싫어 버림을 알리라 하셨다 하라(For forty years--one year for each of the forty days you explored the land--you will suffer for your sins and know what it is like to have me against you.')(NIV)

「에스겔」 4:6 - 그 수가 차거든 너는 우편으로 누워 유다 족속의 죄악을 담당하라 내가 네게 사십 일로 정하였나니 일일이 일년이니라("After you have finished this, lie down again, this time on your right side, and bear the sin of the house of Judah. I have assigned you 40 days, a day for each year.)(NIV)

그러나 「민수기」 14장 34절과 「에스겔」 4장 6절은 특이한 경우이다. 분명 "하루를 일년으로 환산하여"라와 "일일이 일년이니라"와 같이 계산하는 방법을 가르쳐 주신 것이다. 그러나 다른 예언에서는 이와 같이

"일일은 일년으로 계산하라"는 지시가 없다는 것이다. 예를 들어 홍수 직전의 7일 후에와 40일의 강우 예언(「창세기」 7:4)에서는 1일을 1년으로 계산하라는 특별 지시가 없으며, 실제 7일 후인 40일간의 홍수로 예언이 성취되었다는 점이다.

「창세기」 7:4 - 지금부터 칠 일이면 내가 사십 주야를 땅에 비를 내려 나의 지은 모든 생물을 지면에서 쓸어 버리리라(Seven days from now I will send rain on the earth for forty days and forty nights, and I will wipe from the face of the earth every living creature I have made."(NIV)

7:10 - 칠 일 후에 홍수가 땅에 덮이니(And after the seven days the floodwaters came on the earth.)

7:12 - 사십 주야를 비가 땅에 쏟아졌더라(And rain fell on the earth forty days and forty nights.)

또한 아브라함(Abram, Abraham, BC 2166~BC 1991) 자손의 400년간의 이집트의 노예생활(BC 1806년~BC 1406년=400년) 예언에서도(「창세기」 15:13) 1일을 1년으로 하여 성취되지 않고 실제 400년으로 성취되었으며, 떡 굽는 관원장(the Baker)과 술 맡은 관원장(the Cupbearer)의 3일간의 꿈(「창세기」 40:12~20)의 예언도 실제 3일에 성취되었으며, 바로(Pharaoh)의 7년간의 기근 예언(「창세기」 41:25~31)도 7년간으로 성취되었으며, 70년간의 바벨론 포로 기간(Babylonian Captivity or Babylon Exile, BC 605~BC 538)의 예언도(「예레미야」 25:11) 실제 70년으로 성취되었다는 점이며, 이러한 예언들에는 1일을 1년으로 계산하라는 특별한 지시가 없었다는 점이다.

「창세기」 15:13 - 여호와께서 아브람에게 이르시되 너는 정녕히 알라 네 자손이 이방에서 객이 되어 그들을 섬기겠고 그들은 사백 년 동안 네 자손을 괴롭게 하리니(Then the LORD said to him, "Know for certain that your descendants will be strangers in a country not their own, and they will be enslaved and mistreated four hundred years.(NIV)

「예레미야」 25:11 - 이 온 땅이 황폐하여 놀램이 될 것이며 이 나라들은 칠십 년 동안 바벨론 왕을 섬기리라(This whole country will become a desolate wasteland, and these nations will serve the king of Babylon seventy years.)

또한 천상의 하루는 지구의 1,000년이라는 기록도 있다. 이는 하루가 일년이라는 앞의 내용보다는 다소 구체적인 것이다. 그러나 이것은 천상의 관점에서 지구를 바라보았을 때의 연수인 것이다.

「시편」 90:4 - 주의 목전에는 천 년이 지나간 어제 같으며 밤의 한 경점 같을 뿐임이니이다(For a thousand years in your sight are like a day that has just gone by, or like a watch in the night.)(NIV)

「베드로후서」 3:8 - 사랑하는 자들아 주께는 하루가 천 년 같고 천 년이 하루 같은 이 한 가지를 잊지 말라(But do not forget this one thing, dear friends: With the Lord a day is like a thousand years, and a thousand years are like a day.)(NIV)

천상의 하루가 지구의 1,000년이라 해도, 예수님의 재림시기를 예측하는 본 절의 관점으로 볼 때, 이미 하나님 아버지의 보좌가 천상을 출발하여 화성과 목성 사이의 소행성대에 진입했다는 사실에 주목할 필요가 있을 것이다. 화성과 목성 사이의 소행성대라는 것은 우리 태양계로 들어 오셨다는 것으로, 태양계의 달력, 즉 하루는 지구의 하루라고 보아야 할 것이다.

나중에 『바이블 매트릭스』 7권 『「다니엘」과 「요한계시록」을 과학적 관점으로 해석』의 「요한계시록」 12장 6절의 "그 여자가 광야로 도망하매 거기서 일천이백육십 일 동안 저를 양육하기 위하여 하나님의 예비하신 곳이 있더라"에서 알 수 있듯이, 이것은 하나님께서 마리아와 요셉을 애굽으로 피신하도록 하셨다는 의미이며, 헤롯왕(Herod I, Herod the Great, 헤로데, 헤로데스, 통치 BC 47-BC 40 & BC 37~BC 4)이 죽은 후에 어린 예수님과 함께 나사렛 마을로 돌아와 생애하셨다는 뜻이다. 이 때의 일천이백육십 일(42달=3.5년)이라는 것은 예수님께서 BC 6년에 태어나시고, 이집트로 피신하셨다가, 헤롯왕이 죽은 BC 4년에 애굽에서 돌아오신 기간인 1,260일=42달=3.5년을 말하는 것이다. 따라서 먼 미래를 계시하는 「요한계시록」은 1일이 1년이 아니라 1일이 지구의 1일이라는 것을 알 수 있다.

「요한계시록」 12:6 - 그 여자가 광야로 도망하매 거기서 일천이백육십 일 동안 저를 양육하기 위하여 하나님의 예비하신 곳이 있더라 (The woman fled into the desert to a place prepared for her by God, where she might be taken care of for 1,260 days.(NIV); And the woman fled into the wilderness, where she hath a place prepared of God, that they should feed her there a thousand two hundred and threescore days.(KJV); And the woman fled into the wilderness, where God had prepared a place to care for her fcr 1,260 days.(New Living)

따라서 다음과 같이 가정을 두기로 한다. (1) 예언서의 내용을 해석할 때, 문맥을 파악하여 하루(1일)를 일년(1년)으로 계산하라는(Day-year principle)[7] 특별한 지시가 있으면 일년으로 환산하기로 한다. (2) 만약 1일을 1년으로 환산하라는 특별한 지시가 없는 것은 모두 지구의 하루로 계산하기로 한다. 더 나아가 「요한계시록」은 먼 미래에 이 땅-땅속-바다에서 일어날 일들을 기록한 것이므로 태양계와 지구관점에서 하루는 지구의 하루로 간주하기로 한다.

설령 필자가 틀렸다면 본장에서 소개한 예수님의 재림시기와 재림 전후에 일어날 일들의 시기들을 전부 수정해야 하지만, 광의의 개념으로 접근한다면, 예수님 공중재림 전에 일어날 일들은 하나님 아버지의 보좌가 소행성대 진입하는 c.AD 8580년에서 예수님의 공중재림시기인 c.AD 10740년 사이에 다 이룰 것이라는 점이다. 그리고 예수님 공중재림 이후에 일어날 일들은 c.AD 10740년 사이에서 이 세대가 끝나는 c.AD 12900년 사이에 다 이룰 것이라는 점이 중요한 것이다.

11. 복음이 온 세상/땅 끝까지 전파되어야 끝

또 한가지 예수님의 재림 조건이 있다. 「마태복음」 24장 14절의 "이 천국 복음이 모든 민족에게 증거되기 위하여 온 세상에 전파되리니 그제야 끝이 오리라"고 예수님께서 말씀하신 바와 같이 복음이 온 세상에 전파될 때 끝이 온다고 말씀하셨기 때문이다. 이것은 무슨 의미일까? 예수님의 새로운 언약, 즉 새로운 복음이 온 세상, 즉 땅 끝까지 전파되는 시기를 예측할 수 있을까? 물론 우리 인간들은 어떠한 최첨단 과학도구를 쓰더라도 이것을 예측할 수 없을 것이다. 그것은 하나님 아

7 http://en.wikipedia.org/wiki/Day-year_principle

버지와 예수님만 측정이 가능하여 알고 계실 것이다.

「마태복음」 24:3 - 예수께서 감람산 위에 앉으셨을 때에 제자들이 종용히 와서 가로되 우리에게 이르소서 어느 때에 이런 일이 있겠사오며 또 주의 임하심과 세상 끝에는 무슨 징조가 있사오리이까(As Jesus was sitting on the Mount of Olives, the disciples came to him privately. "Tell us," they said, "when will this happen, and what will be the sign of your coming and of the end of the age?"(NIV)

24:14 - 이 천국 복음이 모든 민족에게 증거되기 위하여 온 세상에 전파되리니 그제야 끝이 오리라(And this gospel of the kingdom will be preached in the whole world as a testimony to all nations, and then the end will come.)

「마가복음」 13:10 - 또 복음이 먼저 만국에 전파되어야 할 것이니라(And the gospel must first be preached to all nations.)

「누가복음」 16:16 - 율법과 선지자는 요한의 때까지요 그 후부터는 하나님 나라의 복음이 전파되어 사람마다 그리로 침입하느니라("The Law and the Prophets were proclaimed until John. Since that time, the good news of the kingdom of God is being preached, and everyone is forcing his way into it.)

「사도행전」 1:8 - 오직 성령이 너희에게 임하시면 너희가 권능을 받고 예루살렘과 온 유대와 사마리아와 땅 끝까지 이르러 내 증인이 되리라 하시니라

「사도행전」 13:47 - 주께서 이같이 우리를 명하시되 내가 너를 이방의 빛을 삼아 너로 땅 끝까지 구원하게 하리라 하셨느니라 하니

「로마서」 10:18 - 그러나 내가 말하노니 저희가 듣지 아니하였느뇨 그렇지 아니하다 그 소리가 온 땅에 퍼졌고 그 말씀이 땅 끝까지 이르렀도다 하였느니라

땅 끝이란 혹시 죽은 자들에게 복음이 전파되는 것은 아닐까? 그렇지만 본권 1부 2장 3절의 "3일간의 낙원방문과 지옥강림→죽은 자들에게도 복음을 전파하시다"에서 예수님께서 죽은 자들에게도 복음을 전파하셨다고 했다. 그리고 분명히 예수님께서는 "이 천국 복음이 모든 민족에게 증거되기 위하여 온 세상에 전파되리니 그제야 끝이 오리라"고 말씀하셨다. 죽은 자들이 아니라 모든 민족에게 전파된다는 것이다.

눈과 귀에 번쩍 뜨이는 「요한계시록」의 성경구절이 있다. 바로 「요한계시록」 14장이다. 예수님께서 재림하셔서 '지구의 마지막 수확(The Harvest of the Earth)'을 하시기 전에 '세 천사가 전하는 말(The Three Angels)'이다. 여러 나라와 족속과 방언과 백성에게 전할 영원한 복음, 지금 이후로 예수님 안에서 죽는 자들은 복이 있도다를 의미하는 것은 아닐까?

「요한계시록」 14:6 - 또 보니 다른 천사가 공중에 날아가는데 땅에 거하는 자들 곧 여러 나라와 족속과 방언과 백성에게 전할 영원한 복음을 가졌더라(Then I saw another angel flying in midair, and he had the eternal gospel to proclaim to those who live on the earth--to every nation, tribe, language and people.)(NIV)

14:13 - 또 내가 들으니 하늘에서 음성이 나서 가로되 기록하라 지금 이후로 주 안에서 죽는 자들은 복이 있도다 하시매 성령이 가라사대 그러하다 저희 수고를 그치고 쉬리니 이는 저희의 행한 일이 따름

이라 하시더라(Then I heard a voice from heaven say, "Write: Blessed are the dead who die in the Lord from now on." "Yes," says the Spirit, "they will rest from their labor, for their deeds will follow them.")

12. 일곱 째 천사의 나팔, 예수님의 공중재림 시작/부활과 휴거(c.AD 10740~)

드디어 때는 왔다. 우리가 사랑하는 예수님 하나님께서 하늘의 보좌로부터 이 땅으로 별도의 보좌를 타시고 오시는 것이다. 예수님은 천칭자리가 시작되는 AD 10740년경에 오실 것으로 예측된다. 「요한계시록」 11장 15~19절에 등장하는 일곱 천사의 나팔 소리에 따라, 소행성대(하늘)의 하나님 아버지의 보좌(성전)가 열리고, 이곳으로부터 자기의 영광, 즉 별도의 자기 보좌(거대항공모함우주선)에 12명의 제자들과 모든 천사들과 함께 타고 오시는 예수님의 공중재림이(「마태복음」 19:28 & 25:31) 시작될 것으로 예측된다.

지금까지의 일곱 봉인 심판과 여섯 천사의 나팔 심판은 하늘의 보좌에서 예수님께서 내리는 심판이었다. 일곱 번째 천사의 나팔 소리에 맞추어 첫째 부활(영생의 부활)과 휴거가 일어나고, 이들은 공중에서 예수님을 영접하게 된다(「살전」 4:16~17; 「고전」 15:51~53; 「마태복음」 24:31 & 24:40~41; 「누가복음」 17:34~35; 「요한계시록」 17:14).

그 이후 대략 AD 10800년경에 일곱 천사의 일곱 대접(seven bowls)의 일곱 재앙(seven plagues) 심판이 시작되고(「요한계시록」 15장 & 16장), 특히 여섯째 천사의 대접을 통해 아마겟돈(Armageddon) 전쟁이 일어나면서(「요한계시록」 16:16), 일곱 번째 천사의 대접을 통해 지금의 바그다드인 거대한 성인 바벨론(Babylon the Great)이 무너지고(「요한계시록」

16:17~21), 바벨론은 패망하게 된다(「요한계시록」 17장 & 18장). 그 이후 천년 왕국이 시작되기 전에 무저갱의 짐승(왕)과 거짓 선지자가 예수님의 군대와 아마켓돈 전쟁을 일으키다가 잡혀 유황 불못(the fiery lake of burning sulfur)에 던져진다(「요한계시록」 19:19~21). 그리고 용/뱀/마귀/사단들인 불의의 하나님들이 천사에 결박되어 무저갱에 1,000년동안 갇히게 된다. 보다 자세한 내용은 『바이블 매트릭스』 7권에서 다루기로 한다.

13. 이 땅에서 이루어지는 천년 왕국(c.AD 11800~12800)

주기도문에도 등장하듯이 "뜻이 하늘에서 이룬 것같이 땅에서도 이루어지이다(Thy will be done in earth, as it is in haven)"의 「요한계시록」 20장에 등장하는 천년 왕국(The Thousand Years)은 예수님의 재림 이후에, 이 땅에서 실제 이루어질 1,000년 동안의 왕국이다. 영적인 몸의 예수님과 더불어 수많은 하나님들, 수많은 천사들, 첫째 부활에 참여한 부활한 자들과 휴거한 자들이 통치하는 의로운 왕국의 캠프와 성이다(the camp of God's people=the city)(「요한계시록」 20:9). 특히 첫째 부활에 참여한 자들과 휴거한 자들은 하나님들과 그리스도의 제사장이 되어 천년 동안 천년 왕국에서 왕 노릇을 한다(「요한계시록」 20:4~6).

이 때 성이나 캠프란 소행성대(하늘)의 하나님 아버지의 보좌(거대항공모함 우주선)로부터 예수님의 별도 보좌인 자기 영광((「마태복음」 19:28 & 25:31), 즉 거대항공모함 우주선을 타고 예수님께서 재림하시는데, 이 예수님의 거대항공모함 우주선이 이 땅에 착륙한 것을 말하는 것이다. 1,000년이 다 흐르자 무저갱에 갇혀 있던 불의의 하나님들인 용/뱀/사단/마귀들이 무저갱에서 풀려나, 많은 불의의 인간들을 유혹하여 캠프

(성)를 에워싸고 공격하자 하나님 아버지의 보좌에서 불이 내려와 다 소멸하고 불의의 하나님들은 유황 불못에 던져진다. 그 다음 심판의 부활이 시작된다. 보다 자세한 내용은 『바이블 매트릭스』 7권에서 다루기로 한다.

이러한 1,000년 왕국은 c.AD 12900년에 이루어질 새 하늘과 새 땅이 도래하기 전에 이루어지기 때문에 c.AD 11800년부터 시작될 것으로 예측된다.

14. 새 하늘과 새 땅에 건설될 새 예루살렘과 만국들(c.AD 12900)

1,000년 동안의 천년 왕국이 끝나고, AD 12900년의 처녀자리에 진입하면, 「요한계시록」 21장과 22장의 새 하늘과 새 땅과 새 하늘과 새 땅에 새롭게 건설될 새 예루살렘(The New Jerusalem)과 만국들(the nations)이 하나님 아버지께로부터 내려와 새롭게 창조된 두 번째 우주에서 살게 될 것이다. 새 예루살렘 성에는 부활하고 휴거한 이스라엘 민족의 12지파들이 들어가 하나님 아버지와 예수님의 제사장들이 되어 세세토록 왕 노릇 하는데, 그 높이와 넓이와 길이가 각각 2,220km가 되는 네모 반듯한 형태이다. 지금 지구의 반지름이 6,300km이니 지구의 1/3의 크기이다. 엄청난 규모이다.

그런데, 이것은 새 예루살렘 성의 크기만을 말하는 것이다. 기타 부활한/휴거한 다른 민족들이 사는 지역을 다 포함한다면 그 크기는 엄청날 것이다. 따라서 새롭게 창조된 새 하늘과 새 땅의 크기를 생각해 보라.

그렇다면 부활한/휴거한 다른 민족들은 어디서 살까? 바로 「요한계시록」 21장 24절에 그 답을 제공하고 있는데, 이들은 예루살렘 성 밖에서 산다는 것을 알 수 있다. 그래서 만국과 새 땅의 왕들이라 표현한 것이다. 영문성경 KJV를 보면 "the nations of them which are saved"라 표현하고 있는데, "saved"란 구원받은, 즉 부활한/휴거한 많은 나라의 민족들임을 알 수 있다. 만국이 하나님 아버지와 보좌에서 나오는 빛으로 걸어다니며, 왕들이 자기의 영광, 즉 존귀와 경배를 하나님 아버지와 예수님께 드린다는 의미이다.

「요한계시록」 21:24 - 만국이 그 빛 가운데로 다니고 땅의 왕들이 자기 영광을 가지고 그리로 들어오리라(The nations will walk by its light, and the kings of the earth will bring their splendor into it.(NIV); And the nations of them which are saved shall walk in the light of it: and the kings of the earth do bring their glory and honour into it.(KJV);

이곳에선 다시 저주가 없으며, 하나님과 그 어린 양인 예수님의 보좌가 그 가운데 있으며, 그의 종들이 그를 섬기며, 하나님 아버지와 예수님의 얼굴을 볼 것이요, 하나님 아버지와 예수님의 이름도 저희 이마에 있고, 다시 밤이 없겠고 등불과 햇빛이 쓸데없으니, 이는 주 하나님이 스스로 저희에게 비취심이라. 저희가 세세토록 왕 노릇 한다(「요한계시록」 22:3~5). 보다 자세한 내용은 『바이블 매트릭스』 7권에서 다루기로 한다.

15. 예수님의 재림시기와 재림 전후에 일어날 일들(표와 그림으로 요약)

이상 예수님의 재림시기와 재림 전후에 일어날 일들을 표로 요약하고 그림 도표로 그려보면 다음과 같다.

〈표〉 예수님의 재림시기와 재림 전후에 일어날 일들

서기 연도	별자리	일어날 사건들	성경기록
c.AD 2100~ c.AD 4259	물병자리	신의 경지에 도달한 과학기술, 땅 위/땅속/하늘(우주)을 지배하는 나라가 등장, 생물체 로봇과 복제인간의 등장?	
c.AD 4260~ c.AD 6419	염소자리	신의 경지에 도달한 과학기술, 바다의 나라가 등장, 생물체로봇/복제인간의 등장?	
c.AD 6420~ c.AD 7500~ c.AD 8579	궁수자리	재난의 징조와 시작→기근/지진/빙하기→하늘-땅-땅속-바다의 나라들의 에너지/자원 전쟁, 핵 이상의 무기 사용	마 24:3~14; 막 13:3~13; 눅 21:7~19
c.AD 8580~	전갈자리	하나님 아버지의 보좌가 소행성대(하늘)에 진입	계 4장
c.AD 8580~ c.AD 9580	전갈자리	예수님의 일곱 봉인 심판(큰 환란)	마 24:15~28; 막 13:14~23; 눅 21:20~24; 계 6장~8장
c.AD 9580~ c.AD 10580	전갈자리	여섯 천사의 나팔 심판(화)	계 8:6~9장
c.AD 10729.5~ c.AD 10733	전갈자리	두 증인(모세와 엘리야)이 이 땅에 내려와 42달 동안 하나님 아버지와 예수님을 증거하고 무저갱의 왕이 모세와 엘리야를 죽임. 모세와 엘리야가 내려올 때 불의의 군대가 예루살렘을 에워싸고 42달 동안 예루살렘 성전을 유린함. 모세와 엘리야는 예수님과 같은 방법으로 부활하신 후 하늘로 승천	단 12:5~7; 계 11:1~14; 눅 21:20
c.AD 10733~ c.AD 10736.5	전갈자리	하늘의 전쟁→불의의 하나님들(용/사단/마귀/뱀)과 천사들이 땅으로 쫓겨 내려옴, 42달(3.5년)간 용이 바다 짐승 짐승에게 권세를 주어 성도의 권세가 다 깨어짐	단 12:7; 계 12:7~9; 계 13:4~7
c.AD 10736.5~ c.AD 10740	전갈자리	예루살렘에 멸망의 가증한 것, 즉 용과 바다 짐승의 우상(Image)이 세워지고 땅의 짐승이 악마의 코드인 666표를 받게 함	마 24:15; 단 12:11~12; 계 13:14~18
c.AD 10740~	천칭자리	일곱 번째 천사의 나팔 → 소행성대(하늘)의 하나님 아버지의 보좌(성전)가 열리고, 이곳으로부터 별도의 보좌(거대항공모함우주선)에 12명의 제자들과 모든 천사들과 함께 오시는 예수님의 공중재림시작	계 11:15~19, 마 19:28 & 25:31
	천칭자리	일곱 번째 천사의 나팔 소리에 맞추어 첫째 부활(영생의 부활)과 휴거가 일어나고, 공중에서 예수님을 영접함	살전 4:16~17; 고전 15:51~53; 마 24:31 & 24:40~41; 눅 17:34~35; 계 17:14

c.AD 10800~	천칭자리	일곱 천사의 일곱 대접의 일곱 재앙 심판→여섯째 천사의 대접→아마겟돈 전쟁→바벨론의 패망. 무저갱의 짐승(왕)과 거짓 선지자가 불 못에 던져짐	계 15장~19장
c.AD 11800~ c.AD 12800	천칭자리	사단/용/뱀/마귀가 결박된 채로 1,000년 동안 무저갱에 던져지고 인봉됨. 이 땅에서 천년 왕국 시작	계 20:1~6
c.AD 12800~	천칭자리	사단(용/마귀/뱀)이 무저갱에서 놓여 천년 왕국의 캠프를 공격, 사단(용/마귀/뱀)의 패망→유황 불못에 던져짐. 둘째 부활인 심판의 부활. 사망과 음부도 불못에 던져짐.	계 20::7~15
c.AD 12900	처녀자리	새로운 하늘과 새 땅의 새 예루살렘 시작	계 21장 & 22장

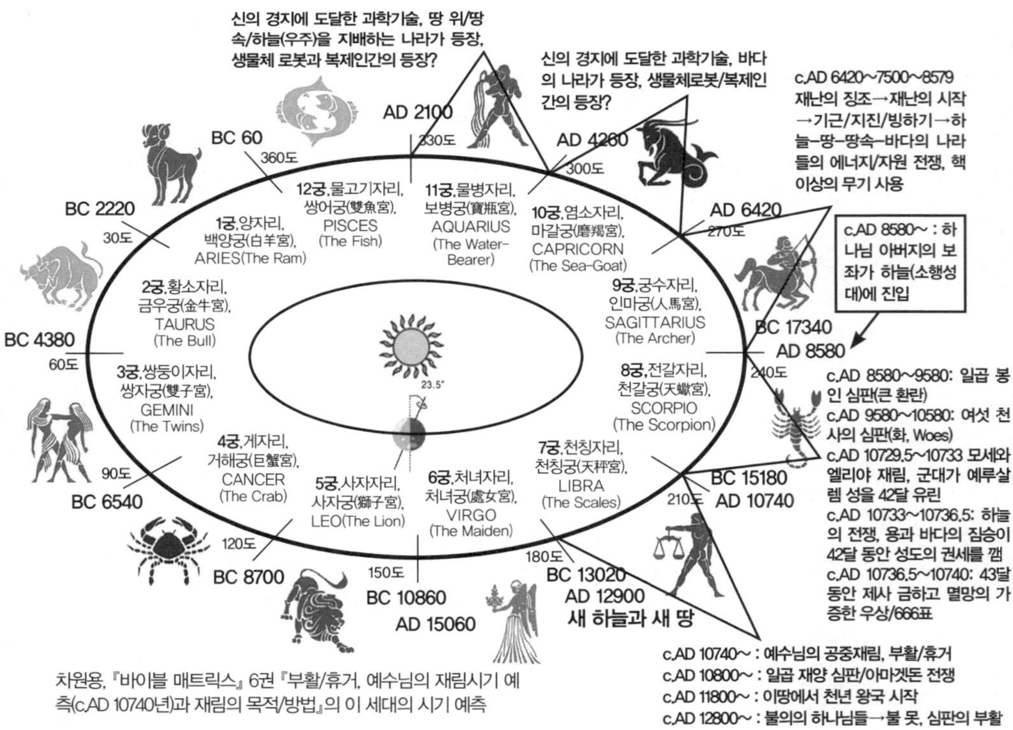

예수님의 재림시기와 재림 전후에 일어날 일들을 이 세대가 속한 별자리에 매핑.

3절 사자자리↔물병자리, 황소자리↔전갈자리(독수리)가 십자가로 보일 때

1. 「에스겔」과 「요한계시록」의 네 생물체

자, 이번에는 천문학 관점에서 다른 조건인 네 생물들의 형상(four living creatures)[8]을 살펴보자. 이것 또한 먼 미래의 천문학이므로 필자로서는 정확한 시기를 예측할 수 없다. 필자는 이미 『바이블 매트릭스』 4권 『하나님들의 과학기술과 우리가 창조해야 할 미래(상)』의 2부 4장 3절인 "에스겔이 본 네 생물체, 우주선을 이루는 우주로봇의 체루빔(그룹들)"(pp. 274~278)에서 다음과 같이 썼다.

"에스겔은 어째서 우주선(우주복) 또는 우주로봇을 네 생물체로 표현했을까? 이는 별자리와 관계가 있을 것으로 필자는 생각하고 있다. 이에 대한 자세한 내용과 궁창으로 오시는 하나님들과 예수님, 그리고 궁창에서 지구로 내려오시는 예수님의 재림에 대한 자세한 내용은 『바이블 매트릭스』 6권 『예수님의 재림과 새 하늘과 새 땅』 편에서 소개하기로 한다."

「에스겔」 1:10 - 그 얼굴들의 모양은 넷의 앞은 사람의 얼굴이요 넷의 우편은 사자의 얼굴이요 넷의 좌편은 소의 얼굴이요 넷의 뒤는 독수리의 얼굴이니(Their faces looked like this: Each of the four had the face of a man, and on the right side each had the face of a lion, and on the

8 http://en.wikipedia.org/wiki/Living_creatures_(Bible)
http://en.wikipedia.org/wiki/Tetramorph

Tetra morph(네 개의 모양/형상). Image Credit : http://en.wikipedia.org/wiki/Tetramorp

left the face of an ox; each also had the face of an eagle.(NIV); As for the likeness of their faces, they four had the face of a man, and the face of a lion, on the right side: and they four had the face of an ox on the left side; they four also had the face of an eagle.(KJV); Each had a human face in the front, the face of a lion on the right side, the face of an ox on the left side, and the face of an eagle at the back.(New Living)

앞은 사람(man)의 얼굴, 우편은 사자(lion)의 얼굴, 좌편은 소(ox)의 얼굴, 뒤는 독수리(eagle)의 얼굴이라 표현하여, 그 이후에 다음 그림처럼 사람들은 묘사했다. 네 개의 생물체 요소들이 하나의 형태로 융합된 것이었다.

이 네 생물체는 「요한계시록」 4장의 소행성대(하늘, 궁창)에 진입한 하늘의 보좌(The Throne in Heaven)에도 등장하는데, 여기에는 다음과 같이 기록되어 있다.

「요한계시록」 4:7 - 그 첫째 생물은 사자 같고 그 둘째 생물은 송아지 같고 그 세째 생물은 얼굴이 사람 같고 그 네째 생물은 날아가는 독수리 같은데(The first living creature was like a lion, the second was like an ox, the third had a face like a man, the fourth was like a flying eagle.(NIV); And the first beast was like a lion, and the second beast like a calf, and the third beast had a face as a man, and the fourth beast was like a flying eagle.(KJV); The first of these living beings was like a lion; the second was like an ox; the third had a human face; and the fourth was like an eagle in flight.(New Living)

이들은 모두 여섯 날개를 가진 하늘의 보좌를 지키는 우주로봇들인 체루빔(Cherubim)이다.[9] 그런데 네 개의 생물체는 같지만 「에스겔」 1장 10절과는 순서와 위치가 사뭇 다르다. 첫째는 사자, 둘째는 송아지, 셋째는 사람, 그리고 넷째는 독수리로 표현되어 있다. BC 593년의 에스겔보다는 후의 요한(John, AD 6~100)이 비전(vision)을 더 정확하게 보았다고 판단된다. 여하튼 요한은 우주선(우주복) 또는 우주로봇들인 체루빔을 왜 네 생물체로 표현했을까? 여기에 어떤 비밀이 있지 않을까?

2. 네 생물체는 4대 복음을 쓴 마태, 마가, 누가, 요한을 상징

위키피디아에 따르면 그리스도교(기독교) 예술에서 네 생물체의 형상은 4대 복음서를 쓰신 4명의 성현을 상징하는 것으로 이들 네명이 하나로 통합된 것을 의미한다고 되어 있다. 그리고 이들 네 명은 각각의

9 자세한 것은 『바이블 매트릭스』 4권 『하나님들의 과학기술과 우리가 창조해야 할 미래(상)』의 2부 4장인 "우주공항/에덴 동산을 지키는 땅의 로봇들과 하늘을 지키는 우주로봇들"을 참조하라.

생물체를 갖고 있고 각각의 생물체들은 날개를 갖고 있다고 설명되어 있다. 「마태복음」을 쓰신 예수님의 12제자 중 여덟 번째 제자인 마태(Matthew)는 사람(man)으로, 「마가복음」을 쓰신 예수님의 70인(혹은 72인) 제자중(「누가복음」 10장) 한 분인 마가(Mark)는 사자(lion)로, 「누가복음」을 쓰신 의사 출신인 누가(Luke)는 소(ox)로, 「요한복음」을 쓰신 예수님의 12제자 중 예수님이 가장 사랑하는 네 번째 제자인 요한(John)은 독수리(eagle)로 표현한다는 것이다.

이렇게 보는 데는 다 이유가 있다. 특히 성 제롬(Saint Jerome, c. 347~420)[10]에 의하면, 「마태복음」은 주로 예수님의 인간 본성(the human nature), 즉 인성과 예수님의 삶에 집중했기 때문에 첫째 얼굴인 인간이라는 것이다. 특히 「마태복음」 1장은 예수님의 족보를 다루고 있는데, 예수님은 아브라함의 아들인 다윗(David)의 아들임을 강조하고 있다. 「마가복음」은 예수님이 유대인의 왕이요 이 땅의 왕 중의 왕을 다루고 있어, 상징적으로 동물의 왕인 사자가 된다는 것이다. 「마가복음」 1장 2절에는 "광야에 외치는 자의 소리가 있어 가로되 너희는 주의 길을 예비하라 그의 첩경을 평탄케 하라"와 같이 기록되어 있는데, 광야의 외치는 자의 소리란 광야에서 으르렁거리는 사자(lion)의 목소리를 들었다는 것이다. 「누가복음」은 주로 예수님이 인간을 위해 대신 죽으심으로 속죄와 희생을 강조하고 있는데, 바로 피흘려 속죄를 할 때는 소나 송아지를 잡아 속죄를 하기 때문에 소(ox, calf)가 된다는 것이다. 「요한복음」은 주로 신성이신 예수님이 어떻게 인간의 육체로 오셨는지 그 법칙을 설명하고 있으며, 전체적으로 빛이라는 로고스(하나님의 말씀)를 다루고 있어, 하늘 위를 뜻하는 독수리(eagle)가 된다는 것이다. 「요한복음」 1장에는 하나님

10 http://en.wikipedia.org/wiki/Jerome

의 말씀(Word of God), 생명(the life), 빛(the light) 등 초현실적인 것을 다루고 있기 때문이다. 따라서 요한이 쓰신 「요한복음」, 「요한1서」와 「요한2서」, 「요한계시록」을 이해하기가 난해하다.

여하튼 네 명의 성현을 날개를 가진 네 생물체로 표현하고 있는데, 상징적으로 그렇게 볼 수도 있으며, 천문학적으로도 잘 표현했다고 생각한다.

3. BC 3200년경에 발굴된 도자기의 십자가

필자는 『바이블 매트릭스』 4권 『하나님들의 과학기술과 우리가 창조해야 할 미래(상)』의 2부 2장인 "하나님들의 우주과학도시/우주공항/우주통신기지/우주관측기지"의 3절인 "니푸르는 우주비행통제센터, 관찰용의 눈들(eyes)과 통신용의 2개의 뿔들(horns)"에서 다음과 같이 썼다(p. 206).

수사에서 발견된 도자기에 그려진 산, 강, 십자 문양. Credit : 시친, I, 2009, p. 419, © Z. Sitchin, Reprinted with permission.

"실제로 엘람(Elam, 페르시아)의 수사(Susa)에서 발견된 c.BC 3200년경의 도자기에 그려져 있는 그림은, 커다란 원을 45도 각도의 8개 부분으로 나누어 아눈나키의 비행경로와 절차를 설명한, 수메르 지역의 평면 천체도를 떠올리게 한다. 그런데 이 그림을 보면 중앙에 십자가 표시가 있다. 이것은 무엇을 의미하는 것일까?"

4. 사자↔물병, 황소↔전갈(독수리)의 십자가

이 네 생물체가 무엇인지 해석하려면, 지금까지 살펴본 이 세대(this generation)에 속한 12개 별자리를 보아야 한다고 필자는 생각한다. 첫째 사자는 사자자리(Lion, LEO)를 의미하는 것이고, 둘째 송아지는 황소자리(Bull, TAURUS)를 의미하는 것이며, 셋째 사람은 물병자리(Man, Water-Bearer, AQUARIUS)를 의미하는 것이며, 그리고 넷째 독수리는 전갈자리(Eagle, Scorpion, SCORPIO)를 의미하는 것이라고 해석할 수도 있다.

즉 이것은 「요한계시록」 4장에 등장하는 소행성대에 진입한 하늘의 보좌(The Throne in Heaven)를 요한이 비전(vision), 즉 미래에 일어날 일들을 시각화 영상으로, 영(Spirit, 소리나 메시지 등)에 의한 텔리파시 등으로 보고 들은 것을 기록한 것이다. 따라서 요한이 하늘의 보좌, 즉 하나님 아버지와 예수님께서 거대항공모함 우주선을 이끌고 소행성대에 진입한 모습을 보고 기록한 것이라는 점을 이해해야 한다.

그것은 바로 사자자리↔물병자리(사람), 황소자리↔전갈자리(독수리)가 십자가로 보였다는 것을 강조한 것일 수도 있다. 네 생물체들의 본질은 여섯 날개를 가진 우주로봇들인 체루빔(Cherubim)이다. 체루빔이 네 개의 별자리에 걸쳐 서로 교차하여 십자가를 형성한 것일 수도

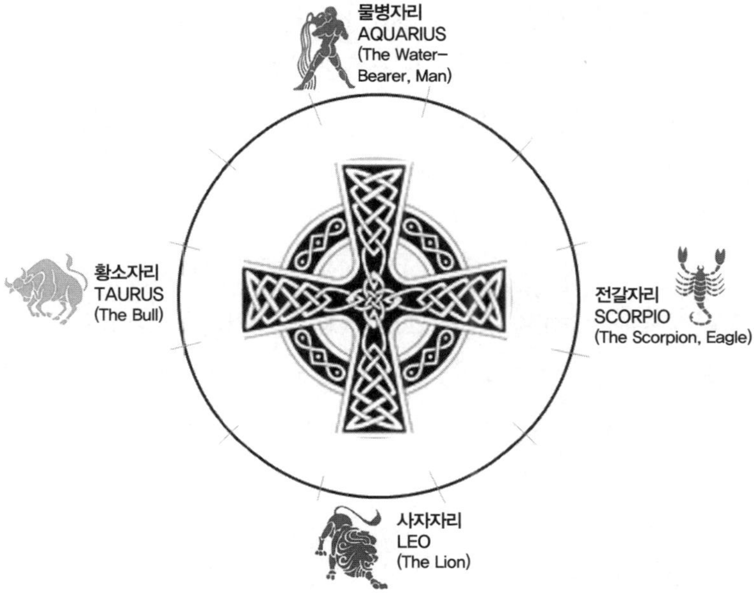

있다. 바로 이 네 개의 별자리가 십자가로 보일 때 하늘의 보좌가 소행성대에 내려오는 것이라고 예측할 수도 있을 것이다. 그렇다면 이 네 개의 별자리가 십자가로 보일 때, 하나님 아버지와 예수님께서 소행성대로 진입한다는 얘기인데, 이는 천문학적으로 이 때를 계산하면 그 때가 언제인지 예측할 수 있다는 것이 아닌가? 그러나 필자는 이것을 계산할 수 없다는 능력의 한계가 있다. 어느 천문학자께서 이것을 계산해서 추후에 알려주기를 바란다.

4절 날(Day)과 시간(Hour), 안식일? (밤의) 도적같이 오리니

다음은 예수님께서 이 땅에 오셔서 말씀하신 것 중에 우리가 고려해야 하고 깊게 생각해 보아야 할 기록을 몇 개 살펴보자.

예수님께서는 다음과 같이 말씀하셨다. "그러므로 너희가 선지자 다니엘의 말한 바 멸망의 가증한 것이 거룩한 곳에 선 것을 보거든(읽는 자는 깨달을찐저)… 그 날에는 아이 밴 자들과 젖 먹이는 자들에게 화가 있으리로다…너희의 도망하는 일이 겨울에나 안식일)[11]에 되지 않도록 기도하라."

「마태복음」 24:15 - 그러므로 너희가 선지자 다니엘의 말한바 멸망의 가증한 것이 거룩한 곳에 선 것을 보거든(읽는 자는 깨달을찐저)("So when you see standing in the holy place 'the abomination that causes desolation,' spoken of through the prophet Daniel--let the reader understand--)(NIV)

24:16 - 그 때에 유대에 있는 자들은 산으로 도망할찌어다

24:17 - 지붕 위에 있는 자는 집 안에 있는 물건을 가질러 내려가지 말며

24:18 - 밭에 있는 자는 겉옷을 가질러 뒤로 돌이키지 말찌어다

24:19 - 그 날에는 아이 밴 자들과 젖 먹이는 자들에게 화가 있으리로다

24:20 - 너희의 도망하는 일이 겨울에나 안식일에 되지 않도록 기

11 안식일(Sabbath) 또는 예비일(Preparation) - 금요일 해질 무렵부터 토요일 해질 무렵까지를 말한다. 유대 교회에서는 지금도 이렇게 안식일을 지킨다. 기독교 개신교에서는 안식일 대신 주일 곧 주님의 날(Lord's Day)을 안식일로 기념한다. 예수님이 로마제국[Roman Empire, 제정시대, BC 27-AD 476(서로마제국), 1453(동로마제국/비잔티움제국)]의 디베료 황제(Tiberius Caesar, Tiberius Julius Caesar Augustus, 통치 AD 15-AD 37)가 임명한 유대의 총독(Prefect or Governor)인 본디오 빌라도(Pontius Pilate, 통치 AD 26–36)에게(「누가복음」 3:1) 재판 받던 AD 33년의 재판은, 실제로 AD 27(B)의 목요일 오후부터 저녁에 있었고, 십자가에 못 박히신 후 목요일 9시 정도에 돌아가시고, 금요일 아침에 무덤에 장사되셨다(「마태복음」 27:45~62; 「마가복음」 15:33~47; 「누가복음」 23:44~56). 따라서 금요일에 장사된 지 사흘 후, 즉 일요일 아침(미명, at dawn)에 부활하셨기에(「마태복음」 28:1, 「마가복음」 16:1; 「누가복음」 24:1; 「요한복음」 20:1) 예수님의 부활을 기념하기 위해 초대 교인들이 주일 아침에 모여 예배를 드렸다.

도하라(Pray that your flight will not take place in winter or on the Sabbath.)

「마가복음」 13:14 - 멸망의 가증한 것이 서지 못할 곳에 선것을 보거든 (읽는 자는 깨달을찐저) 그 때에 유대에있는 자들은 산으로 도망할찌어다("When you see 'the abomination that causes desolation' standing where it does not belong--let the reader understand--then let those who are in Judea flee to the mountains.)(NIV)

13:15 - 지붕 위에 있는 자는 내려가지도 말고 집에 있는 무엇을 가지러 들어가지도 말며

13:16 - 밭에 있는 자는 겉옷을 가지러 뒤로 돌이키지 말찌어다

13:17 - 그 날에는 아이 밴 자들과 젖 먹이는 자들에게 화가 있으리로다

13:18 - 이 일이 겨울에 나지 않도록 기도하라(Pray that this will not take place in winter,)

예수님께서는 말씀하셨다. "생각지 않은 때, 즉 시간(at an hour)에 인자가 오리라." "보라 내가 도적같이 오리니 누구든지 깨어 자기 옷을 지켜 벌거벗고 다니지 아니하며 자기의 부끄러움을 보이지 아니하는 자가 복이 있도다."

「마태복음」 24:42 - 그러므로 깨어 있으라 어느 날에 너희 주가 임할는지("Therefore keep watch, because you do not know on what day your Lord will come.)(NIV)

24:43 - 너희가 알지 못함이니라 너희도 아는 바니 만일 집주인이 도적이 어느 경점에 올 줄을 알았더면 깨어 있어 그 집을 뚫지 못하게 하였으리라(But understand this: If the owner of the house had known at what time of night the thief was coming, he would have kept watch and would not have let his house be broken into.)

24:44 - 이러므로 너희도 예비하고 있으라 생각지 않은 때에 인자가 오리라(So you also must be ready, because the Son of Man will come at an hour when you do not expect him.)

「데살로니가전서」 5:2 - 주의 날이 밤에 도적같이 이를 줄을 너희 자신이 자세히 앎이라(for you know very well that the day of the Lord will come like a thief in the night.)

「베드로후서」 3:10 - 그러나 주의 날이 도적같이 오리니 그 날에는 하늘이 큰 소리로 떠나가고 체질이 뜨거운 불에 풀어지고 땅과 그 중에 있는 모든 일이 드러나리로다(But the day of the Lord will come like a thief. The heavens will disappear with a roar; the elements will be destroyed by fire, and the earth and everything in it will be laid bare.)

「요한계시록」 3:3 - 그러므로 네가 어떻게 받았으며 어떻게 들었는지 생각하고 지키어 회개하라 만일 일깨지 아니하면 내가 도적같이 이르리니 어느 시에 네게 임할는지 네가 알지 못하리라(Remember, therefore, what you have received and heard; obey it, and repent. But if you do not wake up, I will come like a thief, and you will not know at what time I will come to you.)

16:15 - 보라 내가 도적같이 오리니 누구든지 깨어 자기 옷을 지켜 벌거벗고 다니지 아니하며 자기의 부끄러움을 보이지 아니하는 자가 복이 있도다("Behold, I come like a thief! Blessed is he who stays awake and keeps his clothes with him, so that he may not go naked and be shamefully exposed.")

3부

예수님의 재림 목적과 재림의 방법, 거대우주선으로 재림시 외계인으로 간주 공격할 것

1장

예수님의 재림 목적 - 선(의)과 악(불의)의 분별과 심판, 천년 왕국/새 예루살렘과 만국

예수님 재림의 궁극적인 목표는 무엇일까? 그것은 「에베소서」 6장 12절에 간략하지만 명료하게 표현되어 있다. 그것은 선(의)과 악(불의)의 싸움(씨름)으로, 예수님의 재림은 이 땅과 하늘(천상)의 악을 멸하기 위해 다시 오시는 것이다. '하늘에 있는 악의 영들'이란 바로 불의의 하나님들인 용/뱀/마귀/사단에 속한 불의의 엘로힘(Elohim)을 말하는 것이다. 불의의 엘로힘 때문에 인간이 창조되었고, 인간이 창조된 초기에 불의가 만연되어, 먼저는 이 땅의 정사와 권세와 이 어두움의 세상을 주관하는 주관 자들(짐승들과 거짓 선지자들)을 멸하시고, 나중에는 하늘에 있는 악의 영들까지 멸하는 것이다.

「에베소서」 6:12 - 우리의 씨름은 혈과 육에 대한 것이 아니요 정사와 권세와 이 어두움의 세상 주관자들과 하늘에 있는 악의 영들에게 대함이라(For our struggle is not against flesh and blood, but against the rulers, against the authorities, against the powers of this dark world and against the spiritual forces of evil in the heavenly realms.)(NIV)

다시 말해 하늘의 전쟁에서 이 땅에 쫓겨 내려오는 불의의 하나님들인 용/뱀/마귀/사단과(「요한계시록」 12장), 그들을 따르는 이 땅의 짐승들(왕들), 즉 바다에서 나오는 짐승(왕)(「요한계시록」 13:1~10)과 그 다음 땅에서 올라오는 짐승(왕)(「요한계시록」 13:11~18)과 그 다음 두 증인(모세와 엘리야의 재림)에 첫 번째로 등장했다가((「요한계시록」 11:7), 마지막으로 등장하는 무저갱(땅속)에서 올라오는 짐승(왕)(「요한계시록」 17:8 & 19:20)과 용과 짐승들의 편에서 각종 이적을 행하던 거짓 선지자들(「요한계시록」 19:20), 이들을 따르는 불의한 인간들을 멸하러 오시는 것이다. 특히 용과 짐승들과 거짓 선지자들을 적그리스도라 하는 것이다.

이들이 차지했던 모든 정사(all domain)와, 권세(authority)와, 능력(power)을 멸하시고, 나라를 하나님 아버지께 바치러 오시는 것이다. 나라를 하나님 아버지께 바친다는 것은 이 땅에 천년 왕국을 건설하시고(「요한계시록」 20:4~6), 그 다음 용/뱀/마귀/사단을 유황 불못에 던지시고((「요한계시록」 20:7~10), 그 다음 둘째 부활의 최후의 심판을 하시고(「요한계시록」 20:11~16), 천년 왕국을 하나님 아버지로부터 내려오는 새 하늘과 새 땅에 바치는 것을 말하는 것이다(「요한계시록」 21:1~2). 그 다음 새 우주인 새 하늘과 새 땅에 부활/휴거한 이스라엘 민족을 위한 새 예루살렘과 또한 부활/휴거한 기타 민족들을 위한 만국들(the nations)을 건설하는 것을 말하는 것이다(「요한계시록」 21:9~27).

「고린도전서」 15:24 - 그 후에는 나중이니 저가 <u>모든 정사와 모든 권세와 능력을 멸하시고 나라를 아버지 하나님께</u> 바칠 때라(Then the end will come, when he hands over the kingdom to God the Father after he has destroyed all dominion, authority and power.)(NIV)

본장에서는 대략적인 재림의 목적을 전체적인 맥락으로 살펴보고, 기타 자세한 것은 『바이블 매트릭스』 7권 『「다니엘」과 「요한계시록」을 과학적 관점으로 해석』에서 다룰 예정이다.

1절 죄인을 찾아오셨던 예수님, 죄인/의인과 산 자/죽은 자를 심판, 보상의 법칙

1. 죄인을 찾아오셨던 예수님, 죄인을 위해 죽으셨다

처음 이 땅에 오셨을 때에는 죄인을 부르러 오셨고, 세상을 심판하러 오신 것이 아니요, 세상을 구원하러 오셨었다. 그리고 죄인, 즉 불경한 자들을 위해 죽으셨다.

「마태복음」 9:13 - 너희는 가서 내가 긍휼을 원하고 제사를 원치 아니하노라 하신 뜻이 무엇인지 배우라 내가 의인을 부르러 온 것이 아니요 죄인을 부르러 왔노라 하시니라(But go and learn what this means: 'I desire mercy, not sacrifice.' For I have not come to call the righteous, but sinners.")(NIV)

「마가복음」 2:17 - 예수께서 들으시고 저희에게 이르시되 건강한 자에게는 의원이 쓸데없고 병든 자에게라야 쓸데 있느니라 내가 의인을 부르러 온 것이 아니요 죄인을 부르러 왔노라 하시니라(On hearing this, Jesus said to them, "It is not the healthy who need a doctor, but the sick. I have not come to call the righteous, but sinners.")

「누가복음」 5:32 - 내가 의인을 부르러 온 것이 아니요 죄인을 불러 회개시키러 왔노라

15:7 - 내가 너희에게 이르노니 이와 같이 죄인 하나가 회개하면 하늘에서는 회개할 것 없는 의인 아흔아홉을 인하여 기뻐하는 것보다 더하리라

15:10 - 내가 너희에게 이르노니 이와 같이 죄인 하나가 회개하면 하나님의 사자들 앞에 기쁨이 되느니라

「요한복음」 3:17 - 하나님이 그 아들을 세상에 보내신 것은 세상을 심판하려 하심이 아니요 저로 말미암아 세상이 구원을 받게 하려 하심이라(For God did not send his Son into the world to condemn the world, but to save the world through him.)

12:47 - 사람이 내 말을 듣고 지키지 아니할찌라도 내가 저를 심판하지 아니하노라 내가 온 것은 세상을 심판하려 함이 아니요 세상을 구원하려 함이로라("As for the person who hears my words but does not keep them, I do not judge him. For I did not come to judge the world, but to save it.)

「로마서」 5:6 - 우리가 아직 연약할 때에 기약대로 그리스도께서 경건치 않은 자를 위하여 죽으셨도다(You see, at just the right time, when we were still powerless, Christ died for the ungodly.)

2. 예수님 재림, 심판하는 권세를 받아, 심판을 위해 재림

다음에 오실 예수님 재림의 목적은 심판이다. 하나님 아버지께서 예수님께 심판을 다 맡기셨고, 또 심판하는 권세도 맡기셨다.

「요한복음」 5:22 - 아버지께서 아무도 심판하지 아니하시고 심판을 다 아들에게 맡기셨으니(Moreover, the Father judges no one, but has entrusted all judgment to the Son,)

5:27 - 또 인자됨을 인하여 심판하는 권세를 주셨느니라(And he has given him authority to judge because he is the Son of Man.)

3. 의인과 죄인을 분별하시고, 죄인들(불경한 자들)을 심판하시러 재림

죄인을 부르러 오셨던 예수님, 병든 자를 고쳐주셨던 예수님, 우리의 죄를 구원하기 위해 대신 죽으셨던 예수님, 3일만에 부활하시어 우리에게 부활을 통해 영생을 주셨던 예수님은, 이제 다시 오시는데 그 재림의 목적은 죄인의 심판이다. 처음 오셨을 때와는 반대의 의인과 죄인(불경한 자)을 분별하고 심판하시는 것이다. 의로운(경건한) 자들과 불의한(불경한) 자들을 구별하여 불의한(불경한) 자들인 죄인들을 심판하시는 것이다.

「로마서」 1:18 - 하나님의 진노가 불의로 진리를 막는 사람들의 모든 경건치 않음과 불의에 대하여 하늘로 좇아 나타나나니(The wrath of God is being revealed from heaven against all the godlessness and wickedness of men who suppress the truth by their wickedness,)(NIV)

「베드로후서」 3:7 - 이제 하늘과 땅은 그 동일한 말씀으로 불사르기 위하여 간수하신 바 되어 경건치 아니한 사람들의 심판과 멸망의 날까지 보존하여 두신 것이니라(By the same word the present heavens and earth are reserved for fire, being kept for the day of judgment and destruction of ungodly men.)

「유다서」 1:15 - 이는 뭇 사람을 심판하사 모든 경건치 않은 자의 경건치 않게 행한 모든 경건치 않은 일과 또 경건치 않은 죄인의 주께 거스려 한 모든 강퍅한 말을 인하여 저희를 정죄하려 하심이라 하였느니라(to judge everyone, and to convict all the ungodly of all the ungodly acts they have done in the ungodly way, and of all the harsh words ungodly sinners have spoken against him.")

예수님께서는 죄인(악인, 불의한 자)과 의인을 분별하시고 죄인을 심판하신다.

「마태복음」 13:41 - 인자가 그 천사들을 보내리니 저희가 그 나라에서 모든 넘어지게 하는 것과 또 불법을 행하는 자들을 거두어 내어(The Son of Man will send out his angels, and they will weed out of his kingdom everything that causes sin and all who do evil.)(NIV)

13:42 - 풀무 불에 던져넣으리니 거기서 울며 이를 갊이 있으리라(They will throw them into the fiery furnace, where there will be weeping and gnashing of teeth.)

13:43 - 그 때에 의인들은 자기 아버지 나라에서 해와 같이 빛나리라 귀 있는 자는 들으라(Then the righteous will shine like the sun in the kingdom of their Father. He who has ears, let him hear.)

13:49 - 세상 끝에도 이러하리라 천사들이 와서 의인 중에서 악인을 갈라내어(This is how it will be at the end of the age. The angels will come and separate the wicked from the righteous)

13:50 - 풀무 불에 던져넣으리니 거기서 울며 이를 갊이 있으리라(and throw them into the fiery furnace, where there will be weeping and gnashing of teeth.)

「마태복음」 25:31 - 인자가 자기 영광으로 모든 천사와 함께 올 때에 자기 영광의 보좌에 앉으리니("When the Son of Man comes in his glory, and all the angels with him, he will sit on his throne in heavenly glory.)(NIV)

25:32 - 모든 민족을 그 앞에 모으고 각각 분별하기를 목자가 양과 염소를 분별하는 것같이 하여(All the nations will be gathered before him, and he will separate the people one from another as a shepherd separates the sheep from the goats.)

25:46 - 저희는 영벌에, 의인들은 영생에 들어가리라 하시니라 ("Then they will go away to eternal punishment, but the righteous to eternal life.")

4. 생명(영생)의 부활(첫째 부활)과 심판의 부활(둘째 부활)

선한 일을 행한 자는 생명(영생)의 부활(첫째 부활)로, 악한 일을 행한 자는 심판의 부활(둘째 부활)로 나오는데, 특히 이 때 성도들을 핍박하고 죽이고 악한 일을 행한 자는 예수님께서 갖고 계신 생명책(Book of Life)에 이름이 없는 자들이다. 이름이 없는 자들은 유황 불못에 던져진다(「요한계시록」 20:15). 그렇지만 둘째 부활에서 예수님의 생명책에 기록된 자들은 영생의 기회를 얻는다(「요한계시록」 21:12~15). 자세한 것은 『바이블 매트릭스』 7권에서 다룰 예정이다.

「마태복음」 19:28 - 예수께서 가라사대 내가 진실로 너희에게 이르노니 세상이 새롭게 되어 인자가 자기 영광의 보좌에 앉을 때에 나를 좇는 너희도 열두 보좌에 앉아 이스라엘 열두 지파를 심판하리라(Jesus said to them, "I tell you the truth, at the renewal of all things, when the Son of Man sits on his glorious throne, you who have followed me will also sit on twelve thrones, judging the twelve tribes of Israel.)(NIV)

「요한복음」 5:29 - 선한 일을 행한 자는 생명의 부활로, 악한 일을 행한 자는 심판의 부활로 나오리라(and come out--those who have done good will rise to live, and those who have done evil will rise to be condemned.)(NIV); And shall come forth; they that have done good, unto the resurrection of life; and they that have done evil, unto the resurrection of damnation.(KJV); and they will rise again. Those who have done good will rise to experience eternal life, and those who have continued in evil will rise to experience judgment.(New Living)

5. 산 자와 죽은 자를 분별/심판하시러 재림, 첫째와 둘째 부활의 차이, 생명책

산 자(the living)와 죽은 자(the dead)를 분별하시고 심판하시기 위해 재림하시는 것이다. 이는 「사도신경(The Apostles' Creed)」에도 "저리로서 산 자와 죽은 자를 심판하러 오시리라(He shall come to judge the quick and the dead)"와 같이 기록되어 있고 「디모데후서」와 「베드로전서」에도 기록되어 있다.

「디모데후서」 4:1 - 하나님 앞과 산 자와 죽은 자를 심판하실 그리스도 예수 앞에서 그의 나타나실 것과 그의 나라를 두고 엄히 명하노니(In the presence of God and of Christ Jesus, who will judge the living and the dead, and in view of his appearing and his kingdom, I give you this charge:)(NIV)

「베드로전서」 4:5 - 저희가 산 자와 죽은 자 심판하기를 예비하신 자에게 직고하리라(But they will have to give account to him who is ready to judge the living and the dead.)

이 때 산 자란 예수님의 생명책(Book of Life)에 이름이 있어 영생으로 살린다는 것이고 죽은 자란 생명책에 이름이 없어 유황 불못에 던져짐을 말하는 것이다. 또한 중요한 것은 산 자와 죽은 자를 가리기 위해 모두가 다 부활해야 한다는 점이다. 그런데 부활에는 두 가지가 있다. 첫째 부활인 영생(생명)의 부활(「요한계시록」 20:4~6)과 둘째 부활인 심판의 부활(「요한계시록」 20:12~15)이 그것이다.

우선 첫째 부활인 영생(생명)의 부활은 예수님이 공중재림시에 부활하여 공중에서 예수님을 영접하고 악을 멸한 후, 천년 왕국(「요한계시록」 20:4~6)을 거쳐 영생을 하게 되는 새 하늘과 새 땅인 새 예루살렘과 만국들, 즉 두 번째 창조된 우주에서 영원히 사는 것을 말하는 것이다. 그런데 조건이 있다. 예수님의 증거와 하나님의 말씀을 인하여 죽은 자, 즉 순교한 자들만이 첫째 부활, 즉 영생(생명)의 부활에 참여하여 천년 왕국을 거쳐 새 예루살렘에 들어가는 영예를 안으며, 그래서 복이 있다고 했다(「요한계시록」 20:4 & 6). 따라서 첫째 부활에 참여하는 산 자들은 당연히 예수님의 생명책에 기록되었을 것이다.

둘째 부활은 천 년이 지나서, 즉 천년 왕국이 지나서 그 나머지 죽은 자들은 심판의 부활에 참여하게 된다(「요한계시록」 20:12~15). 순교하지는 못했지만 하나님의 말씀과 예수님의 증거를 믿고 지킨 의롭고 선한 자들은 예수님의 생명책에 이름이 있을 것이다. 예수님의 생명책에 이름이 있는 경우, 본인의 책을 편다는 것이다. 그리고 본인의 책에 기록된 대로 각자 일한 대로 심판을 받고 그 공적(공력, according to his work or according to what he had done as recorded in the books)에 따라 보상을 받는다는 것이다(「고린도전서」 3:13~15). 그 보상은 첫째 부활에 참여한 자들만큼 큰 보상(하나님과 그리스도의 제사장이 되어 왕 노릇)을 못 받겠지만, 그래도 영생을 얻는다는 것을 의미하는 것이다. 그래서 첫째 부활에 참여하도록 노력해야 하는 것이다. 본인의 책과 생명책과 심판의 과학적 방법에 대해서는 『바이블 매트릭스』 7권을 참조하라.

그런데 둘째 부활인 심판의 부활에 참여하는 자들 중 예수님께서 갖고 계신 생명책에 이름이 없는 자들, 즉 악을 행한 자들, 예수님의 이름을 더럽힌 자들, 적그리스도에 동참하여 성도들을 죽이고 핍박한 자들은 심판할 가치도 없기 때문에 유황 불못에 던진다는 것이다. 이것이 바로 둘째 사망이라는 것이다.

「요한계시록」 20:14 – 사망과 음부도 불못에 던지우니 이것은 둘째 사망 곧 불못이라(Then death and Hades were thrown into the lake of fire. The lake of fire is the second death.)(NIV)

20:15 – 누구든지 생명책에 기록되지 못한 자는 불못에 던지우더라(If anyone's name was not found written in the book of life, he was thrown into the lake of fire.)

그래서 예수님께서는 이 땅에 오셔서 "하나님은 죽은 자의 하나님이 아니요 산 자의 하나님이시다'라고 말씀 하셨던 것이다.

「마태복음」 22:32 – 나는 아브라함의 하나님이요 이삭의 하나님이요 야곱의 하나님이로라 하신 것을 읽어 보지 못하였느냐 하나님은 죽은 자의 하나님이 아니요 산 자의 하나님이시니라 하시니('I am the God of Abraham, the God of Isaac, and the God of Jacob'? He is not the God of the dead but of the living.")(NIV).

「마가복음」 12:27 – 하나님은 죽은 자의 하나님이 아니요 산 자의 하나님이시라 너희가 크게 오해하였도다 하시니라(He is not the God of the dead, but of the living. You are badly mistaken!")

「누가복음」 20:38 - 하나님은 죽은 자의 하나님이 아니요 산 자의 하나님이시라 하나님에게는 모든 사람이 살았느니라 하시니(He is not the God of the dead, but of the living, for to him all are alive.")

따라서 하나님 나라의 하나님 품에 가는 합당한 죽은 자들은 다 부활하여 모두 산 자들(for to him all are alive)이 된다는 얘기이다.

「누가복음」 20:34 - 예수께서 이르시되 이 세상의 자녀들은 장가도 가고 시집도 가되(Jesus replied, "The people of this age marry and are given in marriage.)

35 - 저 세상과 및 죽은 자 가운데서 부활함을 얻기에 합당히 여김을 입은 자들은 장가가고 시집가는 일이 없으며(But those who are considered worthy of taking part in that age and in the resurrection from the dead will neither marry nor be given in marriage,)

36 - 저희는 다시 죽을 수도 없나니 이는 천사와 동등이요 부활의 자녀로서 하나님의 자녀임이니라(and they can no longer die; for they are like the angels. They are God's children, since they are children of the resurrection.)

37 - 죽은 자의 살아난다는 것은 모세도 가시나무떨기에 관한 글에 보였으되 주를 아브라함의 하나님이요 이삭의 하나님이요 야곱의 하나님이시라 칭하였나니(But in the account of the bush, even Moses showed that the dead rise, for he calls the Lord 'the God of Abraham, and the God of Isaac, and the God of Jacob.')

38 - 하나님은 죽은 자의 하나님이 아니요 산 자의 하나님이시라

하나님에게는 모든 사람이 살았느니라 하시니(He is not the God of the dead, but of the living, for to him all are alive.")

6. 불의한 자 불의하고, 의로운 자 의를 행하고, 거룩한 자 거룩하게

「요한계시록」 22장 11절에는 "불의를 하는 자는 그대로 불의를 하고 더러운 자는 그대로 더럽고 의로운 자는 그대로 의를 행하고 거룩한 자는 그대로 거룩되게 하라"는 예언의 말씀이 나온다. 예수님께서 이 땅에 오셔서 우리의 죄를 위해 죽으셨기 때문에, 게임은 끝났다는 의미이다. 그렇다고 진짜 끝났다는 것은 아니다. 항상 예수님의 말씀에 순종하고 지키며 행동하고 회개하고 용서를 빌어야 한다. 이 말은 각자 알아서 '불의-의-거룩' 중에 하나를 선택해야 한다는 것이다. 여기서 거룩한 자라는 것은 순교를 의미하는 것이다.

「요한계시록」 22:11 - 불의를 하는 자는 그대로 불의를 하고 더러운 자는 그대로 더럽고 의로운 자는 그대로 의를 행하고 거룩한 자는 그대로 거룩되게 하라(Let him who does wrong continue to do wrong; let him who is vile continue to be vile; let him who does right continue to do right; and let him who is holy continue to be holy.")(NIV)

7. 보상의 법칙 – 각 사람에게 일한 대로 갚아 주리라

예수님 재림시에 예수님의 보상의 법칙이 있다. 각 사람에게 일한대로 갚아준다는 것이다. 이 보상의 법칙은 「마태복음」 16장 27절과 「요한계시록」 22장 12절에 잘 기록되어 있다. "보라 내가 속히 오리니 내가 줄 상이 내게 있어 각 사람에게 그의 일한대로 갚아 주리라(Behold,

I am coming soon! My reward is with me, and I will give to everyone according to what he has done)." "그의 일한 대로(what he has done or had one or works)"가 무엇인지는 『바이블 매트릭스』 7권에서 자세히 다룰 예정이다.

「마태복음」 16:27 - 인자가 아버지의 영광으로 그 천사들과 함께 오리니 그 때에 각 사람의 행한 대로 갚으리라(For the Son of Man is going to come in his Father's glory with his angels, and then he will reward each person according to what he has done.)(NIV)

「로마서」 2:6 - 하나님께서 각 사람에게 그 행한 대로 보응하시되(God "will give to each person according to what he has done.")

「요한계시록」 2:23 - 또 내가 사망으로 그의 자녀를 죽이리니 모든 교회가 나는 사람의 뜻과 마음을 살피는 자인줄 알찌라 내가 너희 각 사람의 행위 대로 갚아 주리라(I will strike her children dead. Then all the churches will know that I am he who searches hearts and minds, and I will repay each of you according to your deeds.)

20:12 - 또 내가 보니 죽은 자들이 무론 대소하고 그 보좌 앞에 섰는데 책들이 펴 있고 또 다른 책이 펴졌으니 곧 생명책이라 죽은 자들이 자기 행위를 따라 책들에 기록된 대로 심판을 받으니(And I saw the dead, great and small, standing before the throne, and books were opened. Another book was opened, which is the book of life. The dead were judged according to what they had done as recorded in the books.)

20:13 - 바다가 그 가운데서 죽은 자들을 내어 주고 또 사망과 음부도 그 가운데서 죽은 자들을 내어 주매 각 사람이 자기의 행위대로 심판을 받고(The sea gave up the dead that were in it, and death and Hades gave up the dead that were in them, and each person was judged according to what he had done.)

22:12 - 보라 내가 속히 오리니 내가 줄 상이 내게 있어 각 사람에게 그의 일한 대로 갚아 주리라("Behold, I am coming soon! My reward is with me, and I will give to everyone according to what he has done.)

2절 불의의 하나님들(용/뱀/마귀/사단)과 그 추종 천사들의 악적인 일을 멸하려

1. 마귀의 일들(the devil's work)을 멸하려

「요한1서」 3장 8절에는 하나님의 아들(Son of God), 즉 예수님이 나타나신 것은, 즉 예수님 존재와 재림의 목적은 마귀의 일을 멸하러 오신다고 기록되어 있다. 여기에서 중요한 것은 마귀의 일(the devil's work)이다. 마귀의 일이란 『바이블 매트릭스』 시리즈를 통해 여러 차례 소개한 것처럼, 불의의 하나님들의 일이다. 우선 제일 큰 일은 마귀의 속성이다. 마귀는 처음부터 범죄를 저지른다. 세상을 창조했을 때부터 범죄한다. 왜냐하면 마귀의 속성은 늘 시험만 하고 비방만 하고 참소만 하는 불의의 엘로힘이기 때문이다.[1] 이 불의의 하나님들의 두 번째 큰일은 바로 인간을 창조했고, 이어서 「창세기」 6장 4절에 등장하는 엘로힘의 아들들인 네피림(Nephilim)[2], 즉 이기기(Igigi) 젊은 신들이 이

1 자세한 것은 『바이블 매트릭스』 4권 『하나님들의 과학기술과 우리가 창조해야 할 미래(상)』의 1부 6장인 "「요한계시록」의 용/뱀/마귀/사단은? 의로운 하나님들과 불의의 하나님들"을 참조하라.

2 자세한 것은 『바이블 매트릭스』 4권 『하나님들의 과학기술과 우리가 창조해야 할 미래(상)』의 1부 5장인 "「창세기」 6장의 네피림(Nephilim)은 배반한 이기기(Igigi) 신들"을 참조하라.

땅에 내려와 사람의 딸들을 취하여 100미터 이상의 거인(Great man or Giant man)을 낳고, 이 거인들이 세상에 죄악을 저질렀고 퍼뜨렸다. 그래서 이 세상과 인간에 악이 존재하는 것이다. 이 악을 멸하기 위해 예수님은 존재하시고 재림하시는 것이다.

「요한1서」 3:8 - 죄를 짓는 자는 마귀에게 속하나니 마귀는 처음부터 범죄함이니라 하나님의 아들이 나타나신 것은 마귀의 일을 멸하려 하심이니라(He who does what is sinful is of the devil, because the devil has been sinning from the beginning. The reason the Son of God appeared was to destroy the devil's work.)(NIV); He that committeth sin is of the devil; for the devil sinneth from the beginning. For this purpose the Son of God was manifested, that he might destroy the works of the devil.(KJV); But when people keep on sinning, it shows that they belong to the devil, who has been sinning since the beginning. But the Son of God came to destroy the works of the devil.(New Living)

2. 모든 정사와 권세와 능력을 멸하고, 나라를 하나님 아버지께 바치려

따라서 불의의 하나님들 때문에 인간이 창조되었고, 불의의 하나님들의 하늘의 시스템이 그대로 이 땅에 내려와 이 세상의 모든 시스템들인 모든 정사(dominion or rule or ruler)와 모든 권세(authority)와 능력(power)이 모두 악 적인 존재가 되었다. 그래서 예수님께서 소행성대에 재림하셔서 일곱 봉인 심판과 일곱 천사의 나팔 심판을 하시고, 다시 공중으로 재림하셔서 일곱 천사의 일곱 대접 심판을 통해 이 세상의 모든 정사와 모든 권세와 능력을 모두 멸하시는 것이다.

「고린도전서」 15:24 - 그 후에는 나중이니 저가 모든 정사와 모든 권세와 능력을 멸하시고 나라를 아버지 하나님께 바칠 때라(Then the end will come, when he hands over the kingdom to God the Father after he has destroyed all dominion, authority and power.(NIV); Then cometh the end, when he shall have delivered up the kingdom to God, even the Father; when he shall have put down all rule and all authority and power.(KJV); After that the end will come, when he will turn the Kingdom over to God the Father, having destroyed every ruler and authority and power.(New Living)

나라를 하나님 아버지께 바친다는 것은 이 땅에 천년 왕국을 건설하시고(「요한계시록」 20:4~6), 그 다음 용/뱀/마귀/사단을 유황 불못에 던지시고(「요한계시록」 20:7~10), 그 다음 둘째 부활의 최후의 심판을 하시고(「요한계시록」 20:11~16), 천년 왕국을 하나님 아버지로부터 내려오는 새 하늘과 새 땅에 바치는 것을 말하는 것이다(「요한계시록」 21:1~2). 그 다음 새 우주인 새 하늘과 새 땅에 부활환 이스라엘 민족을 위한 새 예루살렘과 또한 부활/휴거한 기타 민족들을 위한 만국들(the nations)을 건설하는 것을 말하는 것이다(「요한계시록」 21:9~27).

3. 죽음과 사망을 멸하러→유황 불못에 던져

불의의 하나님들이 임신하는 방법을 인간에게 주어, 그 결과 에덴 동산에서 쫓겨나, 인간은 결국 죽어야 한다. 죽어야 한다는 것은 사망인데, 바로 「히브리서」 2장 14절에는 '사망의 세력을 잡은 자가 마귀'라고 정의되어 있다. 예수님이 십자가에 못 박혀 죽으심은, 스스로 죽으심으로써, 사망의 세력을 잡은 마귀를 죽일 것이라는 내용이다. 그러므로 맨 나중에 멸망 받을 원수는 사망이다. 그리고 예수님께서는 재림하셔서 사망과 음부도 유황 불못에 던져 심판하신다.

「히브리서」 2:14 - 자녀들은 혈육에 함께 속하였으매 그도 또한 한 모양으로 혈육에 함께 속하심은 사망으로 말미암아 사망의 세력을 잡은 자 곧 마귀를 없이 하시며(Since the children have flesh and blood, he too shared in their humanity so that by his death he might destroy him who holds the power of death--that is, the devil—(NIV).

「고린도전서」 15:26 - 맨 나중에 멸망받을 원수는 사망이니라(The last enemy to be destroyed is death.)

「요한계시록」 20:14 - 사망과 음부도 불 못에 던지우니 이것은 둘째 사망 곧 불못이라(Then death and Hades were thrown into the lake of fire. The lake of fire is the second death.)(NIV)

이 것은 「창세기」와 「요한계시록」을 연결해 볼 때 매우 중요한 대목이다. 인간은 죽는다. 왜 죽는가 하면 바로 선악과의 비밀에 있다. 『바이블 매트릭스』 2권 『인간창조와 노아홍수의 비밀』의 4부인 "엔키신과 선악과란 무엇인가"에서 자세히 설명했듯이, 아담과 이브는 처음에 에덴동산에 거처했다. 그것은 아담과 이브가 1,000살을 영위할 수 있는 에덴동산의 생명의 나무 열매를 따 먹었다는 것을 의미한다. 그리고 에덴동산에 있을 때는 섹스를 했어도 임신이 안되었다. 그러나 선악과의 두 번째 비밀인 임신하는 능력을 불의의 엘로힘이 주었다. 그 다음 에덴동산에서 쫓겨나고 생명나무의 열매는 금지되었다. 그 이후부터 수명이 자꾸 줄어 후대 손들은 일찍 죽는다.

이것이 사망의 의미이다. 「창세기」 2장 17절의 "선악을 알게 하는 나무의 실과는 먹지 말라 네가 먹는 날에는 정녕 죽으리라 하시니라"

를 의미한다.

4. 하늘과 땅을 불 사르러→새로운 하늘과 새 땅의 창조

불의의 하나님들이 창조한 인간들이 사는 곳이 하늘과 땅이다. 먼 미래에는 하늘-땅-땅속-바다의 나라들이 등장하게 될 것이다. 따라서 하늘과 땅도 심판을 받아야 하는데, 이것은 「베드로후서」 3장 7절에 기록되어 있다. 하늘과 땅은 불사르기 위하여 예비해두셨는데 심판과 멸망의 날에 경건치 않은 사람들을 심판하기 위함이라는 것이다. 그것은 하늘과 땅을 멸하여 그 다음의 새로운 하늘과 새 땅을 창조하기 위함이다.

「베드로후서」 3:7 - 이제 하늘과 땅은 그 동일한 말씀으로 불사르기 위하여 간수하신 바 되어 경건치 아니한 사람들의 심판과 멸망의 날까지 보존하여 두신 것이니라(By the same word the present heavens and earth are reserved for fire, being kept for the day of judgment and destruction of ungodly men.(NIV); But the heavens and the earth, which are now, by the same word are kept in store, reserved unto fire against the day of judgment and perdition of ungodly men.(KJV); And by the same word, the present heavens and earth have been stored up for fire. They are being kept for the day of judgment, when ungodly people will be destroyed.(New Living)

3절 불의의 하나님들/그 추종 천사들/배반한 네피림을 멸하러 →유황 불못에 던져

1. 유황 불못은 마귀와 그의 사자들을 위해 예비된 곳

자 중요한 재림의 목적이 또 있다. 그것은 불의의 하나님들과 그들을 추종하는 천사들을 멸하러 오시는 것이다. 「마태복음」 25장 41절에는 영영한 불, 즉 유황 불못은 "마귀와 그의 사자(천사)들을 위하여 예비된 곳"이라고 기록되어 있다.

「마태복음」 25:41 - 또 왼편에 있는 자들에게 이르시되 저주를 받은 자들아 나를 떠나 마귀와 그 사자들을 위하여 예비된 영영한 불에 들어가라(Then he will say to those on his left, 'Depart from me, you who are cursed, into the eternal fire prepared for the devil and his angels.)(NIV)

2. 하늘의 전쟁에서 쫓겨 내려오는 불의의 하나님들과 추종 천사들

수메르(Smuer) 시대에는 신들의 관계에서 적(enemy)이 되는 신들을 뱀(serpent), 용(dragon), 괴물(Monster), 악마(devil), 사단(Satan)으로 표현했다. 이 전통은 그리스 신화에도 그대로 전승되어, 하늘을 지배한 제우스(Zeus) 신에 대항하는 티폰(Typhon) 신들은 모두 뱀으로 표현하고, 뱀의 모양으로 그렸다. 따라서 성경도 마찬가지이다. 의로운 하나님들의 적인 불의의 하나님들은 모두 뱀-용-마귀-사단으로 표현하고 있다는 것이다.

「요한계시록」 12장에는 다음과 같은 내용이 등장한다. 하늘에 큰 전쟁(war in heaven)이 있으니 미가엘(Michael) 천사장과 그의 천사들이 용으로 더불어 싸울새 용의 사자(천사)들도 함께 싸우나 이기지 못하고, 큰 용(the great dragon)이 하늘에서 내어 쫓기고, 그의 사자(천사)들도 함께 내어 쫓긴다. 이들 엘로힘, 즉 불의의 하나님들은 최고 높으신 하나님 아버지 앞에서 밤낮 참소하고 비난하던 엘로힘이다. 따라서 큰 용과 그를 따르는 엘로힘, 그리고 천사들도 하늘에서 다 쫓겨 이 땅으로 내려온다는 것이다. 이들 엘로힘과 천사들은 그들의 때가 얼마 남지 않은 줄을 알므로 크게 분내어 너희들, 즉 땅의 인간들에게 내려갔으니 땅과 바다는 화(woe)가 있을 것이란 예언의 말씀이시다.

「요한계시록」 12:7 - 하늘에 전쟁이 있으니 미가엘과 그의 사자들이 용으로 더불어 싸울째 용과 그의 사자들도 싸우나(And there was war in heaven. Michael and his angels fought against the dragon, and the dragon and his angels fought back.)(NIV)

12:8 - 이기지 못하여 다시 하늘에서 저희의 있을 곳을 얻지 못한지라(But he was not strong enough, and they lost their place in heaven).

12:9 - 큰 용이 내어쫓기니 옛 뱀 곧 마귀라고도 하고 사단이라고도 하는 온 천하를 꾀는 자라 땅으로 내어쫓기니 그의 사자들도 저와 함께 내어쫓기니라(The great dragon was hurled down--that ancient serpent called the devil, or Satan, who leads the whole world astray. He was hurled to the earth, and his angels with him).

12:10 - 내가 또 들으니 하늘에 큰 음성이 있어 가로되 이제 우리 하나님의 구원과 능력과 나라와 또 그의 그리스도의 권세가 이루었으니 우리 형제들을 참소하던 자 곧 우리 하나님 앞에서 밤낮 참소하던 자가 쫓겨났고(Then I heard a loud voice in heaven say: "Now have come the salvation and the power and the kingdom of our God, and the authority of his Christ. For the accuser of our brothers, who accuses them before our God day and night, has been hurled down).

12:11 - 또 여러 형제가 어린 양의 피와 자기의 증거하는 말을 인하여 저를 이기었으니 그들은 죽기까지 자기 생명을 아끼지 아니하였도다(They overcame him by the blood of the Lamb and by the word of their testimony; they did not love their lives so much as to shrink from death).

12:12 - 그러므로 하늘과 그 가운데 거하는 자들은 즐거워하라 그러나 땅과 바다는 화 있을 찐저 이는 마귀가 자기의 때가 얼마 못된 줄을 알므로 크게 분내어 너희에게 내려 갔음이라 하더라(Therefore rejoice, you heavens and you who dwell in them! But woe to the earth and the sea, because the devil has gone down to you! He is filled with fury, because he knows that his time is short.")

여기에서 용은 옛 뱀이요 옛 뱀은 마귀요 마귀는 사단이라고 정의하고 있다. 같은 주체의 그룹을 달리 표현한 것뿐이다. 우리가 알 수 있는 것은 옛 뱀이란 「창세기」 3장에 등장하여 하와(Eve)와 아담을 꼬셔 선악과를 따 먹도록 한 그 뱀(serpent)이다. 이 때 뱀이란 엘로힘(Elohim), 즉 하나님(God), 즉 바로 엔키(Enki) 신과 아담과 이브의 유전자 조작에 가담한 신들이며, 항상 비방만하고 참소만 하던 엘로힘이다. 따라서 용-뱀-마귀-사단의 주체는 크게 보면 엔키 신과 그를 따르는 엘로힘이라고 보아도 타당할 것이다. 또한 처음부터 불의만 하는 사단의 엘로힘이라고 보아야 할 것이다. 한마디로 의로운 하나님의 반대편에 선 불의의 하나님들을 말한다.

하늘에 쫓겨 내려오는 불의의 하나님들(엘로힘)! 이것은 「누가복음」 10장 18절에서, 예수님께서 70인을 세우시고 70인들에게 말씀하신 "사단이 하늘로서 번개같이 떨어지는 것을 내가 보았노라"의 내용과 같다.

「누가복음」 10:18 - 예수께서 이르시되 사단이 하늘로서 번개같이 떨어지는 것을 내가 보았노라(He replied, "I saw Satan fall like lightning from heaven.)(NIV)

생각해 보라! 하늘의 전쟁, 즉 하나님들의 전쟁에서 쫓겨 내려오는 엘로힘이 어느 하나님들이겠는가? 이분들이 이 땅에 내려와 '내가 너희들을 직접 창조했느니라! 다 나를 따르라' 하면 안 따를 인간들이 어디 있겠는가? 이들 불의의 하나님들은 이 땅에 쫓겨 내려와 인간을 규합하고 인간을 무기로 삼아 결국 하나님 아버지(God the Father)와 예수님을 적대시하고, 무시무시한 전쟁을 일으킬 것임에 틀림이 없다. 이에 대한 자세한 내용이 「요한계시록」 12장과 13장에 기록되어 있는데. 이는 차후 『바이블 매트릭스』 7권에서 자세히 다룰 예정이다.

3. 유황 불못에 던져지는 용/뱀/마귀/사단들(하늘의 악의 영들)

그러나 이 땅으로 쫓겨 내려온 불의의 엘로힘, 즉 불의의 하나님들은 인간을 규합하여 하나님 아버지와 예수님께 대적하나, 결국 예수님에게 잡혀 유황 불못에 던져지게 된다. 「요한계시록」 20장 2절에는 "용(the dragon)을 잡으니 곧 옛 뱀(ancient serpent)이요 마귀(the devil)요 사단(Satan)이요"라고 예언되어 있는데, 이때 용-뱀-마귀-사단은 의롭지 못한 하나님들, 즉 엘로힘(Elohim), 즉 하늘에 있던 악의 영들을 말하는 것이다. 그리고 「요한계시록」 20장 10절에는 이들 불의의 하나님들이 유황 불못(the lake of burning sulfur)에 던져진다. 그 곳에는 「요한계시록」 19장 20절에 이미 산채로 유황 불못에 던져진 짐승(왕)과 거짓 선지자들이 있다. 이들이 함께 불못에서 밤낮 괴로움을 당한다. 추종 천사들은 유황 불못에 던진다는 기록이 없는데, 대장인 용이 불못에 던져졌으면 그의 추종자들도 불못에 던져졌다고 보아야 할 것이다. 아니면 죄를 회개하고 용서 받을 수도 있을 것이다.

「요한계시록」 20:2 - 용을 잡으니 곧 옛 뱀이요 마귀요 사단이라 잡아 일천 년 동안 결박하여(He seized the dragon, that ancient serpent, who is the devil, or Satan, and bound him for a thousand years.)(NIV)

〈요한계시록? 20:10 - 또 저희를 미혹하는 마귀가 불과 유황 못에 던지우니 거기는 그 짐승과 거짓 선지자도 있어 세세토록 밤낮 괴로움을 받으리라(And the devil, who deceived them, was thrown into the lake of burning sulfur, where the beast and the false prophet had been thrown. They will be tormented day and night forever and ever.)(NIV)

그렇다. 하늘에는 많은 하나님들이 계신다. 그러나 하늘에는 불의의 하나님들도 계시고 의로운 하나님들도 계신다. 다행히 불의의 하나님들이 이 땅으로 쫓겨 내려와 인간들을 미혹할 것이고, 이 땅에는 화가 있을 것이나, 곧 오시는 하나님 아버지와 예수님께서 이들을 멸하고 유황 불못에 던진다.

4. 배반한 네피림(이기기), 마지막 심판 날까지 가장 깊은 곳에 가두다

또 하나 예수님께서 재림하시는 이유가 있다. 그것은 「창세기」 6장의 배반한 네피림(이기기)과 배반한 천사들[3]을 심판하기 위해서이다. 「창세기」 6장은 정확하게 기록되어 있다. 단 하나 빠진 것이 있다. 의로운 하나님이신 여호와(야훼) 하나님께서 시킨 역할과 위치를 이탈한 이기기(Igigi) 신들, 즉 네피림(Nephilim)에 대한 처벌은 기록하지 않았다는 사실이다. 그러나 이 사실이 신약에 가면 기록되어 있다. 바로 「유다서」, 「베드로후서」와 「고린도전서」이다. 특히 「고린도전서」에는 "우리가 천사를 판단할 것을 너희가 알지 못하느냐"고 기록되어 있다는 점이다. 여기서 '우리'라는 말은 예수님께서 재림하실 때 첫째 부활과 휴거를 통해 천년 왕국의 보좌에 앉은 자들이다. 이들은 심판하는 권세를 받는다.

「베드로후서」 2:4 - 하나님이 범죄한 천사들을 용서치 아니하시고 지옥에 던져 어두운 구덩이에 두어 심판 때까지 지키게 하셨으며(For if God spared not the angels that sinned, but cast them down to hell, and delivered them into chains of darkness, to be reserved unto judgment)(KJV)

「유다서」 1:6 - 또 자기 지위를 지키지 아니하고 자기 처소를 떠난 천사들을 큰 날의 심판까지 영원한 결박으로 흑암에 가두셨으며(And the angels who did not keep their positions of authority but abandoned their own home--these he has kept in darkness, bound with everlasting chains for judgment on the great Day)(NIV).

「고린도전서」 6:3 - 우리가 천사를 판단할 것을 너희가 알지 못하느냐 그러하거든 하물며 세상 일이랴(Do you not know that we will

3 자세한 것은 『바이블 매트릭스』 4권 『하나님들의 과학기술과 우리가 창조해야 할 미래(상)』의 1부 5장인 "「창세기」 6장의 네피림(Nephilim)은 배반한 이기기(Igigi) 신들"을 참조하라.

judge angels? How much more the things of this life!)(NIV).

「요한계시록」 20:4 - 또 내가 보좌들을 보니 거기 앉은 자들이 있어 심판하는 권세를 받았더라 또 내가 보니 예수의 증거와 하나님의 말씀을 인하여 목 베임을 받은 자의 영혼들과 또 짐승과 그의 우상에게 경배하지도 아니하고 이마와 손에 그의 표를 받지도 아니한 자들이 살아서 그리스도로 더불어 천년 동안 왕 노릇 하니(I saw thrones on which were seated those who had been given authority to judge. And I saw the souls of those who had been beheaded because of their testimony for Jesus and because of the word of God. They had not worshiped the beast or his image and had not received his mark on their foreheads or their hands. They came to life and reigned with Christ a thousand years.)(NIV)

이는 「에녹2서」 7장에도 등장한다(Luarence, 인터넷 공개).[4] 에녹은 두 번째 하늘의 암흑에서 많은 죄수들(prisoners)이 매달려 있고, 감시를 당하며, 위대하고 무한한 심판(the great and boundless judgment)을 기다리고 있는 장면을 본다. 이 죄수들은 바로 천사들(angels)이다. 아니 네피림, 즉 이기기 신들이다. 물론 네피림을 추종하던 천사들도 있을 것이다. 이들은 모두 암흑처럼 보이고(dark-looking), 24시간 내내 끊임없이 울고 있다(〈에녹 2서〉 7:1).

이는 「베드로후서」 2장 4절과 「유다서」 1장 6절에 기록된 바와 같

4 Laurence, Richard(tr), 〈The Book of the Secrets of Enoch : Chapters 1-68 ; also referred to as "Slavonic Enoch" or "2 Enoch"〉, Internet Publishing. http://reluctant-messenger.com/2enoch01-68.htm

이, 직무를 이탈하고 범죄한 이기기 신들이며, 그 결과 이기기 신들은 심판의 마지막 날까지 결박되어 흑암에 갇혀 있다는 사실을 언급하고 있는 내용과 같다. 이 배반한 이기기 신들을 우리, 즉 경건한 자 혹은 의로운 자들이 첫째 부활과 휴거를 통해 심판할 것이라고 「고린도전서」에 기록하고 있다(〈고린도전서 6:3〉).

「에녹2서」 18장에 나오는 다섯번째 하늘에는 배반한 이기기 신들의 왕자, 즉 리더인 사탄넬(Satanail)이 감금되어 있다. 또한 「에녹1서」 10장 16절~17절에도 같은 내용이 나오고(Luarence, 인터넷 공개)[5], 그리고 「희년서」 5장 10절에도 같은 내용이 기록되어 있다(Charles, 2002).[6]

「에녹1서」 10:16-17 - 이 때 하나님은 범죄한 천사들을 용서치 아니하시고 불이 있는 무저갱에 던져 심판 때까지 가두어 고통을 당하게 하였다(Then shall they be taken away into the lowest depths of the fire in torments; and in confinement shall they be shut up forever. Immediately after this shall he, together with them, burn and perish; they shall be bound until the consummation of many generations)

「희년서」 5:10 - 거인들은 이 땅에서 멸망했다. 그리고 그 멸망을 그들의 아버지, 즉 네피림(이기기 신들)이 직접 보도록 했으며, 그 이후 그들을 마지막 심판 날까지 이 땅의 가장 깊은 곳에 묶어 가두었

---

5 Laurence, Richard(tr), 〈The Book of Enoch : Chapters 1-60 ; also referred to as "Ethiopian Enoch" or "1 Enoch"〉, Internet Publishing. http://reluctant-messenger.com/1enoch01-60.htm

6 Charles, R.H.(tr), 〈The Book of Jubilees Or the Little Book of Genesis〉, Wipf & Stock Publishers, July 2002. Internet Publication : http://reluctant-messenger.com/book_jubilees.htm

다(and were destroyed from the earth. And their fathers were witnesses (of their destruction), and after this they were bound in the depths of the earth forever, until the day of the great condemnation, when judgment is executed on all those who have corrupted their ways and their works before)

이들은 마지막 심판 때, 즉 예수님이 재림하시고 심판하실 때까지 어둠에 갇혀있으며 심판 때는 모두 불과 유황으로 타는 못(lake of burning sulfur)에 던져질 가능성이 높다.

4절 의의 하나님들을 분별할 줄 아는 지혜 있는 인간(신)이 되자

1. 의로운 하나님들과 불의의 하나님들

하나님들은 수없이 많다! 「고린도전서」 8장 5절에는 "하늘에나 땅 위에는 수 많은 하나님들(gods)과 주님들(lords)이 있으나, 오로지 한 분의 하나님 아버지(one God the Father)와 한 분의 예수 그리스도만이 계시다"라고 기록하고 있다. 이 때의 '한 분의 하나님 아버지'라 함은 독생자 예수님을 두신 가장 높으신 하나님 아버지를 말한다. 우리가 아버지→할아버지→증조할아버지→고조할아버지→그 이상의 아버지가 계시듯이, 하나님들도 그 계급상 많은 하나님들이 계시고, 그 많은 하나님들도 아들과 딸이 있다. 그런데 가장 높으신 하나님은 독생자 아들인 예수님만 아들로 두신 분이다.

「고린도전서」 8:5 - 비록 하늘에나 땅에나 신이라 칭하는 자가 있어 많은 신과 많은 주가 있으나(For even if there are so-called gods, whether in heaven or on earth (as indeed there are many "gods" and many "lords")(NIV).

8:6 - 그러나 우리에게는 한 하나님 곧 아버지가 계시니 만물이 그에게서 났고 우리도 그를 위하며 또한 한 주 예수 그리스도께서 계시니 만물이 그로 말미암고 우리도 그로 말미암았느니라(yet for us there is but one God, the Father, from whom all things came and for whom we live; and there is but one Lord, Jesus Christ, through whom all things came and through whom we live.)

그러나 이 땅에 쫓겨 내려오는 불의의 하나님들이 문제이다. 불의의 하나님들을 잘 분별할 줄 알아야 하는데, 이것이 문제이다.

2. 예수님의 말씀인 "인간도 신(하나님)"

하지만 예수님께서는 「시편」을 인용하면서 「요한복음」에서 '인간도 신, 즉 하나님'이라고 말씀하셨다. 의로운 하나님들이 인간을 창조했든 불의의 하나님들이 인간을 창조했든, 하나님들의 형상(image)과 모양(likeness)대로 창조했으니(「창세기」 1:26), 우리 인간들도 하나님들의 아들 딸이다. 그래서 우리 인간도 신(하나님)이므로 하나님의 입장에서 불의의 하나님들을 잘 구분할 수 있다고 생각한다.

「요한복음」 10:34 - "너희 율법에 기록한 바 내가 너희를 신이라 하였노라 하지 아니하였느냐(Jesus answered them, "Is it not written in your Law, 'I have said you are gods'?(NIV); Jesus answered, "It is written in your own Law that God said, 'You are gods.'(Good News); Jesus replied, "It is written in your own Scriptures(1) that God said to certain leaders of the people, 'I say, you are gods!'(2) : (1) Greek your own law (2) Ps 82.6(New Living).

10:35 - "성경은 폐하지 못하나니 하나님의 말씀을 받은 사람들을 신이라 하셨거든(If he called them 'gods,' to whom the word of God came--and the Scripture cannot be broken(NIV); If He called them gods, to whom the word of God came (and the Scripture cannot be broken)(New King James Version); We know that what the scripture says is true forever; and God called those people gods, the people to whom his message was given. (Good News); And you know that the Scriptures cannot be altered. So if those people who received God's message were called 'gods,'(New Living)

「시편」 82:6 - "내가 말하기를 너희는 신들이며 다 지존자의 아들들이라 하였으나(I said, 'You are "gods"; you are all sons of the Most High.'(NIV); I say, 'You are gods; you are all children of the Most High.'(New Living)

3. 분별의 기준 – 삼위일체, 진리의 영, 미혹(적그리스도)의 영

그러나 이게 그리 쉬운 일이 아니다. 사단도 광명의 천사로, 의로운 일군으로 가장하기 때문이다.

「고린도후서」 11:14 - 이것이 이상한 일이 아니라 사단도 자기를 광명의 천사로 가장하나니(And no wonder, for Satan himself masquerades as an angel of light.)(NIV)

11:15 - 그러므로 사단의 일군들도 자기를 의의 일군으로 가장하

는 것이 또한 큰 일이 아니라 저희의 결국은 그 행위대로 되리라(It is not surprising, then, if his servants masquerade as servants of righteousness. Their end will be what their actions deserve.)

가장 쉬운 방법은 성부(聖父, Lord God the Father Almighty), 성자(聖子, His Only Son our Lord, Jesus Christ), 그리고 성령(聖靈, Holy Spirit)의 삼위일체(Trinity)을 인정하고 사랑하는지를 보면 구별할 수 있다. 분명 이 땅에 쫓겨 내려오는 엘로힘은 이 삼위일체를 전부 부인하던지, 아니면 성자를 부인할 것임에 틀림없다. 아니면 본인들이 성부요 성자라고 가장하고 세상을 미혹할 것이다. 하나님 아버지와 예수님께서는 전에도 계셨고(was) 지금도 계시고(is) 앞으로 오실 분(is to come)(「요한계시록」 1:4 & 1:8 & 4:8)이라는 것을 전면 부인하던지, 본인들이 하나님 아버지라고 예수님이라고 흉내를 낼 것이다. 하나님 아버지와 아들을 부인하는 엘로힘, 그런 엘로힘을 따르는 선지자, 그런 선지자들을 따르는 인간들은 모두 적그리스도(the antichrist)이다.

「마태복음」 12:32 - 또 누구든지 말로 인자를 거역하면 사하심을 얻되 누구든지 말로 성령을 거역하면 이 세상과 오는 세상에도 사하심을 얻지 못하리라(Anyone who speaks a word against the Son of Man will be forgiven, but anyone who speaks against the Holy Spirit will not be forgiven, either in this age or in the age to come.)(NIV)

28:19 - 그러므로 너희는 가서 모든 족속으로 제자를 삼아 아버지와 아들과 성령의 이름으로 세례를 주고(Therefore go and make disciples of all nations, baptizing them in the name of the Father and of the Son and of the Holy Spirit,)

「요한1서」 2:22 - 거짓말하는 자가 누구뇨 예수께서 그리스도이심을 부인하는 자가 아니뇨 아버지와 아들을 부인하는 그가 적그리스도니(Who is the liar? It is the man who denies that Jesus is the Christ. Such a man is the antichrist--he denies the Father and the Son.)(NIV)

또 하나 중요한 기준이 있다. 영(Spirit)[7]을 분별할 수 있어야 한다. 영을 다 믿지 말고 오직 영들이 하나님께 속하였나 시험하면 된다. 즉 말씀이나 메시지가 의로운 하나님들께서 나오는 것인지 불의의 하나님들께서 나오는 것인지 잘 판단하면 된다. 영들에는 두 부류가 있다. 하나는 진리의 영(the Spirit of truth)이고 다른 하나는 미혹의 영(the spirit of falsefood or deception), 즉 적그리스도의 영(the spirit of antichrist)이다. 특히 예수님이 하나님 아버지의 아들이며 이 땅에 오셨을 때도 육체로 오셨고 부활하실 때에도 육체로 부활하시어 하늘로 승천하시고 하나님 아버지의 보좌 우편에 앉으셨으며, 다시 재림하실 것을 부인하는 영은 모두 적그리스도의 영이다.

「요한1서」 4:1 - 사랑하는 자들아 영을 다 믿지 말고 오직 영들이 하나님께 속하였나 시험하라 많은 거짓 선지자가 세상에 나왔음이니라(Dear friends, do not believe every spirit, but test the spirits to see whether they are from God, because many false prophets have gone out into the world(NIV); Beloved, believe not every spirit, but try the spirits whether they are of God: because many false prophets are gone out into the

---

7 자세한 것은 『바이블 매트릭스』 4권 『하나님들의 과학기술과 우리가 창조해야 할 미래(상)』의 1부 6장인 "「요한계시록」의 용/뱀/마귀/사단은? 의로운 하나님들과 불의의 하나님들"을 참조하라.

world(KJV).

4:2 - 하나님의 영은 이것으로 알찌니 곧 예수 그리스도께서 육체로 오신 것을 시인하는 영마다 하나님께 속한 것이요(This is how you can recognize the Spirit of God: Every spirit that acknowledges that Jesus Christ has come in the flesh is from God(NIV); Hereby know ye the Spirit of God: Every spirit that confesseth that Jesus Christ is come in the flesh is of God(KJV); This is how you will be able to know whether it is God's Spirit : anyone who acknowledges that Jesus Christ came as a human being has the Spirit who comes from God(Good News); This is how we know if they have the Spirit of God : If a person claiming to be a prophet(1) acknowledges that Jesus Christ came in a real body, that person has the Spirit of God. / (1) Greek If a spirit; similarly in 4.3(New Living)

4:3 - 예수를 시인하지 아니하는 영마다 하나님께 속한 것이 아니니 이것이 곧 적그리스도의 영이니라 오리라 한 말을 너희가 들었거니와 이제 벌써 세상에 있느니라(but every spirit that does not acknowledge Jesus is not from God. This is the spirit of the antichrist, which you have heard is coming and even now is already in the world(NIV); But if someone claims to be a prophet and does not acknowledge the truth about Jesus, that person is not from God. Such a person has the spirit of the Antichrist, which you heard is coming into the world and indeed is already here(New Living)

4:6 - 우리는 하나님께 속하였으니 하나님을 아는 자는 우리의 말을 듣고 하나님께 속하지 아니한 자는 우리의 말을 듣지 아니하나니 진리의 영과 미혹의 영을 이로써 아느니라(We are from God, and whoever knows God listens to us; but whoever is not from God does not listen to us. This is how we recognize the Spirit of truth and the spirit of falsehood(NIV); But we belong to God, and those who know God listen to us. If they do not belong to God, they do not listen to us. That is how we know if someone has the Spirit of truth or the spirit of deception(New Living)

「요한2서」 1:7 - 미혹하는 자가 많이 세상에 나왔나니 이는 예수 그리스도께서 육체로 임하심을 부인하는 자라 이것이 미혹하는 자요 적그리스도니(Many deceivers, who do not acknowledge Jesus Christ as coming in the flesh, have gone out into the world. Any such person is the deceiver and the antichrist(NIV); For many deceivers are entered into the world, who confess not that Jesus Christ is come in the flesh. This is a deceiver and an antichrist.(KJV); Many deceivers have gone out over the world, people who do not acknowledge that Jesus Christ came as a human being. Such a person is a deceiver and the Enemy of Christ(Good News); I say this because many deceivers have gone out into the world. They deny that Jesus Christ came(1) in a real body. Such a person is a deceiver and an antichrist. / (1)Or will come(New Living)[8]

하늘에서 쫓겨 내려오는 불의의 하나님들(엘로힘)에 대한 미래의 시나리오는 「요한계시록」 12장에 구체적으로 기록되어 있는데, 「요한계시록」 16장에는 이들의 입에서 나오는 영들을 더러운 영들(악의 영, evil spirits) 혹은 귀신의 영들(spirits of demons)로 기록하고 있다. 세 개의 악의 영들이란 용(the dragon), 즉 불의의 엘로힘의 입과 짐승(the

8 자세한 것은 『바이블 매트릭스』 4권 『하나님들의 과학기술과 우리가 창조해야 할 미래(상)』의 1부 5장인 "「창세기」 6장의 네피림(Nephilim)은 배반한 이기기(Igigi) 신들"을 참조하라.

beast), 즉 바벨론의 왕의 입과 거짓 선지자(the false prophet)의 입에서 나오는 불경스러운 말이나 명령이나 메시지나 입에서 나오는 레이저 등의 무기를 말하는 것이다. 이 세 개의 악의 영들이 힘을 합쳐 이적(miraculous signs)을 행하고, 천하의 왕들 특히 동방의 왕들을 모아 전능하신 하나님 아버지의 위대한 날(great day)에 전쟁을 일으킬 것이다. 이것이 바벨론에서 있을 그 유명한 아마겟돈(Armageddon) 전쟁이다.

「요한계시록」 16:12 - 또 여섯째가 그 대접을 큰 강 유브라데에 쏟으매 강물이 말라서 동방에서 오는 왕들의 길이 예비되더라(The sixth angel poured out his bowl on the great river Euphrates, and its water was dried up to prepare the way for the kings from the East(NIV)

16:13 - 또 내가 보매 개구리 같은 세 더러운 영이 용의 입과 짐승의 입과 거짓 선지자의 입에서 나오니(Then I saw three evil spirits that looked like frogs; they came out of the mouth of the dragon, out of the mouth of the beast and out of the mouth of the false prophet)

16:14 - 저희는 귀신의 영이라 이적을 행하여 온 천하 임금들에게 가서 하나님 곧 전능하신 이의 큰 날에 전쟁을 위하여 그들을 모으더라(They are spirits of demons performing miraculous signs, and they go out to the kings of the whole world, to gather them for the battle on the great day of God Almighty)

16:16 - 세 영이 히브리 음으로 아마겟돈이라 하는 곳으로 왕들을 모으더라(Then they gathered the kings together to the place that in Hebrew is called Armageddon)

5절 천년 왕국과 새 하늘과 새 땅에 새 예루살렘과 만국들을 창조하시기 위해

앞에서 설명한 1절~4절까지는 악을 멸하시러 예수님께서 재림하시는 내용을 다룬 것이다. 이것이 다일까? 그렇다면 의로운 자들을 위해 오시는 이유는 무엇일까?

이미 본권과 『바이블 매트릭스』 시리즈를 통해 밝혔듯이 예수님의 재림의 가장 큰 목적은 (1) 하나님 아버지의 말씀과 예수님을 위해 기꺼이 목숨을 바친 선지자들과 사도들과 기타 순교자들, (2) 순교는 못했지만 하나님 아버지의 말씀과 예수님의 증거를 위해 죽은 자들, (3) 하나님 아버지의 말씀과 예수님의 말씀대로 지키고 의롭게 죽은 자들의 영혼들을, 예수님 공중재림시에 첫째 부활로 부활시키고, (4) 예수님 공중재림시에 살아있는 예수님의 말씀을 지키며 의롭게 사는 사람들을 휴거시켜, 첫째 부활한 자들과 휴거한 자들로 하여금 예수님을 공중 영접하게 하시고, 그 다음 이들을 이 땅에서 이루어지는 천년 왕국에서 왕 노릇 하도록 하며, 그 다음 둘째 부활을 심판하는 권세를 주며, 그 다음 새 우주인 새 하늘과 새 땅에 부활한/휴거한 이스라엘 민족을 위한 새 예루살렘과 또한 부활/휴거한 기타 민족들을 위한 만국들(the nations)을 건설하는 데 있다.

이 때 천년 왕국과 새 예루살렘과 만국들은 악이 없는 100% 선의 의로운 세상이 되는 것이다. 자세한 내용은 『바이블 매트릭스』 7권에서 다룰 예정이다.

2장
예수님의 재림 방법, 하늘의 보좌→예수님의 별도 보좌(거대우주선)를 타시고 재림

1절 소행성대(궁창, 하늘)는 하나님들의 하늘의 보좌(거대항공모함 우주선)

필자는 『바이블 매트릭스』 1권 『우주창조의 비밀』에서, 「창세기」 1장 8절에 등장하는 궁창(Expanse), 즉 하늘(Sky, Heaven)은 바로 소행성대(The Asteroid Belt)라고 밝혔다. 그리고 이 소행성대는 바로 구약성경에 등장하는 '하나님들의 보좌'라고 밝혔다.

「이사야」 40장 22절에는 "그는 땅 위 궁창에 앉으시나니 땅의 거민들은 메뚜기 같으니라 그가 하늘을 차일같이 펴셨으며 거할 천막같이 베푸셨고"라는 구절이 나오는데, 이는 c.BC 18세기에 쓰여진 「창조의 서사시」(King, 1902; Budge, 1921)[1]의 〈점토판 4〉의 내용을 설명하고 있다고 했다. 원시지구(Pre-Earth)인 티아마트(Tiamat)의 아래 부분을 산산 조각 내서 하늘을 덮는 덮개 또는 천개(canopy)같이 하늘을 쭉 펴셨다는 말이다. 어떻게 쭉 폈냐 하면 사람이 살 수 있는 텐트(tent), 즉 장막(covering or dwelling)같이 쭉 폈다는 말이다. 장막, 즉 궁창(Expanse),

즉 하늘(Sky), 즉 오늘날의 소행성대(Asteroids Belt)를 만드셨다는 말이다. 그 결과 이 때 주님은 지구의 공전 궤도(circle of the earth) 너머에 있는 화성과 목성 사이의 궁창에 계셨으므로, 궁창에 앉아 땅의 거민들을 보니 메뚜기(개미)같이 작게 보였다는 것이다. 이 때 궁창에 앉으셨다는 것은 궁창에 주님의 보좌를 세웠다는 뜻이다.

「이사야」 40:22 - 그는 땅 위 궁창에 앉으시나니 땅의 거민들은 메뚜기 같으니라 그가 하늘을 차일같이 펴셨으며 거할 천막같이 베푸셨고(He sits enthroned above the circle of the earth, and its people are like grasshoppers. He stretches out the heavens like a canopy, and spreads them out like a tent to live in)(NIV); It is he that sitteth upon the circle of the earth, and the inhabitants thereof are as grasshoppers; that stretcheth out the heavens as a curtain, and spreadeth them out as a tent to dwell in(KJV); It was made by the one who sits on his throne above the earth and beyond the sky; the people below look as tiny as ants. He stretched out the sky like a curtain, like a tent in which to live(Good News); God sits above the circle of the earth. The people below seem like grasshoppers to him! He spreads out the heavens like a curtain and makes his tent from them(New Living)

「이사야」 66장 1절과 「사도행전」 7장 49절에는 "하늘은 나의 보좌요 땅은 나의 발등상이니"라는 구절이 나온다. 주님이 하늘을 만드신

---

1 King, Leonard William, 〈Enuma Elish : The Seven Tablets of Creation〉, London 1902, at sacred-texts.com, http://www.sacred-texts.com/ane/enuma.htm, http://www.sacred-texts.com/ane/stc/index.htm, (Akkadian(akk) - http://wikisource.org/wiki/Enuma_Elish)
Budge, W.A. Wallis, 〈The Seven Tablets of Creation, The Babylonian Legends of Creation〉, 1921, at sacred-texts.com, http://www.sacred-texts.com/ane/blc/index.htm

것은 주님이 오실 때 안식할 처소, 즉 보좌를 세우기 위함이다. 이곳에 블랙홀 같은 거대항공모함 우주선을 진입시키고 하늘의 보좌를 세우신 다음 소행성대의 보좌에 앉으신다는 뜻이다.

「이사야」 66:1 - 여호와께서 이같이 말씀하시되 하늘은 나의 보좌요 땅은 나의 발등상이니 너희가 나를 위하여 무슨 집을 지을꼬 나의 안식할 처소가 어디랴(This is what the LORD says: Heaven is my throne, and the earth is my footstool. Where is the house you will build for me? Where will my resting place be?(NIV/KJV/Good News/New Living).

「사도행전」 7:49 - 주께서 가라사대 하늘은 나의 보좌요 땅은 나의 발등상이니 너희가 나를 위하여 무슨 집을 짓겠으며 나의 안식할 처소가 어디뇨(Heaven is my throne, and the earth is my footstool. What kind of house will you build for me? says the Lord. Or where will my resting place be?(NIV).

2절 하늘의 보좌→모선→소형 우주선을 타고 내려오시는 구약의 네 분의 하나님들

제사장(Priest)인 에스겔(예언활동, BC 593~BC 571)의 「에스겔」 1장과 10장에는 여호와의 보좌와 네 생물체(The Living Creatures and the Glory of the LORD)가 등장한다. 남유다 왕국 유대 민족의 바벨론 유수(Babylonian Captivity/Babylon Exile, BC 605~BC 538) 기간 중인 BC 593년 7월 31일에(New Living), 에스겔이 그발 강가(Kebar River)에 사로 잡힌 자(the exiles) 중에 있을 때 하늘이 열리며 하나님의 이상을

본다(the heavens were opened and I saw visions of God)(「에스겔」 1:1). 그리고 하나님들이 나타나 에스겔에게 바벨론 유수 이후의 이스라엘의 비전(visions)을 보여준다. 여기에서도 영문성경은 단수의 하나님(God)이라 표현하고 있으나, 이는 히브리 성경의 복수의 하나님을 뜻하는 엘로힘(Elohim)이다.

하늘이 열렸다는 것은, 즉 궁창이 열렸다는 것이며, 즉 소행성대에 하늘의 보좌를 베풀어 나타나셨다는 뜻이다. 그 다음 내용은 궁창, 즉 소행성대에 도착한 하늘의 보좌로부터 모선이 분리되고 다시 모선에서 네 분의 하나님들(엘로힘)이 네 개의 날개가 달린 체루빔(Cehrubim)[2], 즉 우주선이나 우주로봇이나 우주복을 입고 내려오시는 장면을 기록한 것이다.

'북방에서부터 폭풍과 큰 구름'이란 오늘날의 하늘을 비행하는 모선 혹은 우주선의 비적(飛迹)과 같은 것을 의미하고, '불이 번쩍 뻔쩍 빛이 나고 불 가운데 단쇠'란 모선 혹은 우주선이 점멸하면서 접근하고 있음을 의미한다. '그 속에서'란 모선에서 분리되는 개인용 우주선 또는 우주로봇 또는 우주복을 의미하는데, 네 생물의 형상이란 네 대의 개인용 우주로봇 또는 우주복을 의미하고, 사람의 형상이란 그 안에 계신 네 분의 하나님들을 말하는 것이다. 다시 말해 네 분의 하나님들이 각각 네 대의 개인용 우주선과 우주복을 입고 내려 오시는 장면인 것이다. 그래서 네 개의 생물체(four living creatures), 즉 체루빔, 즉

---

2 자세한 것은 『바이블 매트릭스』 4권 『하나님들의 과학기술과 우리가 창조해야 할 미래(상)』의 2부 4장인 "우주공항/에덴 동산을 지키는 땅의 로봇들과 하늘을 지키는 우주로봇들"을 참조하라.

미국 항공우주국(NASA)의 우주 비행사인 마이크 홉킨스(Mike Hopkins)가 국제우주정거장(ISS)에서 나와 우주 유영(spacewalks)을 하고 있다. 그가 입은 우주복은 앞의 양쪽에 총 4개의 라이트들, 즉 「에스겔」과 「요한계시록」의 눈들이 가득하다. 평상시에는 앞의 화면에 마이크 홉킨스의 얼굴이 나타나 사람이 우주복 안에 있다는 것을 금방 알아볼 수 있지만, 이 경우 동료인 릭 마스트라치오(Rick Mastracchio)가 유영하는 모습이 반영되어 나타나고 있다. 그러나 이것은 인간의 우주복이고 「에스겔」과 「요한계시록」의 체루빔/세라핌, 즉 우주로봇이나 우주복은 그 이상의 최첨단 장비들일 것이다. Credit : NASA(12 Mar 2014)[3]

소형우주선들 또는 우주로봇들은 각각 네 얼굴이 있다고 한 것이며, 얼굴의 모양은 넷의 앞은 사람의 얼굴이라는 것은 네 분의 하나님들이 타고 있다는 것을 의미하는 것이다.

잠시 후에 네 분의 하나님들이 반중력 우주복과 방향 전환용의 소형 원자로를 장비하고 나타나신다. 이것은 금속제 우주복에 달린 날개로, 닦아놓은 놋쇠처럼 윤이 나는 다리로 표현하고 있다. 이것은 우주 조종사가 입고 있는 반짝이는 하얀 우주복을 말하는 것이다. "신(spirit)이 어느 편으로 가려면…그대로 가되 돌이키지 아니하고 일제히 앞으

---

3 NASA, Astronauts Invite National Geographic Aboard Space Station for Live Event(12 Mar 2014)
http://www.nasa.gov/content/nasa-astronauts-invite-national-geographic-aboard-space-station-for-live-event/index.html

로 곧게 행하며"란 통신기술로 가라는 명령이 떨어지면 일사분란하게 움직이는 개인용 우주선(우주복)이나 우주로봇을 의미한다. 이 때 영(spirit) 또는 신(spirit)이란 과학적으로 말하면 하나님들의 우주선/우주로봇과 커뮤니케이션, 즉 통신(음성), 광통신, 광선(beam), 텔레파시, 텔리키네시스, 생각 또는 마음(mind), 메시지, 바람 등의 통신기술이나 빛을 이용한 다양한 운송(운반) 기술을 의미한다.[4]

'생물의 왕래가 번개같다'라는 말은 우주선(우주복) 또는 우주로봇의 속도가 상당히 빠르다는 것을 의미하며, 앞과 뒤로 방향을 전환할 수 있다는 것을 의미한다. 바퀴가 있다는 것은 비행기가 착륙할 때 바퀴가 있어야 하듯이 우주선(우주복)에 달려있는 바퀴를 말한다. '눈이 가득하다'라는 것은 우주선(우주복)이나 우주로봇의 테두리에 부착된 창들(windows)이나 라이트들(lights)을 의미하는 것으로, 창을 통해 안에 있던 불빛이 새어 나와 눈이 가득하다라고 표현한 것이다.

「에스겔」 1:4 - 내가 보니 북방에서부터 폭풍과 큰 구름이 오는데 그 속에서 불이 번쩍번쩍하여 빛이 그 사면에 비취며 그 불 가운데 단쇠 같은 것이 나타나 보이고(I looked, and I saw a windstorm coming out of the north--an immense cloud with flashing lightning and surrounded by brilliant light. The center of the fire looked like glowing metal,)(NIV)

1:5 - 그 속에서 네 생물의 형상이 나타나는데 그 모양이 이러하니 사람의 형상이라(and in the fire was what looked like four living creatures.

---

4 영(Spirit)이 구체적으로 무엇인지에 대해서는 『바이블 매트릭스』 5권 『성령으로 무장하신 예수님의 과학기술』의 1부 2장 1절인 "영(Spirit or Spirits)이란? 하나님 아버지의 지식=과학기술"을 참조하라.

In appearance their form was that of a man.)

1:6 - 각각 네 얼굴과 네 날개가 있고(but each of them had four faces and four wings.)

1:7 - 그 다리는 곧고 그 발바닥은 송아지 발바닥 같고 마광한 구리같이 빛나며(Their legs were straight; their feet were like those of a calf and gleamed like burnished bronze.)

1:10 - 그 얼굴들의 모양은 넷의 앞은 사람의 얼굴이요 넷의 우편은 사자의 얼굴이요 넷의 좌편은 소의 얼굴이요 넷의 뒤는 독수리의 얼굴이니(Their faces looked like this: Each of the four had the face of a man, and on the right side each had the face of a lion, and on the left the face of an ox; each also had the face of an eagle.)

1:12 - 신이 어느 편으로 가려면 그 생물들이 그대로 가되 돌이키지 아니하고 일제히 앞으로 곧게 행하며(Each one went straight ahead. Wherever the spirit would go, they would go, without turning as they went.)

1:14 - 그 생물의 왕래가 번개같이 빠르더라(The creatures sped back and forth like flashes of lightning.)

15 - 내가 그 생물을 본즉 그 생물 곁 땅 위에 바퀴가 있는데 그 네 얼굴을 따라 하나씩 있고(As I looked at the living creatures, I saw a wheel on the ground beside each creature with its four faces.)

1:18 - 그 둘레는 높고 무서우며 그 네 둘레로 돌아가면서 눈이 가득하며(Their rims were high and awesome, and all four rims were full of eyes all around.)

「에스겔」의 그 다음 내용은 궁창, 즉 하늘의 보좌에 앉으신 하나님의 장면을 기록한 것이다. 여기서 수정 같다(sparkling like ice)는 것은 『바이블 매트릭스』 1권에서 소개한 「창조의 서사시」에서 말하는 물

(waters), 즉 얼음 물(ice water)이라 볼 수 있다. 거대항공모함 우주선인 하늘의 보좌의 인력(중력)으로 외행성들의 깊은 곳에 숨겨져 있던 얼음 물이 뿜어져 나오는 것으로 추측할 수 있다. 지구의 물과 행성들의 물을 소행성대, 즉 높은 하늘에서 보면 수정 같은 유리(crystal)로 보일 것이다. 왜냐하면 그 중력으로 인해 태양계 행성들과 소행성대의 물들이 뿜어져 나와 수정같이 보일 수도 있다. 수성, 화성, 토성 등에서 지구의 물이 발견되는 이유이다. 물이 발견된다는 것은 먼 미래에 인간들이 이곳에 이주해 하늘의 도시를 건설한다는 얘기이다.

「에스겔」 1:22 - 그 생물의 머리 위에는 수정 같은 궁창의 형상이 펴 있어 보기에 심히 두려우며(Spread out above the heads of the living creatures was what looked like an expanse, sparkling like ice, and awesome(NIV); And the likeness of the firmament upon the heads of the living creature was as the colour of the terrible crystal, stretched forth over their heads above(KJV); Above the heads of the creatures there was something that looked like a dome made of dazzling crystal(Good News); Spread out above them was a surface like the sky, glittering like crystal)(New Living).

1:23 - 그 궁창 밑에 생물들의 날개가 서로 향하여 펴 있는데 이 생물은 두 날개로 몸을 가리웠고 저 생물도 두 날개로 몸을 가리웠으며(Under the expanse their wings were stretched out one toward the other, and each had two wings covering its body(NIV).

'궁창 위에서부터 음성이 나니 생물들이 날개를 드리우더라'는 것은 궁창, 즉 하늘의 보좌에 앉으신 또 다른 하나님, 즉 계급이 높으신 하나님께서 네 분의 하나님들에게 지시하는 장면을 말하는 것이다. 서라는 명령에 우주선(우주복)에 달린 날개를 접었다는 뜻이다. '사람의 모양'이란 보좌에 앉으신 높은 하나님께서 다른 하나님들의 작업을 감독하고 연락하고 조정하고 있는 장면을 말하는 것이다.

「에스겔」 1:25 - 그 머리 위에 있는 궁창 위에서부터 음성이 나더라 그 생물이 설 때에 그 날개를 드리우더라(Then there came a voice from above the expanse over their heads as they stood with lowered wings.)(NIV)

1:26 - 그 머리 위에 있는 궁창 위에 보좌의 형상이 있는데 그 모양이 남보석 같고 그 보좌의 형상 위에 한 형상이 있어 사람의 모양 같더라(Above the expanse over their heads was what looked like a throne of sapphire, and high above on the throne was a figure like that of a man.)

그리고 에스겔은 4분의 개인용 우주선(우주복)을, 허리 이상에서부터 허리 이하까지 자세히 관찰한다. 빛을 발하는 단쇠(glowing metal), 불로 가득 찬(full of fire), 광채(brilliant light), 무지개 구름(rainbow in the clouds), 찬란한 빛(radiance)을 모두 영광(the glory)[5]이라 표현하고 있다.

그리고 드디어 에스겔은 이 땅에 착륙하는 4분의 하나님들 중 한 분의 하나님의 개인용 우주선(우주복)의 스피커 또는 확성기로부터 음성을 듣는다.

「에스겔」 1:27 - 내가 본즉 그 허리 이상의 모양은 단 쇠 같아서 그

5 영광(Glory)에 대해서는 『바이블 매트릭스』 4권 『하나님들의 과학기술과 우리가 창조해야 할 미래(상)』의 2부 5절 5-8의 "성경에서 말하는 영광(Glory)이란?"을 참조하라.

속과 주위가 불 같고 그 허리 이하의 모양도 불 같아서 사면으로 광채가 나며(I saw that from what appeared to be his waist up he looked like glowing metal, as if full of fire, and that from there down he looked like fire; and brilliant light surrounded him(NIV).

1:28 - 그 사면 광채의 모양은 비 오는 날 구름에 있는 무지개 같으니 이는 여호와의 영광의 형상의 모양이라 내가 보고 곧 엎드리어 그 말씀하시는 자의 음성을 들으니라(Like the appearance of a rainbow in the clouds on a rainy day, so was the radiance around him. This was the appearance of the likeness of the glory of the LORD. When I saw it, I fell facedown, and I heard the voice of one speaking(NIV).

3절 하늘의 보좌로 우주선을 타고 올라가시는 구약의 하나님들

그리고 「에스겔」 10장에는 '여호와의 영광이 성전을 떠나시다(The Glory Departs From the Temple)'라는 장면이 등장한다. 이는 반대로 우주선을 타고 하나님들께서 이 땅의 성전을 떠나시는 장면이다. 이 때 영광(Glory)이란 우주과학적으로 말하면 어마어마한 우주선(Spacescraft) 또는 우주선의 불꽃의 색채(광채)를 말하는 것이다. 따라서 「에스겔」 10장에 등장하는 체루빔은 우주선이나 우주복을 구성하는 우주로봇을 말하는 것이다. 우주선이나 우주복 속의 하나님들! 하나님들을 태우신 우주선이나 하나님이 입으신 우주복을 이루는 로봇들을 모두 체루빔이라 기록하고 있다. 그러나 세월이 흐른 오늘날에는, 「에스겔」에서 말하는 우주로봇이 아니라, 우주로봇 기술 이상의 천상(celestial or heavenly)의 과학기술로 발전하였을 것으로 보고 있다. 지금의 UFO가 그것일 가능성이 높다.

「에스겔」 10:1 - 이에 내가 보니 그룹들 머리 위 궁창에 남보석 같은 것이 나타나는데 보좌 형상 같더라(I looked, and I saw the likeness of a throne of sapphire above the expanse that was over the heads of the cherubim.)(NIV)

2 - 하나님이 가는 베옷 입은 사람에게 일러 가라사대 너는 그룹 밑 바퀴 사이로 들어가서 그 속에서 숯불을 두 손에 가득히 움켜 가지고 성읍 위에 흩으라 하시매 그가 내 목전에 들어가더라(The LORD said to the man clothed in linen, "Go in among the wheels beneath the cherubim. Fill your hands with burning coals from among the cherubim and scatter them over the city." And as I watched, he went in.)

3 - 그 사람이 들어갈 때에 그룹들은 성전 우편에 섰고 구름은 안뜰에 가득하며(Now the cherubim were standing on the south side of the temple when the man went in, and a cloud filled the inner court.)

4 - 여호와의 영광이 그룹에서 올라 성전 문지방에 임하니 구름이 성전에 가득하며 여호와의 영화로운 광채가 뜰에 가득하였고(Then the glory of the LORD rose from above the cherubim and moved to the threshold of the temple. The cloud filled the temple, and the court was full of the radiance of the glory of the LORD.)

5 - 그룹들의 날개 소리는 바깥뜰까지 들리는데 전능하신 하나님의 말씀하시는 음성 같더라(The sound of the wings of the cherubim could be heard as far away as the outer court, like the voice of God Almighty when he speaks.)

6 - 하나님이 가는 베옷 입은 자에게 명하시기를 바퀴 사이 곧 그룹들 사이에서 불을 취하라 하셨으므로 그가 들어가 바퀴 옆에 서매(When the LORD commanded the man in linen, "Take fire from among the wheels, from among the cherubim," the man went in and stood beside a

wheel.)

15 - 그룹들이 올라가니 그들은 내가 그발 강 가에서 보던 생물이 라(Then the cherubim rose upward. These were the living creatures I had seen by the Kebar River.)

16 - 그룹들이 행할 때에는 바퀴도 그 곁에서 행하고 그룹들이 날개를 들고 땅에서 올라가려 할 때에도 바퀴가 그 곁을 떠나지 아니하며(When the cherubim moved, the wheels beside them moved; and when the cherubim spread their wings to rise from the ground, the wheels did not leave their side.)

17 - 그들이 서면 이들도 서고 그들이 올라가면 이들도 함께 올라가니 이는 생물의 신이 바퀴 가운데 있음이더라(When the cherubim stood still, they also stood still; and when the cherubim rose, they rose with them, because the spirit of the living creatures was in them.)

18 - 여호와의 영광이 성전 문지방을 떠나서 그룹들 위에 머무르니(When the cherubim stood still, they also stood still; and when the cherubim rose, they rose with them, because the spirit of the living creatures was in them.)

19 - 그룹들이 날개를 들고 내 목전에 땅에서 올라가는데 그들이 나갈 때에 바퀴도 그 곁에서 함께 하더라 그들이 여호와의 전으로 들어가는 동문에 머물고 이스라엘 하나님의 영광이 그 위에 덮였더라(While I watched, the cherubim spread their wings and rose from the ground, and as they went, the wheels went with them. They stopped at the entrance to the east gate

of the LORD'S house, and the glory of the God of Israel was above them.)

20 - 그것은 내가 그발 강 가에서 본 바 이스라엘 하나님의 아래

있던 생물이라 그들이 그룹들인 줄을 내가 아니라(These were the living creatures I had seen beneath the God of Israel by the Kebar River, and I realized that they were cherubim.)

4절 우주선기지와 우주선의 품질관리가 엄격했던 구약의 하나님들

「에스겔」 43장 2절에도 이스라엘의 하나님들이 우주선, 즉 영광을 타고 동편으로부터 오시는 장면이 등장하고, 44장 2절에는 여호와(야훼) 하나님께서 착륙하시어 문을 열고 들어오시는 장면이 등한다. 여호와께서 들어온 문을 닫으라는 것은, 우주선의 품질관리를 위해, 아무도 그리로 들어올 수 없다는 것을 의미한다. 우주선은 바이러스 한 마리도 들어가면 안되는 곳이다. 설사 인간이 들어간다 한들 살지 못해 죽으므로 아무도 들어오지 못하게 문을 닫아 두라는 의미이다. 또한 백성의 대표자인 왕은 여호와 앞에서 빵을 먹을 수 있었지만, 왕도 특수광선으로 살균처리를 하는 방을 반드시 거쳐 들어오고 그 방을 통해 나가야 했다.

「에스겔」 43:2 - 이스라엘 하나님의 영광이 동편에서부터 오는데 하나님의 음성이 많은 물 소리 같고 땅은 그 영광으로 인하여 빛나니(and I saw the glory of the God of Israel coming from the east. His voice was like the roar of rushing waters, and the land was radiant with his glory. (NIV)

44:2 - 여호와께서 내게 이르시되 이 문은 닫고 다시 열지 못할찌니 아무 사람도 그리로 들어 오지 못할 것은 이스라엘 하나님 나 여호

와가 그리로 들어왔음이라 그러므로 닫아 둘찌니라(The LORD said to me, "This gate is to remain shut. It must not be opened; no one may enter through it. It is to remain shut because the LORD, the God of Israel, has entered through it.)

44:3 - 왕은 왕인 까닭에 안 길로 이 문 현관으로 들어와서 거기 앉아서 나 여호와 앞에서 음식을 먹고 그 길로 나갈 것이니라(The prince himself is the only one who may sit inside the gateway to eat in the presence of the LORD. He is to enter by way of the portico of the gateway and go out the same way.")

기타 우주선기지나 우주선의 엄격한 품질관리에 대해서는 『바이블 매트릭스』 4권 『하나님들의 과학기술과 우리가 창조해야 할 미래(상)』의 2부 2장인 "하나님들의 우주과학도시/우주공항/우주통신기지/우주관측기지"를 참조하라.

5절 「요한계시록」의 하늘의 보좌, 인자가 우편에 앉아 오는 것을 보리라

1. 「요한계시록」의 하늘의 보좌, 우편에 앉으신 예수님

「에스겔」 1장과 10장에 등장하는 하늘의 보좌는 「요한계시록」 4장에도 상세히 묘사되어 있는데, 바로 '하늘의 예배'라 번역하고 있는 '하늘의 보좌(The Throne in Heaven)'이다. '하늘에 열린 문'이란 보좌의 문, 즉 거대한 항공모함우주선의 문이 열렸다라는 뜻이고, '나팔 소리'란 오늘날의 스피커 또는 나팔 확성기(speaking trumpet)에서 나오는 소리를 말하는 것일 수도 있고 초음파이상의 통신 기술일 수도 있으며 텔레파시(Telepathy)의 기술일 수도 있다.

'성령(Spirit)에 감동되었다'라는 뜻은—번역이 잘못되었는데, 성령이 아니라 영이라 번역해야 옳다.[6]—아직도 우리가 발견하지 못한 빛을 통해 이동할 수 있는 운반광선 또는 소형우주선에 들려져 안으로 들어갔다는 것(At once I was in the Spirit)을 의미한다. 또는 교신할 수 있는 텔레파시에 동조되었다는 것을 의미한다. '마땅히 될 일을 내가 네게 보이리라'는 것은 생각을 시각화(視覺化)하는 영상장치나 홀로그래픽-텔레파시를 통해 인류에게 일어날 일들과 때가 되었을 때 일어날 일들을 사도 요한(John, AD 6~100)에게 보여 주었다는 것을 의미한다. 보좌에는 하나님 아버지께서 가운데 앉으셨고, 보좌 주위에는 24 장로들, 즉 고위급 하나님들이 흰 옷을 입고 앉아 있는 장면이 나온다. 이때 흰 옷이란 하얗게 빛나는 우주복을 말하는 것이다. 그리고 하나님 아버지의 우편에는 당연히 예수님께서 앉아 계신다.

「요한계시록」 4:1 - 이 일 후에 내가 보니 하늘에 열린 문이 있는데 내가 들은 바 처음에 내게 말하던 나팔 소리 같은 그 음성이 가로되 이리로 올라오라 이후에 마땅히 될 일을 내가 네게 보이리라 하시더라(After this I looked, and there before me was a door standing open in heaven. And the voice I had first heard speaking to me like a trumpet said, "Come up here, and I will show you what must take place after this.")(NIV)

4:2 - 내가 곧 성령에 감동하였더니 보라 하늘에 보좌를 베풀었고

6 자세한 것은 『바이블 매트릭스』 5권 『성령으로 무장하신 예수님의 과학기술』의 1부 2장 1절의 "영(Spirit or Spirits)이란?"과 2절인 "성령(Holy Spirit)이란?"을 참조하라.

그 보좌 위에 앉으신 이가 있는데(At once I was in the Spirit, and there before me was a throne in heaven with someone sitting on it.)

4:4 - 또 보좌에 둘려 이십사 보좌들이 있고 그 보좌들 위에 이십사 장로들이 흰 옷을 입고 머리에 금면류관을 쓰고 앉았더라(Surrounding the throne were twenty-four other thrones, and seated on them were twenty-four elders. They were dressed in white and had crowns of gold on their heads.)

2. 「에스겔」의 네 날개→「요한계시록」의 여섯 날개를 가진 세라핌

「요한계시록」 4장 6절~8절에도 「에스겔」에 등장했던 네 생물체가 등장하는데, 단지 다른 것은 「에스겔」의 '네 날개'가 '여섯 날개'로 바뀌어 있다. 이것은 시간이 흐른 뒤 하나님들의 우주공학기술이 그만큼 혁신되었다는 것으로 날개가 많으면 많을수록 그 속도가 빠르고 민첩하고 정확하게 착륙할 수 있고 이륙할 수 있다는 것을 의미한다. 또한 이것은 『바이블 매트릭스』 4권에서 살펴본 여섯 날개를 가진 세라핌(Seraphim)의 거대 우주로봇들이다.

「요한계시록」 4:6 - 보좌 앞에 수정과 같은 유리 바다가 있고 보좌 가운데와 보좌 주위에 네 생물이 있는데 앞뒤에 눈이 가득하더라(Also before the throne there was what looked like a sea of glass, clear as crystal. In the center, around the throne, were four living creatures, and they were covered with eyes, in front and in back.)

4:7 - 그 첫째 생물은 사자 같고 그 둘째 생물은 송아지 같고 그 세째 생물은 얼굴이 사람 같고 그 네째 생물은 날아가는 독수리 같은데(The first living creature was like a lion, the second was like an ox, the third

1969년 달 탐사에 나선 미국항공우주국(NASA)의 '이글(Eagle)', 즉 '독수리' 탐사선. 대장(Commander)인 닐 암스트롱(Neil A. Armstrong)과 비행사(Pilot)인 에드윈 알드린(Edwin E. "Buzz" Aldrin Jr.)이 탑승했으며, 이들은 달에 성공적으로 착륙하고 달 표면을 걸었다. 이 이글에는 4개의 날개가 달렸다(NASA, 20 Jul 1969).[7]

had a face like a man, the fourth was like a flying eagle.)

4:8 - 네 생물이 각각 여섯 날개가 있고 그 안과 주위에 눈이 가득하더라 그들이 밤낮 쉬지 않고 이르기를 거룩하다 거룩하다 거룩하다 주 하나님 곧 전능하신 이여 전에도 계셨고 이제도 계시고 장차 오실 자라 하고(Each of the four living creatures had six wings and was covered with eyes all around, even under his wings. Day and night they never stop saying: "Holy, holy, holy is the Lord God Almighty, who was, and is, and is to come.")

7 NASA - "Eagle" In Lunar Orbit(20 Jul 1969)
http://grin.hq.nasa.gov/ABSTRACTS/GPN-2000-001210.html
http://grin.hq.nasa.gov/IMAGES/SMALL/GPN-2000-001210.jpg

3. 인자가 권능의 우편에 앉아 구름(거대우주선)을 타고 오는 것을 보리라

그리고 예수님은 말씀하셨다. "인자가 권능의 우편에 앉은 것과 하늘 구름을 타고 오는 것을 너희가 보리라." 이 말씀은 오실 때에는 권능자의 우편에 앉으셨다 했으니 최고 높은 하나님 아버지와 그 아래 많은 하나님들과 함께 궁창, 즉 소행성대로 오셔서 「요한계시록」 4장의 하늘의 보좌를 베푸신다는 것이다. 『바이블 매트릭스』 1권 「창조의 서사시」를 빌리자면 마르둑 행성이 궁창에 안착한 것이다. 필자는 권능이란 마르둑 행성의 중력장(인력=그물)과 바람과 번개와 그리고 중력장에 의한 속도를 말하는 것이라고 했다. 다시 말해 마르둑 행성은 시계방향으로 궁창에 진입하기 때문에, 그것은 엄청난 우주과학적 지식을 의미하는 것이다. 거대항공모함 우주선을 타시고 시계방향으로 소행성대에 진입한 것이다.

그리고 소행성대에 진입하는 것을 너희가 다 보리라는 것은 시계방향으로 진입하시기 때문이 아닌가 생각한다. 엄청난 우주과학적 지식으로 무장한 권능으로 오시기 때문에, 지구에 사는 인간들은 소행성대에 진입하는 하늘의 보좌를 다 볼 것이라는 예수님의 예언의 말씀이시다. 그렇다면 하늘의 보좌는 c.AD 8580년에 일어날 것으로 예측되는바, 이 때 인간들이 다 볼 것이라는 것이 아닌가? 그래서 예수님께서는 "내가 너희에게 이르노니 이 후에 인자가 권능의 우편에 앉은 것과 천상의 구름(the clouds of heaven), 즉 하늘 구름, 즉 거대항공모함 우주선을 타고 오는 것을 너희가 보리라"라고 말씀하신 것이다. 이걸 잘 보시라. 그냥 지구 하늘의 구름이 아니고 천상의 구름이라고 분명하게 말씀하신 것이다.

「마태복음」 26:64 - 예수께서 가라사대 네가 말하였느니라 그러나 내가 너희에게 이르노니 이 후에 인자가 권능의 우편에 앉은 것과 하늘 구름을 타고 오는 것을 너희가 보리라 하시니("Yes, it is as you say," Jesus replied. "But I say to all of you: In the future you will see the Son of Man sitting at the right hand of the Mighty One and coming on the clouds of heaven.")(NIV).

「마가복음」 14:62 - 예수께서 이르시되 내가 그니라 인자가 권능자의 우편에 앉은 것과 하늘 구름을 타고 오는 것을 너희가 보리라 하시니("I am," said Jesus. "And you will see the Son of Man sitting at the right hand of the Mighty One and coming on the clouds of heaven."(NIV).

그런데 하늘의 보좌인 거대항공모함 우주선에는 얼마의 천사들이 타고 있는가 하면, 모든 천사들, 즉 만만(1억) 천천(1백만)의 천사들이 타고 있다. 천사들도 하늘의 영적인 몸(육체)을 갖고 계시기 때문에, 이 엄청난 숫자의 천사들이 다 타려면 오늘날의 조그만 우주선으로는 상상도 할 수 없을 것이다. 또한 거대항공모함 우주선 안에는 우리가 알지 못하는 각종 우주 과학적 지식, 예컨대 죽은 자가 부활하는 생명에 관한 지식과 오늘날의 핵무기 이상의 별들과 행성을 파괴할 수 있는 가공할 만한 무기 등이 실려 있을 것이다.

「요한계시록」 5:11 - 내가 또 보고 들으매 보좌와 생물들과 장로들을 둘러선 많은 천사의 음성이 있으니 그 수가 만만이요 천천이라(Then I looked and heard the voice of many angels, numbering thousands upon thousands, and ten thousand times ten thousand. They encircled the throne and the living creatures and the elders(NIV)

6절 하늘의 보좌→별도 보좌=자기 영광(거대우주선)을 타시고 공중재림하시는 예수님

1. 하늘의 보좌→별도 보좌(자기 영광=거대우주선), 모든 천사를 대동하시고 공중재림, 하나님의 천사들이 인자 위에 오르락내리락

소행성대의 하나님 아버지의 하늘 보좌의 우편에 앉으셨던 예수님은 별도 보좌인 자기 영광(his glorious throne), 즉 별도의 거대우주선을 타시고, 하늘 보좌에서 출발하셔서 지구의 상공으로 오신다. 공중재림하시는 것이다. 오실 때에는 위대하고 큰 영광(the glory)을 타고 오시기 때문에 인간들은 그 오시는 징조를 본 다는 것이다. 그렇다. 영광은 바로 우주과학적으로 어마어마한 우주선(Spacescraft) 또는 우주선의 불꽃의 색채(광채)를 말하는 것이다. 그 때 예수님은 매우 큰 그의 우주선(영광)에 마련된 그의 보좌(his throne)에 앉아 오시는 것이다.

우리가 우주선을 발사할 때 굉장한 폭발음과 함께 우주선 주위에는 하얀 연소 가스가 휩싸여 그것은 구름처럼 보일 것이다. 성경 기록자들은 오늘날과 같은 우주선 지식이 없어 그저 구름을 타고 오신다고 기록한 것이다. 그러나 예수님이 타고 오시는 우주선은 오늘날의 우주선과는 완전히 다를 것이다. 우주선 속도와 그 크기로 말한다면 오늘날 우주선의 수만 배 아니 수백만 배 아니 그 이상의 과학적 우주선임에 틀림이 없다. 더군다나 모든 천사들, 즉 천상의 육체를 가지고 있는 만만(1억) 천천(1백만)의 천사들이 다 타려면 오늘날의 조그만 우주선으로는 상상도 할 수 없을 것이다. 또한 그 거대한 우주선 안에는 우리가 알지 못하는 능력들, 즉 각종 우주 과학적 지식, 예컨대 죽은 자가 부활하는 생명에 관한 지식, 살아있는 자들의 휴거에 관한 지식과 오늘날의 핵무기 이상의 별들과 행성을 파괴할 수 있는 가공할 만한 무기 등이 실려 있을 것이다.

「마태복음」 16:27 - 인자가 아버지의 영광으로 그 천사들과 함께 오리니 그 때에 각 사람의 행한 대로 갚으리라(For the Son of Man is going to come in his Father's glory with his angels, and then he will reward each person according to what he has done.)(NIV)

24:27 - 번개가 동편에서 나서 서편까지 번쩍임같이 인자의 임함도 그러하리라(For as lightning that comes from the east is visible even in the west, so will be the coming of the Son of Man.)

24:30 - 그 때에 인자의 징조가 하늘에서 보이겠고 그 때에 땅의 모든 족속들이 통곡하며 그들이 인자가 구름을 타고 능력과 큰 영광으로 오는 것을 보리라(At that time the sign of the Son of Man will appear in the sky, and all the nations of the earth will mourn. They will see the Son of Man coming on the clouds of the sky, with power and great glory)

25:31 - 인자가 자기 영광으로 모든 천사와 함께 올 때에 자기 영광의 보좌에 앉으리니(When the Son of Man comes in his glory, and all the angels with him, he will sit on his throne in heavenly glory)

「마가복음」 13:26 - 그 때에 인자가 구름을 타고 큰 권능과 영광으로 오는 것을 사람들이 보리라(At that time men will see the Son of Man coming in clouds with great power and glory)

「누가복음」 21:27 - 그 때에 사람들이 인자가 구름을 타고 능력과 큰 영광으로 오는 것을 보리라(At that time they will see the Son of Man coming in a cloud with power and great glory)

「요한계시록」 5:11 - 내가 또 보고 들으매 보좌와 생물들과 장로

들을 둘러선 많은 천사의 음성이 있으니 그 수가 만만이요 천천이라 (Then I looked and heard the voice of many angels, numbering thousands upon thousands, and ten thousand times ten thousand. They encircled the throne and the living creatures and the elders.(NIV); And I beheld, and I heard the voice of many angels round about the throne and the beasts and the elders: and the number of them was ten thousand times ten thousand, and thousands of thousands;(KJV); Then I looked again, and I heard the voices of thousands and millions of angels around the throne and of the living beings and the elders.(New Living)

만만(1억) 천천(1백만)의 모든 천사들은 「요한계시록」에 기록된 먼 미래의 일들을 예수님의 명령에 따라, 공중에 떠 있는 거대우주선의 보좌에 앉으신 예수님께 오르락내리락하면서, 수행하실 것이다.

「요한복음」 1:51 - 또 가라사대 진실로 진실로 너희에게 이르노니 하늘이 열리고 하나님의 사자들이 인자 위에 오르락내리락하는 것을 보리라 하시니라(He then added, "I tell you the truth, you shall see heaven open, and the angels of God ascending and descending on the Son of Man.")(NIV)

2. 12제자를 대동하시고 공중재림

「마태복음」 19장 28절에는 예수님의 공중재림시에 예수님께서 영광(거대우주선)의 보좌 앉을 때에 12명의 제자들도 열두 보좌에 앉아 이 땅에 오셔서 이스라엘 12지파를 심판한다는 내용이 나온다. 이는 부활의 순서를 볼 때에 12명의 제자들이 예수님 다음으로 부활하심을 시사하는 것이다. 예수님이 이 땅에서 죽으시고 부활하시어 하늘로 승천했듯이, 제일 먼저는 예수님께서 부활하셨고, 그 다음은 12명의 제자들이 아닌가 생각한다. 12명의 제자들은 순교하고 죽어 그 영혼들이 최소한 세 번째 하늘인 낙원에서 지금까지 지내셨을 것이다. 12명의 제자들의 영혼들은 그 다음 낙원에서 소행성대의 하늘의 보좌로 하나님 아버지와 예수님께서 데려오시고, 일곱째 천사의 나팔 소리에 맞추어 제일 먼저 부활하시고 예수님의 별도 보좌의 열두 보좌에 앉으시는 것이다.

「마태복음」 19:28 - 예수께서 가라사대 내가 진실로 너희에게 이르노니 세상이 새롭게 되어 인자가 자기 영광의 보좌에 앉을 때에 나를 좇는 너희도 열두 보좌에 앉아 이스라엘 열두 지파를 심판하리라(Jesus said to them, "I tell you the truth, at the renewal of all things, when the Son of Man sits on his glorious throne, you who have followed me will also sit on twelve thrones, judging the twelve tribes of Israel.)(NIV)

「누가복음」 22:30 - 너희로 내 나라에 있어 내 상에서 먹고 마시며 또는 보좌에 앉아 이스라엘 열두 지파를 다스리게 하려 하노라(so that you may eat and drink at my table in my kingdom and sit on thrones, judging the twelve tribes of Israel.)

3. 첫째 부활/휴거자들→공중에서 예수님 영접→대동하고 재림

바울(Paul, AD 5~68) 사도가 AD 52년에 쓴 「데살로니가전서」는 예수님의 재림문제와 부활과 휴거에 대해 쓴 것으로 4장 16절에는 "예수님께서 호령과 천사장의 소리와 하나님의 나팔로 친히 하늘로 좇아 강림하시리니 그리스도 안에서 죽은 자들이 먼저 일어나고"와 "그 후에 우리 살아 남은 자도 저희와 함께 구름 속으로 끌어올려 공중에서 주를 영접하게 하시리니"라고 기록하고 있다. 전자는 첫째 부활을 말하는 것이고 후자는 휴거(변형)를 말하는 것이다. 공중에서 주를 영접한다는 것은 공중의 예수님의 거대우주선으로 들어간다는 것이다. 부활한 자들과 휴거한 자들을 다 대동하고 이 땅으로 오신다고 생각해보라. 거대우주선이 아니라 이 또한 거대항공모함 우주선이다.

「데살로니가전서」 4:16 - 주께서 호령과 천사장의 소리와 하나님의 나팔로 친히 하늘로 좇아 강림하시리니 그리스도 안에서 죽은 자들이 먼저 일어나고(For the Lord himself will come down from heaven, with a loud command, with the voice of the archangel and with the trumpet call of God, and the dead in Christ will rise first.)(NIV); For the Lord himself will come down from heaven with a commanding shout, with the voice of the archangel, and with the trumpet call of God. First, the Christians who have died(1) will rise from their graves. / (1)Greek the dead in Christ(New Living)(New Living)

4:17 - 그 후에 우리 살아 남은 자도 저희와 함께 구름 속으로 끌어올려 공중에서 주를 영접하게 하시리니 그리하여 우리가 항상 주와 함께 있으리라(After that, we who are still alive and are left will be caught up together with them in the clouds to meet the Lord in the air. And so we will be with the Lord forever.)(NIV); Then, together with them, we who are still alive and remain on the earth will be caught up in the clouds to meet the Lord in the air. Then we will be with the Lord forever.(New Living)

4. 번개처럼 임하다–각인이 그를 보겠고 찌른 자들도 보리라

그리고 차후 예수님의 공중재림시에는 모든 사람들이 아니 더 나아가 예수님이 십자가에 못 박혀 돌아가실 때 예수님을 찌른 자들도 본다고 「요한계시록」에 기록되어 있다. 예수님을 찌른 군병이 죽어서 지옥에 갔을 지라도 지옥에 있는 죽은 자인 군병도 예수님이 오시는 것을 본다는 것이다.

「요한계시록」 1:7 - 볼찌어다 구름을 타고 오시리라 각인의 눈이 그를 보겠고 그를 찌른 자들도 볼터이요 땅에 있는 모든 족속이 그를 인하여 애곡하리니 그러하리라 아멘(Look, he is coming with the clouds, and every eye will see him, even those who pierced him; and all the peoples of the earth will mourn because of him. So shall it be! Amen.)(NIV)

예수님의 재림시에는 거대우주선의 영광과 능력으로 오시기 때문에, 그 위용은 번개가 동편에서 나서 서편까지 번쩍이는 것과 같아서, 모든 사람들이 본다는 것이다.

「마태복음」 24:27 - 번개가 동편에서 나서 서편까지 번쩍임같이 인자의 임함도 그러하리라(For as lightning that comes from the east is visible even in the west, so will be the coming of the Son of Man.)(NIV)

「누가복음」 17:24 - 번개가 하늘 아래 이편에서 번뜻하여 하늘 아래 저편까지 비침같이 인자도 자기 날에 그러하리라(For the Son of Man in his day will be like the lightning, which flashes and lights up the sky from one end to the other.)

또한 만만(1억) 천천(1백만)의 모든 천사들이 공중에 떠 있는 거대우주선의 보좌에 앉으신 예수님께 오르락내리락하면서 예수님의 명령에 따라 수행하시는 것도 본다는 것이다.

「요한복음」 1:51 - 또 가라사대 진실로 진실로 너희에게 이르노니 하늘이 열리고 하나님의 사자들이 인자 위에 오르락내리락하는 것을 보리라 하시니라(He then added, "I tell you the truth, you shall see heaven open, and the angels of God ascending and descending on the Son of Man.")(NIV)

그렇다! 이것은 우리가 알고 있는 과학지식으로 설명할 수가 없는 것이다. 엄청난 능력으로 오시기 때문에 그것은 번개 이상일 것이다. 설사 지옥에 있는 영혼들도 볼 수 있는 어떤 빛을 발하는 것이라 생각할 수 있다. 우리가 알고 있는 초음파나 테라헤르츠파 이상일 것이다. 그것은 한마디로 천상의 빛일 것이다. 블랙홀과 같은 빛일 것이다. 블랙홀은 『바이블 매트릭스』 1권 『우주창조의 비밀』에서 생명의 어머니라고 했다. 우주의 어머니라고 했다. 그러니 영혼들도 보는 것이 아닐까? 영들도 보는 것이 아닐까?

또한 예수님께서 공중재림하시는 것을 모든 악과 선들도 다 보아야 할 것이다. 이 우주의 악과 선들도 다 보아야 할 것이다. 그래서 예수님의 차후 심판은 의로운 심판, 즉 공의의 심판이라고 하시는 것이다. 그래서 "모든 족속이 그를 인하여 애곡하리니"라고 말씀하신 것이다. 사람들뿐만 아니라 악의 영들까지도 다 보고 애곡할 것이다.

7절 불의의 하나님들+불경한 자들, 하나님 아버지/예수님을 외계인으로 적대/공격할 것

그런데 한 가지 문제가 있을 것이다. 그것은 바로 「요한계시록」 12장의 하늘의 전쟁에서 패해 이 땅으로 쫓겨 내려온 용/뱀/마귀/사단들 때문이다. 이들은 내려와 자기들이 진짜 하나님과 예수님으로 위장할 것이 뻔하기 때문이다. 그리고 소행성대에 계시는 진짜 하나님 아버지와 예수님은 가짜라고, 지구를 침공하는 외계인이라고 떠들면서, 이 바다와 땅과 땅속의 짐승들(왕)을 규합하고 거짓 선지자들을 규합하고 불의의 인간들을 규합해서, 이들에게 막강한 권세와 권한을 줄 것이다. 용도 하나님이라고 생각해보라. 그 권세와 권한은 막강할 것이다. 이들 적그리스도들은 소위 말하는 지구방위사령부를 조직하고 하나님 아버지와 예수님의 군대와 한판 전쟁을 벌일 것이다.

그리고 예루살렘과 성전을 접수하고 과거의 신들의 관문이있던 바벨론을 접수하고 그곳에 다시 바벨탑[8]을 쌓을 것이다. 다시 말해 소행성대에 계시는 진짜 하나님 아버지와 예수님을 공격하기 위한 우주로켓발사대를 세울 것이다. 바야흐로, 「요한계시록」에 예언되어 있는 전능하신 하나님 아버지의 위대한 날에 전쟁(the battle of that great day of God Almighty)과 하나님 아버지의 큰 잔치(the great supper of God)의 전쟁인, 그 유명한 아마겟돈(Armageddon) 전쟁이 기다리고 있는 것이다. 보가 자세한 내용은 『바이블 매트릭스』 7권에서 다룰 예정이다.

「요한계시록」 16:13 - 또 내가 보매 개구리 같은 세 더러운 영이 용의 입과 짐승의 입과 거짓 선지자의 입에서 나오니(Then I saw three evil spirits that looked like frogs; they came out of the mouth of the dragon, out of the mouth of the beast and out of the mouth of the false prophet.

8 자세한 것은 『바이블 매트릭스』 4권 『하나님들의 과학기술과 우리가 창조해야 할 미래(상)』의 2부 6장인 "바벨탑에 숨겨진 비밀"을 참조하라.

(NIV); And I saw three unclean spirits like frogs come out of the mouth of the dragon, and out of the mouth of the beast, and out of the mouth of the false prophet.(KJV); And I saw three evil(1) spirits that looked like frogs leap from the mouths of the dragon, the beast, and the false prophet. / (1)Greek unclean(New Living)

16:14 - 저희는 귀신의 영이라 이적을 행하여 온 천하 임금들에게 가서 하나님 곧 전능하신 이의 큰 날에 전쟁을 위하여 그들을 모으더라(They are spirits of demons performing miraculous signs, and they go out to the kings of the whole world, to gather them for the battle on the great day of God Almighty.(NIV); For they are the spirits of devils, working miracles, which go forth unto the kings of the earth and of the whole world, to gather them to the battle of that great day of God Almighty.(KJV)

「요한계시록」 19:17 - 또 내가 보니 한 천사가 해에 서서 공중에 나는 모든 새를 향하여 큰 음성으로 외쳐 가로되 와서 하나님의 큰 잔치에 모여(And I saw an angel standing in the sun, who cried in a loud voice to all the birds flying in midair, "Come, gather together for the great supper of God,(NIV); And I saw an angel standing in the sun; and he cried with a loud voice, saying to all the fowls that fly in the midst of heaven, Come and gather yourselves together unto the supper of the great God;(KJV)

바이블 매트릭스 6 : 부활/휴거, 예수님의 재림시기 예측(c.AD 10740년)과 재림의 목적/방법

2015년 9월 15일 초판 1쇄 인쇄
2015년 9월 20일 초판 1쇄 발행

지은이 차원용
펴낸이 권오상
펴낸곳 갈모산방

등록 2012년 3월 28일(제2013-000090호)
주소 경기도 고양시 일산서구 대화동 2232번지 402-1101
전화 031-907-3010
팩스 031-912-3012
이메일 galmobooks@naver.com

ISBN 979-11-85793-02-3 04230
ISBN 978-89-969524-4-2 (세트)

값 18,000원